广西科技创新驱动高质量发展报告 2020

廖文龙 等◎著

中国社会科学出版社

图书在版编目（CIP）数据

广西科技创新驱动高质量发展报告.2020／廖文龙等著.—北京：中国社会科学出版社，2020.10

ISBN 978-7-5203-7247-3

Ⅰ.①广… Ⅱ.①廖… Ⅲ.①技术革新—作用—区域经济发展—研究报告—广西—2020 Ⅳ.①F127.67

中国版本图书馆 CIP 数据核字（2020）第175649号

出 版 人	赵剑英
责任编辑	黄 晗
责任校对	王玉静
责任印制	王 超

出　　版	中国社会科学出版社
社　　址	北京鼓楼西大街甲158号
邮　　编	100720
网　　址	http://www.csspw.cn
发 行 部	010-84083685
门 市 部	010-84029450
经　　销	新华书店及其他书店
印　　刷	北京明恒达印务有限公司
装　　订	廊坊市广阳区广增装订厂
版　　次	2020年10月第1版
印　　次	2020年10月第1次印刷

开　　本	710×1000 1/16
印　　张	21
插　　页	2
字　　数	273千字
定　　价	118.00元

凡购买中国社会科学出版社图书，如有质量问题请与本社营销中心联系调换
电话：010-84083683
版权所有　侵权必究

前　言

自从国家提出创新驱动发展战略以来，广西壮族自治区党委、政府精心谋划，大力推动科技创新工作，使广西科技事业取得了长足的进步。然而，广西整体科技实力还比较弱，在多项关键指标上与全国平均水平相比还有较大差距，尤其是与当前经济社会高质量发展对科技创新提出的高要求相比还远远不足。在此背景下，及时认清广西当前高质量发展和科技创新的状况，归纳总结取得的成就和存在的不足，对于按照"三大定位"新使命和"五个扎实"的要求，认真贯彻落实习近平总书记关于广西工作的重要指示及关于科技创新工作的一系列重要论述，全面实施创新驱动发展战略，具有显而易见的必要性和紧迫性。为此，本书结合翔实的数据资料，分别从总论、区域篇、产业篇、专题篇对广西全区、各市县以及重点产业进行了详细考察，从宏观和微观层面测度和客观评价广西创新驱动发展能力和高质量发展水平，并结合案例分析，全面梳理和总结广西在创新驱动高质量发展进程中的成就和不足，并有针对性地提出了切实可行的政策建议。

本书分为四篇，共九章，由廖文龙教授、王德劲教授设计总体框架；第一章、第七章和第九章由廖文龙教授、翁鸣研究员完成；第二章、第八章由陈晓毅教授完成；第三章、第四章由舒银燕博士完成；第五章、第六章由陈思凤博士完成；全书由翁鸣研究员统稿。本书是集体智慧的结晶，在此，对参与本书写作的各位作者的辛苦付出表示感谢！此外，本书在数据资料搜集和政策文件解读等方面得到了广西壮族自治区科学技术厅、广西壮族自治区市场监督管理局等单位的大力支持，在此也致以诚挚的谢意！

广西财经学院中国—东盟创新治理与知识产权研究院

2020 年 7 月

目　　录

第一篇　总论

第一章　打造广西创新核心竞争力，促进经济社会高质量发展 …………………………………………………… (3)

第二章　广西创新能力的动态演化和地区比较……………… (7)
 第一节　区域创新驱动发展的相关理论和内涵……………… (7)
  一　创新驱动发展的理论基础………………………………… (7)
  二　区域创新驱动发展核心内涵及其逻辑关系 ………… (11)
 第二节　广西实施创新驱动发展战略的举措及存在
     问题分析 ………………………………………… (16)
  一　广西引导企业成为研发创新主体的举措与存在
    问题 …………………………………………………… (16)
  二　激励科研人员的举措与存在问题 ………………… (20)
  三　科技成果转化成效与存在问题 …………………… (23)
 第三节　广西创新驱动能力的综合测度和评价 ………… (26)
  一　广西创新驱动指标体系构建 ……………………… (26)
  二　广西创新驱动指数的测算及分析 ………………… (32)
  三　广西创新驱动状态的基本判断 …………………… (36)

第三章 广西高质量发展水平测度与评价分析 …………… (43)
第一节 经济高质量发展内涵 …………………………… (44)
第二节 经济高质量发展水平评价指标体系构建及评价方法选择 ……………………………………… (46)
    一 经济高质量发展水平评价指标体系的构建 ………… (46)
    二 经济高质量发展水平测度方法的选择 ……………… (50)
第三节 广西经济发展质量的综合评价 ……………………… (52)
    一 数据说明 ……………………………………………… (52)
    二 广西经济发展质量的评价结果分析 ………………… (53)
第四节 基于省际比较的广西经济发展质量特征分析 …… (59)
    一 广西经济发展质量偏低,综合指数排名靠后 ……… (59)
    二 经济发展质量持续提升,与全国平均水平的差距缩小 …………………………………………………… (61)
    三 经济绿色发展水平较高,创新发展水平偏低 ……… (63)
    四 广西经济系统协调度偏低,协同发展水平亟待提升 …………………………………………………… (64)
第五节 结论与建议 ………………………………………… (66)
    一 简要结论 ……………………………………………… (66)
    二 主要建议 ……………………………………………… (67)

第四章 科技创新驱动广西经济高质量发展的实证研究 …… (68)
第一节 经济高质量发展的动力机制分析 ………………… (68)
    一 相关文献回顾 ………………………………………… (68)
    二 经济高质量发展的驱动因素 ………………………… (70)
第二节 科技创新驱动广西经济高质量发展的实证分析 … (72)
    一 模型构建 ……………………………………………… (72)
    二 指标选取及数据说明 ………………………………… (73)
    三 实证结果 ……………………………………………… (75)

第三节 科技创新驱动各省区市经济高质量发展的
　　　　实证分析 ………………………………………… (77)

第二篇　区域篇

第五章　广西各设区市创新能力及其驱动高质量发展的综合
　　　　分析 ……………………………………………………… (83)

第一节　广西各设区市创新能力评价与比较分析 ……… (83)
　　一　评价内容和评价指标体系 ……………………… (83)
　　二　评价方法与数据来源 …………………………… (84)
　　三　评价的具体实施步骤 …………………………… (85)
　　四　广西各设区市创新能力评价 …………………… (87)

第二节　广西各设区市高质量发展水平评价与比较分析 … (94)
　　一　评价内容和评价指标体系 ……………………… (94)
　　二　评价方法、步骤与数据来源 …………………… (99)
　　三　广西各设区市经济高质量发展水平评价 ……… (99)
　　四　广西各设区市高质量发展综合指数 …………… (113)

第三节　广西各设区市创新驱动高质量发展评价与比较
　　　　分析 …………………………………………… (114)
　　一　创新驱动经济高质量发展的机理 ……………… (114)
　　二　创新驱动与经济高质量发展协调模型 ………… (116)
　　三　广西各市创新驱动与经济高质量发展的协调性
　　　　分析 …………………………………………… (117)

第四节　政策建议 ……………………………………… (118)
　　一　强化广西实体经济与科技创新协同发展的顶层
　　　　设计 …………………………………………… (118)
　　二　优化金融资源配置，加强金融对实体经济和科技
　　　　创新的持续拉动作用 ………………………… (119)

三　优化人力资源配置，完善人才引领科技发展
　　　　机制…………………………………………………………（120）
　　四　优化科技资源配置，建立激发创新活力、有利于
　　　　成果转移转化的体制机制，强化科技创新引擎
　　　　作用…………………………………………………………（120）
　　五　加大财政对实体经济和科技创新协同的支持
　　　　力度…………………………………………………………（121）
　　六　强化实体经济与科技创新协同的考核评价和
　　　　运用…………………………………………………………（121）

第六章　广西县域创新能力及其驱动高质量发展的综合分析……………………………………………………………（122）

第一节　广西县域创新能力评价与比较分析……………（122）
　　一　广西县域创新能力评价指标………………………………（122）
　　二　评价方法、步骤与数据来源………………………………（122）
　　三　广西县域创新能力评价……………………………………（123）
　　四　广西县域创新能力综合指数………………………………（126）

第二节　广西县域高质量发展水平的评价与分析………（130）
　　一　评价内容和评价指标体系…………………………………（130）
　　二　评价方法、步骤与数据来源………………………………（132）
　　三　广西县域高质量发展指标分析……………………………（132）
　　四　广西县域高质量发展综合指数……………………………（166）

第三节　广西县域创新驱动高质量发展评价与比较
　　　　　分析………………………………………………………（169）

第四节　政策建议…………………………………………………（173）
　　一　推进广西各设区市经济高质量发展引领带动
　　　　作用…………………………………………………………（173）
　　二　抓住重大国家战略叠加的新机遇，培育县域经济

　　　　发展新优势，提升县域发展优势……………………………(173)
　　三　因应东部沿海省份产业转移和设区市能级提升，
　　　　做好设区市和县域产业分工，推动广西县域经济
　　　　扩量提质……………………………………………………(174)
　　四　着力推进城乡协调和均等化，促进城乡融合，为
　　　　县域经济高质量发展创造新条件……………………………(174)
　　五　加快培育县域创新能力，强化创新驱动………………………(174)

第三篇　产业篇

第七章　广西专利密集型产业与高质量发展监测分析………(177)
　第一节　背景及意义………………………………………………………(177)
　第二节　国内外研究现状…………………………………………………(178)
　　一　美国、欧盟开展的研究………………………………………………(178)
　　二　中国国家层面开展的研究……………………………………………(181)
　　三　江苏省开展的研究……………………………………………………(183)
　第三节　研究方法与数据来源……………………………………………(186)
　第四节　2017年广西专利密集型产业发展状况…………………………(191)
　　一　2017年广西工业行业专利密集度……………………………………(191)
　　二　2017年广西专利密集型产业质量效益………………………………(194)
　　三　2017年广西专利密集型产业"第二梯队"发展
　　　　情况…………………………………………………………………(200)
　第五节　2018年广西专利密集型产业发展状况…………………………(207)
　　一　2018年广西工业行业专利密集度……………………………………(207)
　　二　2018年广西专利密集型产业质量效益………………………………(210)
　　三　2018年广西专利密集型产业"第二梯队"发展
　　　　情况…………………………………………………………………(215)
　第六节　研究结论…………………………………………………………(222)

一　专利密集型产业是创新驱动发展本质要求的
　　　体现 ··(222)
　二　发展专利密集型产业是广西工业高端化发展的
　　　必由之路 ··(222)
　三　专利密集型产业培育是复杂性高、动态性强的
　　　系统工程 ··(223)
　四　广西产业尚未进入以专利为主要利润来源的
　　　发展阶段 ··(224)
第七节　对策建议 ··(224)
　一　建立专利导航产业发展机制，持续提升产业
　　　专利密集度 ·······································(224)
　二　构建协同联动工作机制，完善专利密集型产业
　　　培育体系 ··(225)
　三　加大产学研结合力度，建立以运用为导向的
　　　高价值专利培育机制 ···························(227)
　四　搭建高效专利运营平台，以运营方式打造专利
　　　密集型产业 ·······································(227)
　五　创新知识产权金融服务，为专利密集型产业输入
　　　资金"血液" ······································(229)
　六　强化知识产权保护，为专利密集型产业发展保驾
　　　护航 ··(230)

第四篇　专题篇

第八章　广西创新开放合作能力综合分析 ················(235)
　第一节　广西创新开放合作情况及取得的成效 ········(235)
　　一　广西与区外知名高校开展创新开放合作概况 ········(235)
　　二　对接粤港澳大湾区科技创新资源，实施开放

　　　　　　"东融"发展战略…………………………………………（245）
　　三　联合各省,助推创新开放合作向区外辐射发展……（250）
　　四　围绕国家"一带一路"建设总体部署,深化与
　　　　东盟合作………………………………………………（258）
　　五　紧贴产业高质量发展需求,积极面向全球招才
　　　　引智……………………………………………………（261）
第二节　广西创新开放合作中存在的问题及不足…………（262）
　　一　创新投入与发达地区相比存在巨大差距…………（262）
　　二　落实创新驱动的多部门协同联动体系仍不够
　　　　健全……………………………………………………（262）
　　三　对外科技合作与交流水平亟待提高………………（263）
　　四　招才引智的视野、渠道、机制急需进一步完善……（263）
第三节　加强广西创新开放合作的对策建议………………（264）
　　一　持续加大科研投入,营造良好创新环境…………（264）
　　二　强化部门协同联动,构建高效创新开放合作
　　　　体系……………………………………………………（264）
　　三　积极搭建各类平台,拓宽交流合作渠道…………（265）
　　四　优化招才引智模式与机制,促进创新资源要素
　　　　集聚……………………………………………………（265）

第九章　广西专利事业发展综合分析………………………（267）
　第一节　广西专利事业发展整体状况………………………（267）
　　一　专利创造成效…………………………………………（267）
　　二　专利运用成效…………………………………………（271）
　　三　专利保护成效…………………………………………（278）
　　四　专利管理成效…………………………………………（283）
　　五　专利服务成效…………………………………………（291）
　第二节　广西专利事业发展存在问题与不足………………（304）

- 一 知识产权规模小、质量欠佳的状况未发生根本性转变……………………………………………………………(304)
- 二 知识产权制度对创新激励作用发挥不足…………(304)
- 三 知识产权管理体制机制亟待进一步理顺…………(305)
- 四 知识产权在促进区域国际创新治理及经贸合作方面的应有作用未能充分发挥……………………(306)
- 五 知识产权融入经济发展的渠道不通畅……………(307)
- 六 知识产权服务支撑行业发展的能力有待提升………(308)

第三节 促进广西专利事业发展的政策建议………………(308)
- 一 大力推动知识产权治理体系和治理能力现代化……(309)
- 二 推动形成"严保护、大保护、快保护、同保护"新体系……………………………………………(309)
- 三 着力提升专利质量…………………………………(310)
- 四 促进知识产权深度融入经济发展…………………(310)
- 五 构建知识产权支撑高水平对外开放新格局………(311)
- 六 充实知识产权事业发展人力资源…………………(312)

参考文献………………………………………………………(313)

第一篇

总论

第一章

打造广西创新核心竞争力,促进经济社会高质量发展

党的十九大报告指出,我国社会主要矛盾已经转化为人民日益增长的美好生活需要和不平衡不充分的发展之间的矛盾;同时我国经济已由高速增长阶段转向高质量发展阶段,正处在转变发展方式、优化经济结构、转换增长动力的攻关期。在这一背景形势下,党的十九大报告提出:"发展是解决我国一切问题的基础和关键,发展必须是科学发展,必须坚定不移贯彻创新、协调、绿色、开放、共享的发展理念。"这一科学论断强调,在中国特色社会主义新时代,必须始终坚持新发展理念,把它作为全面建成小康社会、实现"两个一百年"奋斗目标的理论指导和行动指南。排在新发展理念第一位的就是创新,充分说明了创新在整个经济社会发展大局中不可替代的重要地位。科技创新是经济高质量发展的动力与源泉,是引领发展的第一动力。科技创新能够提升技术水平和改善社会生产关系环境,促进经济质量提升和效率变革,进而实现经济高质量发展。也就是说,在高质量发展阶段,不能再单纯地追求经济发展的高速度,而是要依靠创新追求效率更高、供给更有效、结构更高端、增长更绿色可持续以及更和谐。

近年来,广西壮族自治区党委、政府按照"三大定位"新使命和"五个扎实"新要求,认真贯彻落实习近平总书记关于广西工作

的重要指示及关于科技创新工作的一系列重要论述，全面实施创新驱动发展战略，持续推进科技创新体制机制改革，使广西科技创新事业得以不断向前发展。2016年召开全区创新驱动发展大会，出台《关于实施创新驱动发展战略的决定》及配套政策，在5年内新增安排50亿元创新驱动发展专项资金。2018年召开创新支撑产业高质量发展推进大会，做出了深入开展科技创新支撑产业高质量发展行动，着力实施"三百二千"科技创新工程的决策部署。在一系列政策的强有力推动下，广西科技创新迎来快速发展的黄金阶段，截至2019年年底，广西科技进步贡献率提升至54.93%；万人有效发明拥有量达4.6件；全年新增高新技术企业500家以上，全区高新技术企业总数超过2300家。纵向比较的结果显示，科技创新支撑引领广西经济社会高质量发展的能力和作用日渐凸显。

然而，广西创新实力差、底子薄、支撑经济发展力度弱的状况并未得到根本性的改变，通过横向比较不难发现问题所在。2018年，全区R&D经费投入强度为0.71%，比2017年下降0.06个百分点，仅为全国平均水平的1/3；高新技术企业总数和工业总产值仅分别相当于广东的4.14%和8.75%，差距极大；全区5966家规模以上工业企业中只有485家开展研发活动，仅占全区规模以上工业企业总数的8.1%，而全国规模以上工业企业超过四成开展研发活动。截至2018年年底，全区81%的规模以上工业企业从未申请过发明专利，88%的规模以上工业企业从未获得过发明专利授权。除了内部因素以外，外界环境变化也对广西创新驱动高质量发展进程提出了挑战。随着中国经济、科技实力的大幅提升，国际竞争与合作格局加快重塑。尤其是在新冠肺炎疫情的冲击影响下，国内国际经济形势更是呈现出前所未有的复杂性。目前中美经贸摩擦和其他领域的博弈交织在一起，前景变幻莫测。与此同时，东盟已悄然成为中国第一大贸易伙伴，为中国拓展国际经贸合作空间开辟了新通道。广西毗邻东盟的优势也有了更多的用武之地。

广西壮族自治区党委书记鹿心社指出，创新支撑产业高质量发展，是广西加快培育发展新动能、增强发展后劲的紧迫任务，是广西立足现实发展基础、顺应科技革命和产业变革新趋势，必须有所作为也能够有所作为的战略抉择。① 广西要从战略和全局的高度，充分认识创新支撑产业高质量发展的极度重要性和现实紧迫性，加快汇聚创新资源，凝聚创新力量，激发创新活力，让创新成为引领产业高质量发展的核心动力源。目前广西创新与产业还有"隔河相望"之感，必须在创新与产业之间架起相互连通的桥梁，使创新更好地支撑产业高质量发展。通过不断努力，让部分特色优势领域的创新能力进入全国领先行列，创新对产业高质量发展的支撑能力进一步提升，企业创新主体地位明显增强，创新体系协同高效，创新生态更加优良，集聚一批拥有知名品牌和较强市场竞争力的创新型企业，培育一批知识技术密集、成长潜力大的战略性新兴产业，初步建成面向东盟的区域性创新中心，在创新型广西建设上迈出坚实步伐，努力走出一条具有广西特色的创新支撑产业高质量发展的路子。鹿心社还强调，构建创新支撑产业高质量发展的桥梁，实现既定工作目标，最关键的是要垒起前端聚焦、中间协同、后端转化三个桥墩。要坚持前端聚焦，紧紧依靠创新助推传统优势产业"二次创业"，勇于抢占创新制高点加快培育战略性新兴产业，以农业科技创新促进现代特色农业加快发展，以新业态新模式促进服务业提质升级，着力攻克制约产业转型升级的技术瓶颈，引领产业发展迈向中高端。要推进中间协同，以企业为主体加快建设新型创新平台和创新联盟体系，充分发挥高校和科研院所在创新中的生力军作用，善于联合高端创新资源开展重大科技攻关，以高新区为载体集聚协同创新资源，着力弥补自身创新能力不足的短板，以开放的思

---

① 鹿心社：《构建创新支撑产业高质量发展的桥梁》，http://news.gxnews.com.cn/staticpages/20181206/newgx5c085afb-17866839.shtml?pcview=1，2018年12月6日。

维开辟创新发展新天地。要注重后端转化，大力推进创新成果本土转化，以超常举措吸引区外创新成果落地转化，加快把广西建设成为面向东盟的区域性创新中心，着力打通创新成果应用的"最后一公里"，真正把创新成果转化为产业发展实效。

综合以上情况来看，在当前时点上梳理广西创新和高质量发展之路，显得必要且正当其时。通过回顾成就与不足，总结过去的经验和教训，为未来发展提供更好的思路、路径和措施，对于广西今后实现新跨越具有极其重要的意义。

第二章

广西创新能力的动态演化和地区比较

第一节 区域创新驱动发展的相关理论和内涵

一 创新驱动发展的理论基础

（一）马克思的创新思想

尽管马克思没有专门阐述创新的论著，但马克思主义创新思想具有完整的内容体系，马克思认为创新涵盖三种基本形式：科学创新、技术创新和制度创新。

科学创新包括自然科学创新和人文社会科学创新。自然科学创新提高了人类改造世界的技能，马克思在《经济学手稿》中的相关论述为："生产力中也包括科学""另一种不费资本分文的生产力是科学力量"。邓小平直接把马克思这一思想表述为"科学技术是第一生产力"，这一表述确定了科学技术在生产活动中至关重要的地位，论证了知识资本是不可或缺的生产要素。人类社会发展到现阶段，科学技术早就成为人们提高生产力、创造物质财富的重要工具和主要手段，并不断地将劳动和社会的结合过程提速，推动财富的创造和积累。人文社会科学创新即把人文社会科学的创新思想和理念应用于改造社会、改造人自身的过程。离开人文社会科学的发展,人类的全面发展和进步无从谈起,人文社会科学创新能够增加人类知识和技能的积累,积蓄为物质力量,提高整个社会智慧,成为与劳动相对应的另外一个生产要素吸附在资本中,体现出资本的属性。"哲学作为无产阶级的精神武器""理论变成物质力量""社会智慧的一般生产力的积累"等论述都包含了丰富的人文社会科学创新的思想。①

技术创新是把新技术、新发明、新工艺转变为现实生产力的过程。马克思认为技术创新是人的本质力量的对象化,技术创新可以改进社会生产力三要素,不仅能升华劳动资料与劳动对象,还能提升劳动力生产水平,更重要的是技术创新能够将自然力转变为资本生产力甚至社会的一般生产力,成为推动生产力发展的强大引擎。马克思指出:"大生产,应用机器的大规模协作,第一次使自然力,即风、水、蒸汽、电大规模地从属于直接的生产过程,使自然力变成社会劳动的因素,"② 从而推动整个社会生产力不断进步。

制度创新指制度的创立、革新和修正。人的社会关系不断发展,从而产生了制度,制度是生产和交换实践进程中的直接产物,因此制度会随着物质生产资料和生产力的变化而改变,不可能是永远静止固化的。马克思提出了生产关系变革、工厂制度、股份制公司、信用制度等一系列制度,并指出这些制度都是适应生产力发展需要的,是人类社会进步中生产关系和生产力不断发生作用而产生的新制度。

(二) 熊彼特的创新理论

熊彼特在其著作《经济发展理论》中提出创新是"建立一种新的生产函数"和"对生产要素的重新组合"。他定义的创新包括五种情况:(1)产品创新,即引入新产品或改进产品质量;(2)

---

① 周小亮:《技术创新与制度创新的互动关系:理论比较分析与现实理论假说》,《福建论坛》2008年第3期。

② 《马克思恩格斯文集》(第八卷),人民出版社2009年版。

工艺创新，即采用新的生产方法；（3）市场创新，即开辟新市场；（4）资源配置创新，即获得新的供给来源，包括原材料或者半成品的新来源；（5）组织创新，即实行新的企业组织方式。熊彼特的创新理论认为企业家创新的目的在于获取资源重新配置带来的收益增值，在市场经济中，一旦各方发现收益有增值的机会，就会组织资本大量涌入，达到对生产函数的不断改进并最大化其利益。熊彼特把创新模式分为企业家创新模式和大企业创新模式。

在企业家创新模式中，企业家起到举足轻重的作用，企业家为了获得创新收益，愿意承担创新的风险，企业家在研发创新的风险压力下进行要素的"新组合"。技术被认为是外生变量，企业家一旦实现了实质性的创新突破，就会造成市场结构的重新组合，打破市场结构的均衡，使掌握创新技术的企业家在短期内攫取超额垄断利润，获得创新的收益回报，但在利益驱使下，随着其他企业的不断涌入，垄断利润会逐渐消失。

在大企业创新模式中，关注的焦点是大企业的创新地位，大企业在研发创新上具有许多优势。首先，大企业承担风险的能力较强，能够抵御创新中面临的风险和成本压力，在研发活动中更容易取代中小企业成为主要承担者，随着大企业成为创新的主导者，他们在竞争中就更加占据优势。熊彼特指出："垄断企业已经成为经济进步，尤其是总产量长期扩张最有力的发动机"。[1] 现代大企业有能力建立专门的研发部门，更容易获得创新收益从而增强企业的市场集中度，形成良性的循环。在大企业创新模式中，熊彼特认为技术进步具有内生性，技术进步是从企业内部中产生的，不断的创造性破坏推动了经济增长，技术进步在经济增长中起着举足轻重的作用。最后，大企业研发创新获取的超额垄断利润巩固了企业的垄断地位，但其他企业的模仿创新会影响大企业的垄断地位。

---

[1] 约瑟夫·熊彼特：《资本主义、社会主义与民主》，吴良健译，商务印书馆1999年版。

熊彼特的企业家创新模式和大企业创新模式都将技术因素视为技术创新的动力，但企业家创新模式认为技术进步是外生的并强调了企业家的普遍作用，而大企业创新模式把技术进步看作是内生的并强调大企业的创新作用。总之，熊彼特创新理论承认创新是经济增长的动力，而创新来自企业家，但缺少对高校、政府、研发机构之间关系的研究，始终将技术进步作为一个新的独立变量来研究其在经济增长中的作用，没有精准确定"创新"的内涵和外延。

(三) 其他创新理论

1. 知识创新学派

随着知识经济的兴起，对知识创新的研究方兴未艾。知识创新学派的形成大致经历了三个阶段。第一阶段是 20 世纪 90 年代初，重点是界定知识创新的概念和内涵，美国战略专家艾米顿把知识创新定义为一个把科学成果加速应用于生产和服务的过程，在此过程中，科学家和工程师合作研究跨学科和跨行业的科学问题。艾米顿认为知识转化为市场化的产品和服务也是为了企业的成功和社会经济的全方面进步。第二阶段是从知识创新概念的形成到 20 世纪 90 年代末，主要是完善知识创新的概念并研究其作用机理，提出不断创造新知识并推广应用到新产品新服务中，就能实现知识创新。第三阶段是从 21 世纪开始，主要关注知识创新平台的影响和空间环境，Nonaka 提出了知识创新的转化与螺旋运动模型，而 Malin Brannback 则强调虚拟网络化在知识创新中的重要地位。

2. 技术创新学派

技术创新学派的发展经历了四个阶段。

第一阶段是 20 世纪 60 年代以前，以索罗和格瑞里切斯为代表人物。其中索罗提出的技术进步模型在经济学界具有重要的地位，索罗模型可以测量科技进步贡献率，凸显创新对产出的重要影响作用。索罗模型丰富了创新理论的研究视角，是对熊彼特创新理论的重大扩展。格瑞里切斯分析认为杂交玉米的创新技术提高了社会收益率，证实了经济增长中技术进步的巨大推动作用。

第二阶段从20世纪60年代到80年代，代表人物为弗里曼、索罗斯和罗森伯格等。弗里曼认为创新包括新产品、新工艺、新技术等的商业应用；索罗斯认为创新囊括了科技、金融、商业等一系列涉及技术变化的全过程；罗森伯格研究了科学进步和技术创新的哲学关系，认为二者互相促进和制约。

第三阶段是从20世纪90年代到21世纪初，代表人物为马歇尔、弗罗斯、哈皮尔等。主要的观点是可持续的创新，认为创新应该兼顾环境友好，注重循环经济，实现可持续的增长。

第四阶段是21世纪初至今，主要理论是生态化的技术创新理论、综合效益创新理论，主张创新在促进经济增长中要兼顾人和自然的协调发展。第四阶段的技术创新学派对传统的创新理论进行了升级，克服了以往创新理论只强调创新的经济价值的片面性，专注于正向化创新对经济系统的外部性。

3. 制度创新学派

20世纪70年代，制度创新理论在以诺斯、戴维斯和舒尔茨等为代表的学者的努力下得以形成。诺斯认为制度变迁能影响单位成本，制度创新能产生学习效应、适应性预期，促成报酬递增。戴维斯认为制度创新能够弥补市场失灵带来的弊端，获取规模经济，促进经济增长。舒尔茨认为制度创新是经济系统中的一个重要变量，但这个变量变动时，会打破原来经济系统的均衡，达到新的均衡。制度创新的作用在市场经济运作中得到了很好的体现，其中股份制、政府补贴等制度创新已经成为创新的重要组成部分，与技术进步一起推动经济增长。

二 区域创新驱动发展核心内涵及其逻辑关系

在关于创新驱动发展的概念和内涵阐述中，政府的阐述以《国家创新驱动发展战略纲要》为代表，认为"创新驱动发展是创新成为引领发展的第一动力，科技创新与制度创新、管理创新、商业模式创新、业态创新和文化创新相结合，推动发展方式向依靠持续的知识积累、技术进步和劳动力素质提升转变，促进经济向形态更高级、分工更精细、结构更合理的阶段演进"。① 学术界对创新驱动发展的阐述主要围绕创新是经济发展的主要动力、强调依靠创新要素投入推动发展、强调创新驱动发展的目标是实现内生的可持续发展三个方面展开。本报告认为创新驱动发展应涵盖创新的全过程，从培养良好外部环境，吸引创新要素激发创意产生，到通过资源配置完成要素重组使创意转化为新技术，新技术进一步转化为新产品、新工艺，最后在市场上实现经济价值。这一过程涉及创新要素聚集、资源配置、成果转化及市场实现等多链条，我们从创新、驱动和发展三个环节进行阐述。

（一）创新的概念及内涵

创新是创新驱动发展的源头，其本质和核心在于重新集聚和组合生产要素，包括对知识、智力、技术等要素的聚集和组合。由于要素的排列组合导致多种类型创新的出现，包括知识创新、科学技术创新、制度创新等。其中科学技术创新是生产力提高的重要源泉，与经济发展联系最为密切。科学技术创新的途径包括学习、引进、模仿、多元集成创新和原始创新等。其中学习、引进和模仿的优点在于节约自行研发的成本并避开研发风险；但此类途径获得的技术创新依附性强，而且很可能是技术发达国家过时甚至淘汰的技术，在生产过程中存在边际报酬递减的问题，市场价值有限，属于后发优势，难以追上技术先进国家。引进模仿的技术，当遇到知识产权壁垒时，由于核心知识和技术来源于他国，容易被迫退出市场

---

① 新华社：《国家创新驱动发展战略纲要》，http://www.Most.gov.cn/yw/201605/t20160520_125675.htm，2016年5月19日。

竞争。集成创新通过集成优化现有技术，把现有成熟技术应用到不同的新领域，产出新产品和新工艺，重新占领市场份额；这种途径的技术创新具有一定的自主性，对已有技术的依附性不大，不像引进模仿创新那样受制于人。原始创新则是最根本、自主性最强的创新，这种创新具有完全的自主知识产权，对现有创新成果毫无依附性，但原始创新的研发成本和风险也是最高的。总体而言，创新驱动发展突出强调创新作为区域建立竞争优势动力源的"自主性"，即创新的独有、原创、不容易被复制等特性。我们强调自主创新，是因为这种方式的科技创新可以真正实现技术赶超和产生实质性的创新，能够在新兴产业领域建立强大的产业优势，培育出若干主导产业和支柱产业，提升区域的核心竞争力；能够最大限度地满足创新驱动发展战略对优化资源配置、提高生产要素使用效率的要求。由此可见，引进和模仿创新不能很好地满足创新驱动阶段的基本要求，而原始创新和集成创新则具备较强的"自主性"，是创新驱动发展的核心动力源。

（二）驱动的概念及内涵

驱动是实现创新驱动发展的过程，核心是整合与盘活各类创新要素，重新分配创新资源，最大化地利用创新资源，推动创新成果的商业化、产业化和社会化。自主创新面临较高的研发成本和风险，因此需要驱动机制来保障、激励、引导、支撑自主创新的开展和成果转化。驱动机制一方面要促进创新资源的增量，另一方面还要激活创新资源的存量。因此，驱动机制要建立一种组织方式和政策安排，降低自主创新的研发成本和规避自主创新的研发风险，解决各创新资源之间、创新环节之间条块化、分割化、供需不匹配等问题，使"创新链""产业链""资金链""政策链"相互交织、相互支撑。驱动机制应重点着力于以下三种驱动因素。一是创新投入，即知识、人才、资本上的投入保障，以此提供自主创新和研发成本并抵御研发失败的风险，扩大创新的正向溢出效应。大量创新理论和经验研究已经证实创新投入与自主创新存在因果关系，其中研发投入（R&D 投入）对科技创新起到了关键性的推动作用。因此，创新投入是聚集和优化创新的关键一环，是激发自主创新的重要途径。二是创新文化，即培养创新意识，引导全社会形成鼓励创新、容忍失败的价值观，最终形成符合区域特色的创新环境。创新文化是解放思想、树立创新价值观、提倡创新精神，从而促进高水平创新成果不断产生的重要基础。三是创新激励，通过政策设计引导资源合理流向创新领域，通过制度完善解决创新绩效评价问题，通过知识产权保护维护和保障创新主体的合法创新利益。创新激励是激发科技创新活力的内在动力，是加速知识溢出和外部效应的重要措施。

（三）发展的概念及内涵

发展是实现创新驱动发展的结果，核心是创新成果转化及产业化。创新是内生经济增长的驱动力，是知识学习和转化的终端，通过技术创新，区域可实现产业的优化和升级，增强向价值链高端攀升的能力，提升竞争优势。创新是产业演化的决定性力量，引导区域产业沿袭新兴产业→主导产业→支柱产业的路径演化。自主创新在产业发展中的作用表现为三点：一是加速了传统产业的转型升级；二是推动新兴产业过渡到战略产业；三是增强战略产业的市场竞争力。

但是创新驱动发展的最终目的除了实现科技成果的商业化和产业化之外，还要实现创新的社会化价值。马克思认为社会发展的核心在于解放和发展生产力，社会发展要兼顾经济与社会的主要矛盾和次要矛盾，社会发展的本质要求是促进人类社会的全面发展。因此发展的内涵要强调发展的整体观，发展的自然属性、经济属性和社会属性缺一不可，而产业发展只属于经济属性，仅仅考虑产业发展是不全面的发展观。中国作为全球创新驱动发展的中流砥柱，提出的新发展理念完美地实现了发展的自然、经济和社会三种属性的有机结合。因此，要实现区域的高质量发展，产业发展还不能脱离绿色、协调、开放、共享四种理念。在创新驱动发展中，发展高新技术等产业，实现发展的经济属性，促进经济增长；同时，经济发展反作用于与创新驱动发展各环节交互作用的外部支撑环境，影响发展的自然属性和社会属性。创新驱动发展从外部环境中集聚各类创新要素，通过创新主体的研发活动形成新的生产体系，依靠市场、社会的基本平台实现创新的经济价值，综合体现发展的自然属性、经济属性和社会属性。

（四）创新驱动发展概念的关联性

在阐释创新、驱动和发展概念及内涵的基础上，需要进一步明确区域在实施创驱动发展战略中的目标和方向。在内生的经济增长系统中，"创新驱动发展"是一个完整的组成部分，这三个核心概念不能互相独立、存在于一个一元结构中，必须牢牢把握这三个核心概念的关联性，形成符合区域特征的最优组合，最终促进区域的转型升级。从逻辑关系上看，"创新"是"发展"的核心源泉，"发展"是"创新"的最终目的，"驱动"是"创新"实现"发展"目标的过程和手段，"创新""驱动""发展"三者共生共存，互相制约。只提倡"创新"和"驱动"的二元组合，区域"发展"将迷失方向；只提倡"创新"和"发展"的二元组合，区域"发展"的速度缓慢，会损失"发展"的效率；只提倡"驱动"和"发展"的二元组合，区域会重归粗放式增长的老路，片面依靠投资驱动，区域"发展"不具备可持续性。只有把"创新""驱动""发展"有机紧密结合，区域实施"创新驱动发展"才能获得高质量的增长。三者的逻辑关系如图2—1所示。

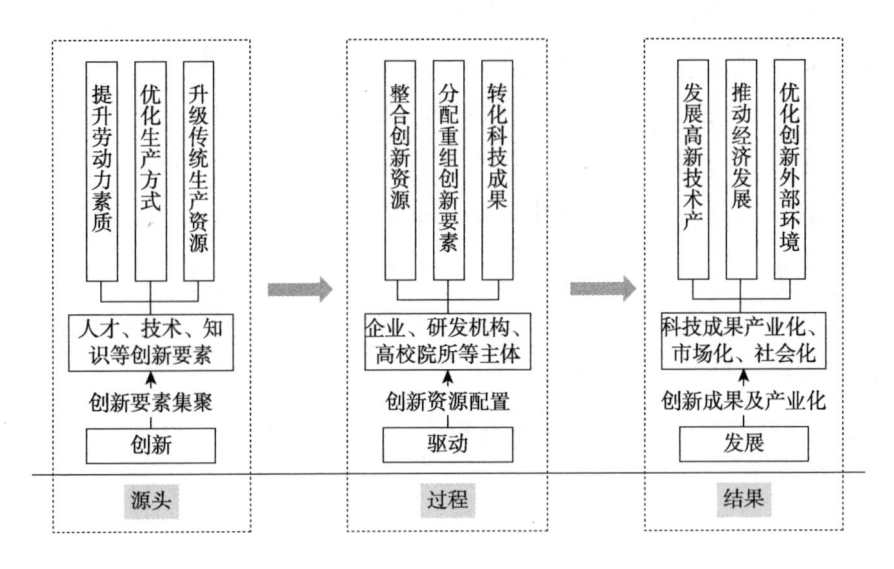

图 2—1 创新驱动发展的概念、内涵

第二节 广西实施创新驱动发展战略的举措及存在问题分析

一 广西引导企业成为研发创新主体的举措与存在问题

（一）引导企业成为研发创新主体的举措

企业是科技和经济紧密结合的重要力量，近年来广西出台《关于实施创新驱动发展战略的决定》《进一步强化企业创新主体地位实施办法》等政策文件，通过实施建立高层次、常态化的企业技术创新对话、咨询制度，实行创新项目企业牵头制，建立企业研发准备金制度，实施高新技术企业双倍增工程和瞪羚企业培育计划，鼓励企业联合高校、科研院所申报科技攻关和产业化项目，支持企业牵头联合组建研发机构或产业技术创新战略联盟，鼓励企业购买科技成果并实施转化，实施专利质量提升工程，推进示范企业发明专利倍增计划。同时，强化企业创新主体地位，引导企业成为技术创新决策、研发投入、科研组织和成果转化的主体。

1. 提升企业在技术创新中的决策权

建立高层次、常态化的企业技术创新对话、咨询制度，吸收更多企业参与研究制订各级技术创新规划、计划、政策和标准。目前，科技重大专项等部分项目实现专家咨询组中产业专家和企业家的比例不低于1/3。实行创新项目企业牵头制，涉及产业的创新项目必须由企业牵头或参与，在2019年广西科技重大专项项目中，企业牵头的占比达83.3%。

2. 引导企业逐步成为研发投入主体

建立企业研发准备金制度，对企业研发经费投入给予后补助，单个企业每年奖补总额最高可以达到800万元。实施高新技术企业双倍增工程和瞪羚企业培育计划。设立"创新创业大赛获奖项目资助"专项，以"双创"大赛的形式对科技型中小企业给予普惠性支持。2018年，广西财政资金撬动社会资金的比例约为1∶3.4。

3. 强化企业在科研组织中的主体作用

鼓励企业联合高校、科研院所申报科技攻关和产业化项目。2018年，在立项的129个科技重大专项中，由企业、高校院所共同参与的项目占比达64%。支持企业牵头联合组建研发机构或产业技术创新战略联盟，已建设了28家自治区级产业技术创新战略联盟。推行科技创新券制度，给予科技型中小微企业每次不超过10万元。

4. 突出企业在成果转化中的主体地位

鼓励企业通过购买科技成果、技术入股等方式，承接研究开发机构、高等院校、其他企业等单位的科技成果并实施转化。对企业购买科技成果并成功产业化，给予技术交易金额最高500万元的补助。实施专利质量提升工程，推进示范企业发明专利倍增计划，获奖发明专利最高奖金达100万元。

(二) 引导企业成为研发创新主体过程中存在的问题

从全国区域创新能力综合排名看，2018年广西区域创新综合实力排名全国第 20 位，领先于排名第 21 位的江西。但 2019 年江西企业创新指数全国排名提升了 7 位，而广西下降了 1 位，广西区域创新综合实力排名被江西赶超。江西规模以上工业企业中有研发机构的企业数、有效发明专利数、科技企业孵化器等各项企业创新指标增幅均达到 50% 以上，广西相应指标的增幅远远小于江西。企业创新能力不足是广西被江西赶超的根本原因。

1. 企业尚未成为研发投入主体，以企业为主体的社会研发投入在减少

2018 年广西企业研发投入的资金为 95.1 亿元，占总数的 65.6%，与上年相比下降 2.8%，与 2018 年全国企业平均研发投入 77.4% 相比，落后 11.8 个百分点，比贵州、江西、广东分别落后 9.2、20.6、22 个百分点。例如，拥有资产 4000 亿元、年营业收入将近 500 亿元的广西百强企业之首交通投资集团，研发投入只有 7000 万元，占营业收入比例不到 1%，与广东企业百强之首华为的研发投入（15%）差距甚远。

2. 具有核心竞争力的企业少

2018 年，广西企业 R&D 研究人员占全社会 R&D 研究人员的比重为 43.25%，远低于全国的 61.9%。广西 6535 家规模以上工业企业中，仅 7.9% 有研发活动，与全国 40% 的比例差距甚远。2018 年广西登记的 2469 项科技成果中，企业登记占比仅为 27.5%。符合市场需求的高质量科技成果不多，2018 年广西科技活动产出率为 35.03%，落后全国平均水平近 40 个百分点，排在全国第 25 位；广西技术成果市场化率仅为 17.19%，落后全国平均水平 61 个百分点，排在全国第 24 位。广西是全国最大的原料蔗和蔗糖生产区，但蔗糖加工业至今无 1 件国际专利，超过 90% 的制糖企业在蔗糖加工领域无专利申请。

3. 创新资源尚未完全向企业集聚

广西企业享受政策优惠存在资质门槛高、政策支持分散、企业

自行判断适用优惠政策难度大等问题。如广西博士海意信息科技有限公司反映，广西针对企业的财政补贴政策分散在发改、工信、科技、商业等多个部门，但是政策宣传不够，企业无法研究透彻所有的政策，需安排专员管理申请、组织材料等事项，消耗企业管理运营成本。2018年广西申请研发奖励和补贴的企业仅为348家。同时，难以充分发挥企业专家在科研创新中的决策咨询作用，特别是中小企业缺少话语权。

4. 产学研深度融合的意识和动力不足

科研与产业发展各念各的经、各走各的道，产学研用联系不紧密。广西企业在研发和创新上主要还是依靠自身力量，90%的企业科研项目都是独立完成的，没有高校或科研院所参加。高校和科研院所从企业获得的研发经费少，高校每年从企业获取的R&D经费所占比例不到30%，科研院所从企业获取的科技经费比例不超过10%。科技成果转化的中间环节缺失，高校和科研院所受自身条件限制，大多数科技成果都是"实验型"的，而广西大部分企业只具备接纳现有"成熟型"的技术和产品的能力，缺少既能对接高校和科研院所，又面向企业，具备二次研发能力的中试机构。广西建设的28家自治区级产业技术创新战略联盟，缺乏促进产学研结合的项目、载体和平台，并没有发挥真正的作用，导致联盟建设流于形式，面临无法进一步往下推进的困境。

5. 国有企业创新主导能力不足

国有企业应当是实施国家和广西科技创新活动的骨干力量和"国家队"，但广西国有企业整体创新能力不强、创新活力不足。现阶段，企业利润收入仍是主要考核指标，很多国有企业为控制成本，压缩研发投入。在2018年广西百强企业中，排名前20的企业有19家是国有企业，但其中创新活动较活跃的仅有柳钢、玉柴、东风柳汽等少数几家企业，且都是涉及传统产业的企业。根据统计数据分析显示，2017年认定的1186家高新技术企业中，国有企业占比为11.6%，国有企业科技活动人员占全部从业人员的20.03%。其中，2家国有企业没有科技活动人员；科技活动经费支出仅占营业收入的3.46%，3家国有企业的科技活动经费支出为0；11家国有企业没有有效专利，59家国有企业的有效专利数为个位数。

六是企业融资难、融资成本高的问题依然突出。当前，广西扶持科技创新的天使基金、风投基金等基本没有，全区仅有桂林银行科技支行1家专业的科技银行，科技金融服务体系机制不完善。很多科技型初创企业，由于无法提供有效的担保、抵押方式，导致企业在融资方面碰壁。如广西捷佳润科技股份有限公司作为广西瞪羚企业，因不动产抵押物不足无法获得四大银行贷款融资。而广西的创投公司对处于初创期的科技型中小企业投资意愿不强，不愿承担风险，只想明股实债，旱涝保收，从银行以5%的利息拿到贷款后，以12%—15%的利息贷给企业，融资成本极高，企业无法承担。

二 激励科研人员的举措与存在问题

（一）激励科研人员的举措

1. 开展科研人员薪酬激励改革

广西大学和广西科学院开展了薪酬改革试点工作，由科研团队自主决定经费使用以及试行薪酬分配改革制度。出台横向经费相关政策，完善以增加知识价值为导向的激励机制，明确有关项目经费的细化管理制度，破除项目绩效支出受单位当年绩效工资总量限制的体制机制障碍。

2. 完善科技人才评价激励体系

建立了院士后备人选、八桂学者、特聘专家等不同层次人才评价体系，并结合广西实际，确立ABCDE五个层次的高层次人才评选标准，评选出第一批335名广西高层次人才。修订发布《广西科学技术奖励办法》，设立个人类广西科学技术特别贡献奖，奖金高达100万元。实施"三百二千"科技创新工程，已引进培育高层次人才和团队85个。

3. 不断扩大科研机构自主权

聚焦完善科研管理、优化分配机制，在赋予科研院所和科研人员自主权等方面出台了一系列"放管服"政策，推动科研项目管理权限下放，明确有关项目经费的细化管理制度。下放科研项目资金管理权限到科研院所，推行"两个简化""四个放下"，即简化预算编制、简化政府采购相关审批，下放预算调剂权、下放间接费用使用管理权、下放基本科研业务费编制权、下放结转结余资金管理使用权。进一步扩大科研单位和科研人员项目经费管理自主权。

4. 提高科研人员科技成果转化收益

修订颁布《广西促进科技成果转化条例》，在科技成果使用权、处置权和收益管理权下放、科技成果转化收益分配等方面进行了大刀阔斧的改革。例如，全面下放高校和科研院所科技成果的使用权、处置权和收益权，收益不再上缴国库；明确成果研发团队应当享有的收益比例由国家规定的50%提升到不少于70%等。这些突破性的改革举措，疏通了成果转化的"中梗阻"，给予科研人员实实在在的权益，让科技人员"名利双收"。

(二) 科研人员激励中存在的问题

1. 科研机构自主权下放仍不彻底、不到位

许多科研人员评上更高一级职称但不能及时聘任相应的薪酬职称岗位，存在"高职低聘"现象。广西科学院反映，公益一类科研院所实行职称评聘分离，缺乏人员聘用和岗位设置自主权，由于上级部门对院所的职称岗位有严格的比例限制，因此该院大量科研人员职称晋升后无法聘任相应薪酬岗位，高层次人才流失严重。据该院统计，近3年来已流失高级职称研究人员25人，其中博士

20人。

2. 薪酬激励的"天花板"问题尚未有效解决

广西科研事业单位、国有企业存在绩效工资和工资总量总额控制的"天花板"问题。能实行年薪工资、协议工资、项目工资等薪酬分配制度的只有自治区高层次人才和2个试点单位，总人数不超过400人，且企业高层次人才占比较低，仅占20%左右，政策覆盖面不足。而广西普通科研人员薪酬不高，导致科研院所抢夺人才、留住人才的竞争力不强。据广西科学院统计，广西科研院所人员的收入普遍比高校低30%左右，加上高校安家费、住房等优惠政策，普通科研人员的薪酬差距极大。

（3）科研经费管理"重物轻人"

广西科技经费中的劳务费科目只能用来支付临时聘用人员劳务费，且间接经费比例受限等问题使承担项目的主要科研人员不能获得应有的待遇，导致科研人员积极性不高。在成果转化收益方面，高校、科研院所等存在经费报不出、拿不到等问题。科研事业单位财务自主管理权限收缩，行政审批流程烦琐，导致科研人员用钱难、报账难。

（4）人才认定条件门槛高，受众面窄

现有高层次人才认定存在标准过高、层次划分不清等问题，致使人才激励受众面窄。目前广西科技人才认定有院士后备人选、八桂学者、特聘专家、人才小高地等，但人才认定数量较少，如广西区第一批符合自治区高层次人才认定标准的仅335人，且梯次不清晰，存在一人获得多项人才"帽子"的现象。企业普遍反映，其所需人才与自治区E类人才认定条件也相距甚远，根本无法享受有关待遇。同时，对本土人才的相关配套激励政策不足，致使人才引不来、留不住。

三 科技成果转化成效与存在问题

（一）科技成果转化的成效

1. 在一定程度上解决了束缚科技成果转化的机制体制问题

一是将科技成果的使用权、处置权和收益权下放。研究开发机构、高等院校对其持有的科技成果，可以自主决定转让、许可或者作价投资，不需报相关主管部门审批或者备案，取得的科技成果转化收益全部留归单位，不上缴国库。据广西科技厅组织的调查显示，约有1/3的科研人员认为本单位在科技成果管理及处置等方面开展了探索，对于激发科研人员积极性、促进科技成果转化起到了良好作用。例如，《广西大学科技成果转化管理办法》规定成果完成人可享受成果转化收益的97.5%；广西农科院对科研人员成果转化的奖励比例为90%—99%，机关后勤服务人员在收益不高于科研人员平均数的前提下也可以享受成果转化奖励。二是完善了科技成果市场化定价机制。科技成果的完成团队或完成人可在最低可成交价格的基础上，通过市场化方式，即通过协议定价、在技术交易市场挂牌交易、拍卖等方式确定价格，进一步明确了市场化定价的合法性，明确了市场定价的方式和程序。三是建立了高校和科研院所科技成果转化报告制度。要求建立广西高校和科研院所科技成果转化报告制度，将高校和科研院所科技成果转化情况，作为申报科技成果奖励和科技计划项目支持以及绩效考核的重要依据。通过对广西55家高校、科研院所和技术推广服务机构提交的报告进行统计，2017年各类科技成果达到5663项，其中实施转化科技成果83项，总收入为2604.55万元。

2. 提高了科技成果转化的激励力度

将科技成果转移转化收益用于科技人员、研发团队以及为科技成果转移转化做出重要贡献的其他人员的现金和股权奖励的最低比例从国家规定的50%提高至70%。同时，明确国有企事业单位科技成果转化收益计入本单位当年工资总额，不受本单位当年工资总额限制，不纳入本单位工资总额基数；实行绩效工资制度的事业单位不受绩效工资总额限制，也不纳入绩效工资总额基数。

3. 建立了科技成果转化的绩效考核督导机制

建立了以绩效考核为督导的科技成果转化机制，组织实施了科技成果转化大行动，广西科技成果转化项目数量大幅度增加，2018年共完成实施转化数为1250项，完成率62.5%。按照"三百二千"科技创新工程要求，"转化1000项重大科技成果"已完成44%。

4. 建立了科技成果转化的免责容错机制

高校和科研院所以科技成果对外投资实施转化，经其上级主管部门确认发生投资亏损的，由其上级主管部门审定对已经履行勤勉尽责义务且未牟取私利的，不纳入高校、科研院所对外投资保值增值考核范围。

5. 健全了科技成果转化服务体系

一是建立具有广西特色的技术转移体系。建立自治区、市、县三级全覆盖的统一技术交易平台体系，不断壮大自治区级技术转移示范机构。2018年广西新认定自治区级技术转移机构29家，全区技术转移机构总数达到91家，完成率为91%。二是建立健全技术转移网络平台。2018年5月，广西网上技术市场正式上线，当年完成技术输出和吸纳技术合同数达6254项，技术合同成交额为253.61亿元，技术交易额为129.28亿元，分别比2017年增长115%和81.45%。

(二) 科技成果转化存在的问题

1. 创新主体的科技成果转化能力短板突出

一是企业科技成果较少。2018年广西6535家规模以上企业中，有研发活动的企业只有516家，占比仅为7.9%；在广西登记的2469项科技成果中，企业登记占比仅为27.5%。二是企业科技成果转化意识不强、动力不足；有些企业把申请到的科研经费挪作企业周转资金。有些企业担心技术市场风险，习惯直接购买成熟技术或应用已有技术，较少考虑新技术研发。

2. 部分成果转化政策落实存在"最后一公里"问题

一是科技、财政和审计认定标准不一致。在科研经费管理中，财政部门和审计部门各有一套管理制度，各个部门的认识不同，执法的尺度和标准不一。例如，广西某科研院所根据国家的转化法和自治区的有关政策，把科技成果转化收益的99%给科技人员，在接受上级部门检查时被要求做出说明为什么要按最高的收益比例给科技人员。二是科研机构顾虑较多。大部分科研事业单位担心根据科研"放管服"精神制定的内部制度不符合财政、审计以及巡视检查，怕追责担责，"不敢""不愿"出台内部的具体管理制度，导致诸多政策措施落实堵在了"最后一公里"。

3. 科技成果转化人才的引育和激励机制不健全

一是企业成果转化人才总量少，高校、科研院所专业人才数量不足。根据对广西40家高校、科研院所的统计，2018年共有技术转移人员945人，其中专职人员191人，仅占20.2%。二是引才育才机制不科学、欠灵活。现有的人才引进政策与广西经济发展水平不相适应，人才引进标准与北上广深等发达地区相类似甚至要求更高。一些单位和科技人员提出，高等学校、科研院所的科技人员向企业流动的机制尚不健全。三是考核评价导向错位。在人才考核评价上，目前广西科研单位普遍侧重于纵向课题、论文发表等指标。

4. 科技成果转化的服务保障体系不完善

一是科技成果转化的财政资金投入不足。2018年广西财政科技成果转化支出为3.68亿元，占广西财政科技支出（63.34亿元）的比重为5.8%，占广西财政支出（5310.89亿元）的比重仅为0.069%。有的设区市本级财政科技成果转化支出不到100万元，有的县（区）没有将促进科技成果转化支出列入预算。二是科技成果转化服务机构建设薄弱。目前广西技术转移机构、科技中介服务机构数量偏少、规模小，业务能力、服务范围和服务水平难以满足科技发展的需求。个别设区市还没有自治区级的技术转移示范机构或只有1家科技中介服务机构。三是科技成果转化的生产试验环节少。中国高科技产业化研究会调查证明，科技成果经过中试，产业化成功率可达80%；而未经过中试，产业化成功率只有30%。广西科技成果转化的中间环节缺失，广西高校和科研院所受自身条件限制，大多数科技成果都是"实验型"，而广西大部分企业只具备接纳现有"成熟型"技术和产品的能力，缺少既能对接高校和科研院所，又面向企业、具备二次研发能力的中试机构。

第三节 广西创新驱动能力的综合测度和评价

一 广西创新驱动指标体系构建

（一）广西创新驱动指标的分析框架

关于创新驱动发展评价的研究，可以分为两个层面。从政策层面看，有科技部发布的《国家创新指数报告》、国家统计局发布的《中国创新指数（CII）研究》、中国科学院发布的《中国区域创新能力评价报告》等，政策层面的研究主要关注创新能力的测度，没有直接涉及国家和地区对创新驱动发展的评价。从学术层面看，霍国庆等[1]对创新驱动发展的评价指标体系划分得比较具体，认为应该对创新驱动发展的不同阶段分别设立对应的指标体系，但他的研究只提出了思路和理论上的设想，并没有设计出具体的指标体系；李黎明等[2]虽然从创新发展阶段和全面发展阶段分别构造了较为全面的评价指标体系，但评价过程只是对单指标之间进行简单的比

---

[1] 霍国庆、杨阳、张古鹏：《新常态背景下中国区域创新驱动发展理论模型的构建研究》，《科学学与科学技术管理》2017年第6期。

[2] 李黎明、谢子春、梁毅劼：《创新驱动发展评价指标体系研究》，《科技管理研究》2019年第5期。

较，没有综合利用各维度的数据信息，单一指标的评价方法不够合理。考虑到现有文献中存在的各种不足，本报告基于前文界定的创新驱动发展概念和内涵，对广西创新驱动能力进行量化测度。全面测度广西创新驱动的实际状态以及强度，首先要对创新驱动价值链的全过程有一个认识。在 Hansen 和 Birkinshaw[①] 提出的三阶段创新价值链（知识获取—创新形成—成果转化）的基础上，本报告将广西创新驱动的过程界定为"科技创新驱动环境—科技创新驱动主体要素投入—科技创新驱动主体成果产出—科技创新驱动效益"。这四个阶段在时间上继起、在空间上并存，互相联系，构成了广西特色的创新驱动价值链，这也是我们构建广西创新驱动指数体系的基础。

1. 科技创新驱动环境

科技创新驱动的基础包括科技设施、科技意识、人力资本、制度环境等。正如完善的基础设施是经济长期持续稳定发展的重要基础，科技设施也是实现创新驱动发展的重要物质基础保障。科技设施特别是国家投资建设的科技设施侧重于创新的物质技术基础，更多强调科技创新在硬件方面的投入。科技意识是社会意识的一部分，较强的科技意识有利于营造良好的科技创新驱动人文环境。增强社会科技意识，加深人们对创新驱动发展根本属性的了解，有助于激发全社会进行科技创新活动的积极性。人力资本是知识溢出的重要途径，创新驱动发展需要大量掌握高科技的高精尖人才支撑；经验也告诉我们，在大量高水平人力资本聚集的区域，科学技术水平和社会生产力也是最高的。制度环境犹如创新驱动发展过程中的"无形之手"，影响创新驱动价值链的每一个环节。不同的制度环境，给予创新不同的表现形式和实现途径，成功的制度创新能引导科技资源的合理流向，使科技资源配置得到优化，提高科技资源的

---

① Hansen M. T., Birkinshaw J., "The Innovation Value Chain", *Harvard Businessiew*, Vol. 85, No. 6, 2007.

利用效率，而且良好的制度环境也有利于调动创新主体的研发积极性，增强经济体的自主创新能力。

2. 科技创新驱动过程

科技创新驱动实现过程主要包括科技创新驱动主体要素投入和产出两方面。广西创新资源供给还比较短缺，无论是科技创新还是科技升级都过度依赖于外部知识和技术要素，广西的产品研发、工艺和材料的技术水平长期处于外部的"垄断"和"挤压"中，因此，必须依靠研发机构和高校知识、人才、平台等供给侧与企业需求侧的精准对接，实现企业创新体系与高校和研发机构创新体系的良好协同，才能顺利实施创新驱动发展战略。Mansfield[1]、Jaffe[2]和Berman[3]认为：高校和科技研究机构是创新发展的重要引导力量。除了企业，高校和研发机构也是创新活动的主体，高校和研发机构在知识储备和人才储备等方面具有得天独厚的优势，是国家创新体系的主力军之一，在推动区域创新发展及产学研协同过程中功不可没。洪银兴也指出："解放科学技术是第一生产力，只有依靠大学和企业，科学家和企业家都进入孵化新技术阶段，并通过能力互补、需求匹配、相互耦合、共同作用实现协同创新，才能加快科技成果转化为现实生产力的速度"。[4] 本报告以企业、研究与开发机构和高校为三大创新主体，分别从三大创新主体的投入和产出方面衡量广西创新驱动水平。

3. 科技创新驱动效应

科技创新驱动效应是创新驱动发展的一个结果，包含两个方面

---

[1] Mansfield E., "Academic Research Underlying Industrial Innovations", *Review of Economics & Statistics*, Vol. 77, No. 1, 1995.

[2] Jaffe A. B., "Real Effects of Academic Research", *The American Economic Review*, Vol. 79, No. 5, 1989.

[3] Berman E. M., "The economic impact of industry – funded university R&D", *Research Policy*, Vol. 19, No. 4, 1990.

[4] 洪银兴：《产学研协同创新的经济学分析》，《经济科学》2015 年第 1 期。

的内容,一是创新驱动扩散效应;二是结构优化效应。企业通过扩大生产规模不断增加创新成果产出,社会影响力得到提升,并且创新成果产出会传播到不同企业、区域乃至国外,促成了创新成果的广泛应用。创新的本质是把发明创造等创意商业化、市场化,它强调的是创新成果的"有用论",即创新成果具有商业价值和市场价值。创新扩散是创新驱动价值链上的一个重要延伸环节,评价一项创新是否成功的最主要标准是看它是否具备商业价值和市场价值,成功的创新拥有强劲的辐射能力和显著的扩散效应,波及面更大、传播半径更长、市场应用前景更广阔,从而激发更强的创新驱动能力。在进一步扩大改革开放的宏观环境下,创新驱动扩散效应包括技术转移对创新驱动能力的提升上,推动企业走协同、开放、跨越式创新道路,充分利用国内外资源实现企业集群式创新和协同式创新。科技创新的结构优化效应体现在结构优化上,以创新为动力,推动传统产业升级改造,引导新兴产业突破发展、优化结构、提升层次,全面提升广西创新驱动发展能力。

综上所述,本报告通过分解广西创新驱动过程的各个维度,阐释了"四阶段"创新驱动价值链,如图2—2所示。

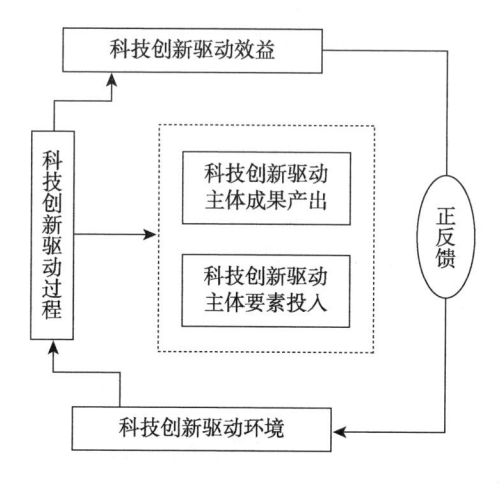

图2—2 "四阶段"创新驱动价值链

(二) 广西创新驱动指标体系的构建及指标说明

1. 广西创新驱动指标体系构建

创新驱动是一个复杂的系统，这意味着本报告所构建的创新驱动指标体系无法穷尽创新驱动概念中包含的所有方面，只能尽最大限度地涵盖创新驱动价值链的主要维度，包括科技创新驱动环境、科技创新驱动主体要素投入、科技创新驱动主体成果产出、科技创新驱动效应四大维度。我们构建的广西创新驱动指标体系如表2—1所示。

表2—1　　　　广西创新驱动指标体系

一级指标	二级指标	编号	三级指标	方向
A 科技创新驱动环境	A1 科技设施基础	A101	年度科普专题活动次数（次）	正
		A102	每万人公共图书馆使用建筑面积（平方米）	正
		A103	每平方公里长途光缆线路长度（米）	正
		A104	互联网宽带接入率（%）	正
	A2 科技意识	A201	万名就业人员专利申请数（件）	正
		A202	规模以上工业企业中有R&D活动的企业比重（%）	正
		A203	专利侵权案件累计结案率（%）	正
	A3 人力资本基础	A301	普通高等学校专任教师数（人）	正
		A302	十万人口高等学校在校人数（人）	正
		A303	每万从业人员中研发人员数（%）	正
		A304	教育经费强度（%）	正
	A4 制度环境基础	A401	国有化率（%）	负
		A402	外贸依存度（%）	正
B 科技创新驱动主体要素投入	B1 企业	B101	规模以上工业企业R&D人员全时当量（万人/年）	正
		B102	规模以上工业企业R&D经费内部支出强度（%）	正
	B2 研究与开发机构	B201	研究与开发机构R&D人员全时当量（万人/年）	正
		B202	研究与开发机构R&D经费内部支出强度（%）	正
	B3 高校	B301	高等学校R&D人员全时当量（万人/年）	正
		B302	高等学校R&D经费内部支出强度（%）	正

续表

一级指标	二级指标	编号	三级指标	方向
C 科技创新驱动主体成果产出	C1 企业	C101	规模以上工业企业新产品销售收入占比（%）	正
		C102	规模以上工业企业有效发明专利数（件）	正
	C2 研究与开发机构	C201	研究与开发机构发表科技论文数（篇）	正
		C202	研究与开发机构有效发明专利数（件）	正
	C3 高校	C301	高等学校发表科技论文数（篇）	正
		C302	高等学校有效发明专利数（件）	正
D 科技创新驱动效应	D1 扩散效应	D101	技术市场成交合同数（项）	正
		D102	每亿元 R&D 经费技术合同成交额（万元）	正
		D103	引进技术经费支出占技术改造经费支出比重（%）	正
	D2 结构优化	D201	高新技术产业主营业务收入占规模以上工业企业主营业务收入的比重	正
		D202	高新技术产品出口额占商品出口额的比重（%）	正
		D203	城镇单位就业人员中科技服务业人员的比重（%）	正

2. 指标选取与数据说明

指标体系中能直接获取的数据我们不再一一罗列，主要对一些需要通过计算得到的指数进行说明。

在科技创新驱动环境部分所涉及的指标中，每万人公共图书馆使用建筑面积=公共图书馆实际使用房屋建筑面积/年末人口总数；每平方公里长途光缆线路长度=长途光缆线路长度/陆地面积；互联网宽带接入率=互联网宽带接入户数/总户数；万名就业人员专利申请数=专利申请量/就业人员数；教育经费强度=教育经费支出/GDP；国有化率=国有经济固定资产投资/全社会固定资产投资；外贸依存度=货物进出口总额/GDP。

创新驱动三大主体的创新投入和产出是科技创新驱动主体要素投入和产出主要体现。其中创新投入为创新驱动提供人力和资金保障，R&D 经费内部支出强度是衡量创新投入的一个重要指标。表 2—1 中，R&D 经费内部支出强度=（规模以上工业企业/研究与开发机构/高等学校）R&D 经费内部支出/GDP。与此对应，衡量创新产出的指标主要有规模以上企业新产品销售收入占比、有效发明专利数、科技论文等，其中，规模以上工业企业新产品销售收入占比＝规模以上工业企业新产品销售收入/主营业务收入。

在开放经济下，科技创新驱动的扩散效应会受到其他区域技术水平扩散的影响，吸收其他区域先进技术越多，往往越能带动和刺激广西区内技术创新能力。因此，本报告采用技术市场成交合同数、每亿元 R&D 经费技术合同成交额、引进技术经费支出占技术改造经费支出比重衡量扩散效应，其中每亿元 R&D 经费技术合同成交额＝技术合同成交额/R&D 经费内部支出。

本报告所有数据来自历年《中国科技统计年鉴》《中国统计年鉴》《中国劳动力统计年鉴》《中国固定资产投资统计年鉴》《中国文化文物统计年鉴》以及国家统计局网站、国家知识产权局网站。

二 广西创新驱动指数的测算及分析

（一）测算方法

在综合评价方法中，常常使用熵值法、层次分析法、主成分分析法等给各个指标赋权，对多指标进行降维处理后得到综合评价值。其中主成分分析法通过充分利用数据自身特征来确定各指标的权重，不受主观意识的干预，具有较强的客观性，因此本报告选取主成分分析法（Principal Components Analysis，PCA）来测算广西创新驱动指数。

假设，有 n 个待评的地区样本（或者同一地区的 n 个年份），评价指标为 p 个，在实际评价时，取 p 个对创新驱动有代表性的指标分别记为 x_j，$j=1, 2, \cdots, p$。从而得到原始矩阵 $X = (x_{ij})_{n \times p}$。主成分分析法的具体步骤为：

第一步，逆指标的正向化处理。我们选用将原始指标取倒数的方式来把逆指标正向化。

第二步，指标的无量纲化处理。为了消除量纲和量级的影响，我们采用标准化方法进行无量纲化处理，为书写方便，得到标准化后的矩阵仍记为 $X = (x_{ij})$。

第三步，根据标准化后的矩阵 $X = (x_{ij})$ 计算相关系数矩阵 $R = (r_{ij})_{p \times p}$，其中 $r_{ij} = \sum_{k=1}^{n} x_{ki} x_{kj}/n, i,j = 1,2,\cdots,p$。

第四步，求相关系数矩阵 R 的特征值 $\lambda_1 \geq \lambda_2 \geq \lambda_3 \geq \cdots, \geq \lambda_p \geq 0$ 及对应的单位特征向量 $u_i = (u_{1i}, u_{2i}, \cdots, u_{pi})$，其中每一特征值 λ_i 为对应主成分的方差，$d_i = \lambda_i / \sum_{k=1}^{p} \lambda_k$ 称为方差贡献率，反映对应主成分所含信息量的大小。在实际评价时，一般取特征值大于1的前 m 个主成分，保证累计方差贡献率达到75%以上，即保证主成分保留了原始信息的75%以上。

第五步，将单位特征向量 $u_i = (u_{1i}, u_{2i}, \cdots, u_{pi})$ 除以对应特征值的开方，得到主成分的系数向量。然后用各主成分对应的系数根据各主成分的方差贡献率加权平均得到综合系数。

第六步，对综合系数进行归一化处理，得到的系数就是各个指标值在综合评价值中的权重。

（二）指标权重的计算结果

本报告利用 SPSS22.0 软件对广西创新驱动指标体系进行主成分分析，各方面指数的方差贡献率见表2—2。四大维度在各自提取的主成分中的累积方差贡献率分别达到89.95%、90.41%、86.81%和79.96%。所提取的主成分保留了大部分的原始信息，可以较为准确地替代原始数据。这也显示出选用主成分分析法确定指标权重，对广西创新驱动指数进行测算，具有较强的现实客观性。

表2—2　　　　　　　广西创新驱动指数各级指标方差贡献率

维度	成分	特征值	贡献率（％）	累积贡献率（％）
A 科技创新驱动环境	1	7.900	60.767	60.767
	2	2.211	17.010	77.778
	3	1.582	12.172	89.949
B 科技创新驱动主体要素投入	1	2.289	38.143	38.143
	2	2.121	35.349	73.492
	3	1.015	16.919	90.410
C 科技创新驱动主体成果产出	1	3.491	58.182	58.182
	2	1.718	28.631	86.813
D 科技创新驱动效应	1	3.713	61.885	61.885
	2	1.084	18.072	79.957
广西创新驱动指数	1	3.026	75.640	75.640

注：广西创新驱动指数的相关数据是根据四大维度方面指数采用主成分分析法得到的提取结果，为便于展示，一并列入表中。

资料来源：本报告测算结果。

在利用主成分分析法测算出四大维度方面指数后，继续采用该方法确定各方面指数权重，最后得到广西创新驱动指数（见表2—3）。广西创新驱动价值链中四大维度的权重分布在0.19—0.28之间，波动幅度并不大，说明本报告构建的在时间上继起、空间上并存的四大维度方面指数在广西创新驱动价值链中，扮演了相辅相成、缺一不可的重要角色。

表 2—3　　　　　　　　广西创新驱动指数各指标权重

方面指数	基础指标	权重
A 科技创新驱动环境（0.2750）	年度科普专题活动次数	0.0413
	每万人公共图书馆使用建筑面积	0.1161
	每平方公里长途光缆线路长度	0.0794
	互联网宽带接入率	0.1178
	万名就业人员专利申请数	0.0675
	规模以上工业企业中有 R&D 活动的企业占比	0.0198
	专利侵权案件累计结案率	0.1218
	普通高等学校专任教师数	0.1112
	十万人口高等学校在校人数	0.1050
	每万从业人员中研发人员数	0.0283
	教育经费强度	0.1153
	国有化率	0.0099
	外贸依存度	0.0668
B 科技创新驱动主体要素投入（0.1891）	规模以上工业企业 R&D 人员全时当量	0.2271
	规模以上工业企业 R&D 经费内部支出强度	0.2373
	研究与开发机构 R&D 人员全时当量	0.2975
	研究与开发机构 R&D 经费内部支出强度	0.1458
	高等学校 R&D 人员全时当量	0.0086
	高等学校 R&D 经费内部支出强度	0.0837
C 科技创新驱动主体成果产出（0.2778）	规模以上工业企业新产品销售收入占比	-0.3436
	规模以上工业企业有效发明专利数	0.3496
	研究与开发机构发表科技论文数	0.3345
	研究与开发机构有效发明专利数	0.2579
	高等学校发表科技论文数	0.1647
	高等学校有效发明专利数	0.2370
D 科技创新驱动效应（0.2581）	技术市场成交合同数	0.3101
	每亿元 R&D 经费技术合同成交额	0.2663
	引进技术经费支出占技术改造经费支出的比重	0.3049
	高新技术产业主营业务收入占规模以上工业企业主营业务收入的比重	0.0904
	高新技术产品出口额占商品出口额的比重	0.2683
	城镇单位就业人员中科技服务业人员的比重	-0.2400

资料来源：本报告测算结果。

三 广西创新驱动状态的基本判断

（一）宏观基准测度

根据基础指标的权重计算出各维度指数，最终加权计算出广西创新驱动指数，见表2—4。

表2—4　　广西创新驱动指数及各维度指数测算结果

年份	A 科技创新 驱动环境	B 科技创新驱动 主体要素投入	C 科技创新驱动 主体成果产出	D 科技创新 驱动效应	广西创新 驱动指数
2010	−1.0581	−1.5867	−2.3547	−1.1689	−1.5468
2011	−0.7655	−0.2550	−1.3357	−0.4841	−0.7547
2012	−0.6562	0.6856	−0.4852	−1.7425	−0.6353
2013	−0.5218	0.1678	−0.2814	−0.7903	−0.3939
2014	−0.1079	0.5821	0.7342	0.6293	0.4468
2015	0.2852	−0.2309	0.8735	−0.1221	0.2459
2016	0.4043	−0.0881	0.6034	0.5785	0.4114
2017	1.0328	0.4760	0.4913	1.1340	0.8032
2018	1.3872	0.2493	1.7545	1.9661	1.4234

资料来源：本报告测算结果。

由表2—4可以看到，广西创新驱动指数的综合值表现出向上增长的良好态势，四大维度中，除了创新驱动主体要素投入外，其余三个维度的指数值也呈现出总体增长的趋势。进一步描绘创新驱动指数变动趋势图，如图2—3所示。

根据图2—3，样本期内，广西创新驱动指数提升的趋势显而易见，这得益于创新驱动价值链上四大维度的共同支撑。具体到各维度分析，在本报告研究区间内，广西创新驱动主要依靠"环境基础保障""创新驱动成果产出拉动"双重推动，其主导因素是科技创新驱动环境，说明科技设施、科技意识、人力资本以及制度环境是现阶段提升广西科技创新驱动能力的主要方面。与此配套的是科技创新驱动主体成果产出，两个维度较为一致的步调和趋势说明在科技创新驱动环境的保障下，三大主体在创新成果产出方面的增加显著提升了广西创新驱动能力。且科技创新驱动主体成果产出与广西创新驱动指数的变化趋势最为一致，显示创新主体的成果产出是未来增强科技创新驱动能力的关键维度，广西应继续加大在科技成果转化方面的努力。科技创新驱动效应在波动中上升，因具有时滞性而未能成为推动广西科技创新驱动能力的主导型维度，但其显著增长的总态势将对未来广西创新驱动能力产生积极作用。值得注意的是，四大维度中科技创新驱动主体要素投入的指数值是唯一没有表现出增长趋势的，可以说创新主体要素的投入并没有充分发挥其对创新能力的推动作用，这很可能与广西科技研发投入不足、长期处于较低水平的现实情况有关，主体要素的投入只有突破阈值，才能高效发挥其在提升创新驱动能力方面的效用。因此，应重点关注如何摆脱科技投入徘徊在低水平的困境，使广西"四阶段"创新驱动价值链畅通运行，快速提升广西科技创新驱动能力。

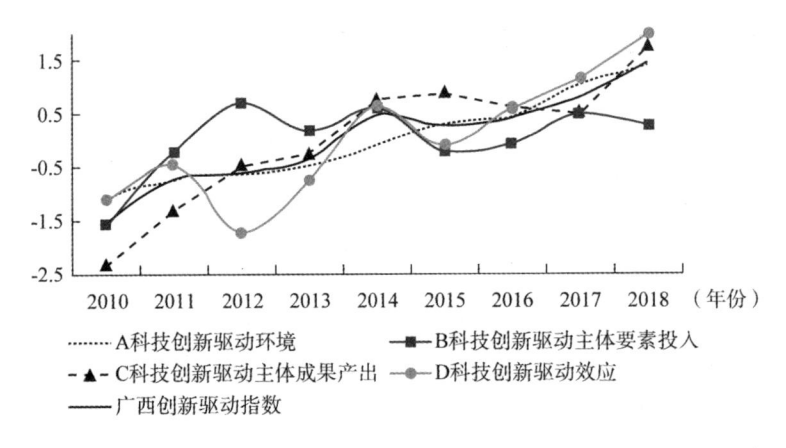

图2—3 广西创新驱动指数及各维度指数变动趋势

资料来源：本报告测算结果。

(二) 微观主体分析

在创新驱动发展过程中，推动创新的三大主体为企业、研究与开发机构、高校，许多研究认为三者协同促进创新驱动发展。但在广西科技创新驱动发展中，最有力的主体是哪一个？对此，我们通过三大主体的投入与产出指数数据分别计算其对创新驱动的贡献率，破解以往笼统研究创新主体的"黑匣子"，比较三大主体在广西科技创新驱动发展中的作用强度。本报告测算出来的贡献率如图2—4所示。

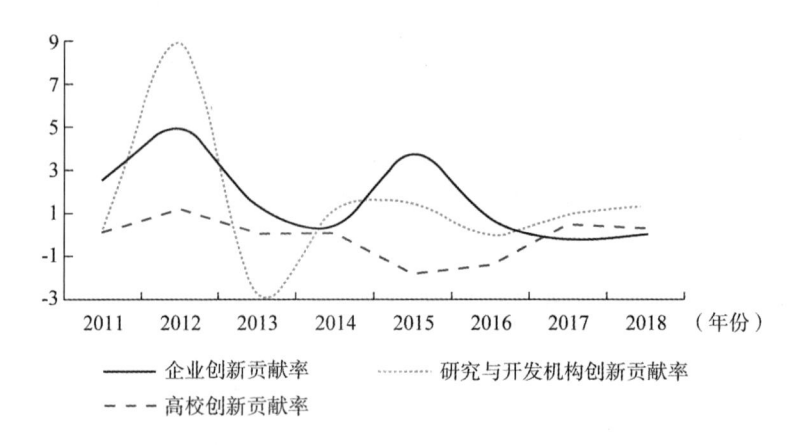

图 2—4 三大创新主体贡献率变化趋势

资料来源：本报告测算结果。

根据图2—4，2017年以前，三大主体对广西科技创新驱动的贡献率存在较大差异；自2017年以来，这个差异显著变小。其中，2011年、2013年、2015年和2016年，企业对广西科技创新驱动发展的贡献率最高；2012年、2014年、2017年和2018年，研究与开发机构对广西科技创新驱动发展的贡献率最高，而高校在推动广西科技创新驱动能力中始终未显露头角。可见，企业和研究与开发机构交替成为提升广西科技创新驱动价值链整体水平最有力的主体。

2017年以来，三大主体对广西科技创新驱动贡献率的差距明显变小，在推动广西科技创新驱动发展方面表现出趋同的态势。未来，高校应通过创新进一步释放教育改革红利，研究与开发机构应继续致力于关键领域的重大创新，企业应继续努力成为研发投入的主体，集聚更多的创新资源，促进产学研深度融合，共同推动广西全面实现科技创新驱动发展。

（三）地区差异分析

为了便于与其他地区比较，明确广西科技创新驱动能力在全国的排名，我们继续采用主成分分析法对全国30个省（区、市）的科技创新驱动指数进行了测度，西藏由于指标值缺漏太多而没有参与计算。具体测算结果见表2—5。

表2—5　各地区科技创新驱动指数及广西排名（2010—2018年）

	2010	2011	2012	2013	2014	2015	2016	2017	2018	平均值
北京	2.3995	2.6037	2.5664	2.6660	2.7190	2.4408	2.4454	2.5420	2.4437	2.5363
天津	0.5031	0.5531	0.4844	0.6682	0.6301	0.7027	0.5400	0.2426	0.6073	0.5479
河北	-0.5099	-0.5224	-0.4130	-0.4967	-0.4965	-0.5073	-0.4278	-0.2665	-0.4163	-0.4507
山西	-0.2317	-0.3278	-0.3514	-0.2596	-0.3220	-0.2989	-0.3629	-0.4661	-0.2826	-0.3226
内蒙古	-0.4622	-0.4640	-0.4045	-0.3496	-0.3666	-0.4686	-0.3716	-0.5310	-0.4487	-0.4296
辽宁	-0.0819	-0.0686	-0.0575	-0.1072	-0.1134	-0.1758	-0.0432	0.0144	-0.0921	-0.0806
吉林	-0.3445	-0.2319	-0.2004	-0.3045	-0.2400	-0.1622	-0.2420	-0.3043	-0.2981	-0.2586
黑龙江	-0.1943	-0.1657	-0.1959	-0.2030	-0.1920	-0.2909	-0.2636	-0.2688	-0.3713	-0.2384
上海	1.4919	1.2790	1.4957	1.0859	1.0763	1.0665	1.1879	0.7498	1.1127	1.1717
江苏	0.4393	0.4786	0.4101	0.5457	0.4830	0.5319	0.5711	0.8073	0.5429	0.5344
浙江	0.1538	0.3166	0.1619	0.3662	0.3270	0.2926	0.3446	0.2413	0.2468	0.2723
安徽	-0.4429	-0.3065	-0.3330	-0.2270	-0.2284	-0.1947	-0.2136	-0.1332	-0.2323	-0.2568
福建	-0.0104	-0.1062	-0.0835	-0.1537	-0.1790	-0.1980	-0.2166	-0.2254	-0.1421	-0.1461
江西	-0.4234	-0.4665	-0.4774	-0.4635	-0.4515	-0.3909	-0.3770	-0.3604	-0.2574	-0.4075
山东	-0.3239	-0.3050	-0.3247	-0.2350	-0.2402	-0.2454	-0.1508	-0.0148	-0.1761	-0.2240
河南	-0.4913	-0.5270	-0.5446	-0.5354	-0.5630	-0.4163	-0.4999	-0.2340	-0.3731	-0.4650

续表

	2010	2011	2012	2013	2014	2015	2016	2017	2018	平均值
湖 北	-0.0596	-0.0929	0.0091	-0.0114	-0.0140	-0.0087	0.0532	0.1644	0.0620	0.0113
湖 南	-0.3301	-0.3150	-0.3463	-0.2935	-0.3070	-0.2777	-0.3154	-0.2070	-0.1501	-0.2825
广 东	0.4024	0.3379	0.3501	0.3469	0.3688	0.4063	0.5131	0.2174	0.4052	0.3720
广 西	-0.4186	-0.3809	-0.3665	-0.4237	-0.3896	-0.3468	-0.3766	-0.3012	-0.3814	-0.3761
海 南	-0.2171	-0.2513	-0.2390	-0.2736	-0.2700	-0.3122	-0.3712	-0.5574	-0.3469	-0.3154
重 庆	-0.0149	0.0262	0.0828	-0.0579	0.0604	0.0909	-0.0614	-0.2003	0.2009	0.0141
四 川	-0.1307	-0.1222	0.1821	-0.1834	-0.1226	-0.0343	-0.0659	0.3215	0.0516	-0.0115
贵 州	-0.4001	-0.3191	-0.4480	-0.3956	-0.3231	-0.3437	-0.3629	-0.2912	-0.3243	-0.3564
云 南	-0.2733	-0.3232	-0.1849	-0.3109	-0.2879	-0.3118	-0.2615	-0.1626	-0.3151	-0.2701
陕 西	0.3596	0.3757	0.1983	0.3171	0.3260	0.2707	0.2457	0.5286	0.3015	0.3248
甘 肃	0.1151	0.0065	-0.2236	-0.0697	-0.1138	-0.1377	-0.1423	-0.1431	-0.2836	-0.1103
青 海	-0.0779	-0.0929	-0.0979	-0.0814	-0.1870	-0.1138	-0.0961	-0.3661	-0.3349	-0.1609
宁 夏	-0.0226	-0.1732	-0.2988	-0.2768	-0.2271	-0.1625	-0.2950	-0.4531	-0.2458	-0.2394
新 疆	-0.4036	-0.4150	-0.3499	-0.2829	-0.3561	-0.4041	-0.3838	-0.3427	-0.5023	-0.3823
东部地区平均	0.3861	0.3923	0.3955	0.4012	0.3914	0.3638	0.3993	0.3410	0.3805	0.3834
中部地区平均	-0.3147	-0.3042	-0.3050	-0.2872	-0.2897	-0.2550	-0.2777	-0.2262	-0.2379	-0.2775
西部地区平均	-0.1572	-0.1711	-0.1737	-0.1922	-0.1807	-0.1783	-0.1974	-0.1765	-0.2075	-0.1816
广西排名	25	25	25	27	27	25	26	22	27	25

资料来源：本报告测算结果。

由表2—5，我们可以有如下发现：

第一，2010—2018年，中国科技创新驱动指数的地区差异较为明显，具有"东部高-中西部低"的分布特征。[①] 具体而言，东部

---

① 东部地区包括12个省（市）：北京、天津、河北、辽宁、上海、江苏、浙江、福建、山东、广东、海南；中部地区包括8个省：山西、吉林、黑龙江、安徽、江西、河南、湖北、湖南；西部地区包括11个省（区、市）：内蒙古、广西、重庆、四川、贵州、云南、陕西、甘肃、青海、宁夏、新疆。

地区科技创新驱动指数平均值为 0.3834，远远高于中部地区的 -0.2775 和西部地区的 -0.1816，而广西科技创新驱动指数平均值为 -0.3761，更是显著低于各地区平均水平。根据 2010 年—2018 年东部地区、中部地区、西部地区以及广西的科技创新驱动指数平均值绘制其变化趋势（如图 2—5 所示），可以更为直观地感受到中国科技创新驱动指数呈现显著且稳定的东部地区和中部地区、西部地区的差异，东部地区的科技创新驱动能力在样本区间内始终遥遥领先，成为中部地区和西部地区触不可及的"天花板"，西部地区的科技创新驱动能力虽然比中部地区略高，但这一微弱的优势正在逐渐丧失，中部地区、西部地区科技创新驱动能力随着时间推移而趋同。广西科技创新驱动指数趋势线始终位于最下方，说明创新驱动发展战略在广西的贯彻和落实不够深入，成效不足。

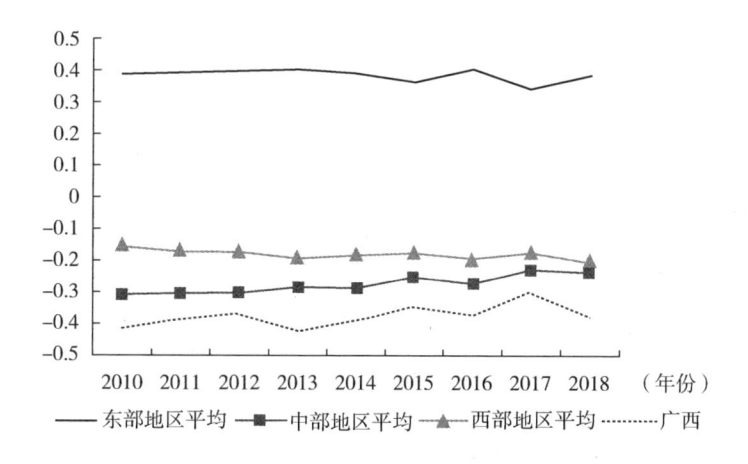

图 2—5　科技创新驱动指数变化趋势

资料来源：本报告测算结果。

第二，2010—2018 年，不同省（区、市）之间科技创新驱动指数的平均值差距也较为明显。其中北京、上海、江苏、广东等发达省市的科技创新驱动指数一直名列前茅。图 2—6 清楚地展现了科技创新驱动指数的省际差异,科技创新驱动能力的省际非平衡性突出,协同创新程度不够,是影响未来创新驱动战略全面实施的一个不利因素。2010—2018 年,广西科技创新驱动指数在全国的排名基本上在第 25 名及以下,只有 2017 年提升至第 22 名。结合本报告前述的分析,可以认为广西的科技创新驱动发展能力虽然随着时间的推移有了明显的提升,但基于欠发达、后发展的区情,科技创新驱动的基础仍然十分薄弱,创新驱动发展的相关体制机制仍待健全与完善。广西在保持科技创新驱动发展能力逐步提升的同时,缩小与全国平均水平的差距是一项重要而艰巨的任务。

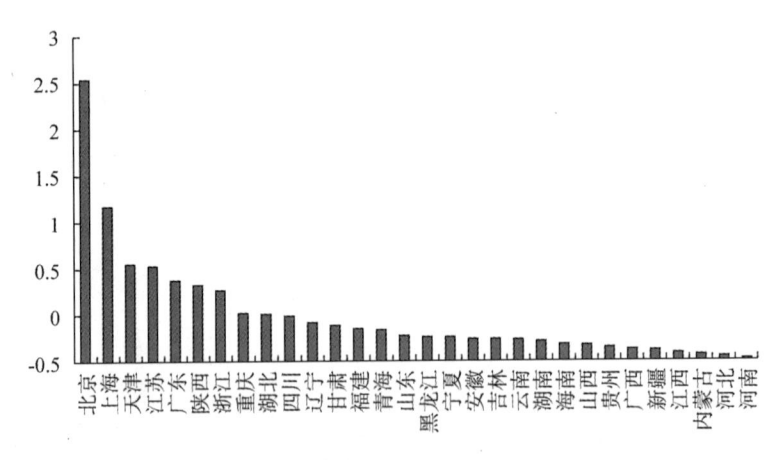

图 2—6　科技创新驱动指数的省际差异（2010—2018 年平均值）

资料来源：本报告测算结果。

第 三 章

广西高质量发展水平测度与评价分析

自20世纪90年代以来，中国经济经历了快速增长，"做大经济规模"的目标在高速增长阶段已基本达成，"提升发展质量"已成为新时代的主导方向。① 习近平总书记在党的十九大《决胜全面建成小康社会，夺取新时代中国特色社会主义伟大胜利》报告中指出："我国经济已由高速增长阶段转向高质量发展阶段，正处在转变发展方式、优化经济结构、转换增长动力的攻关期，建设现代化经济体系是跨越关口的迫切要求和我国发展的战略目标。"我国经济发展由高速增长阶段向高质量发展阶段转变，正处于实现经济高质量发展的关键攻关期。无论是学术界还是实践部门，对经济高质量发展的内涵以及高质量发展水平的测度等问题的研究尚处于起步阶段，而这些问题是探索如何实现经济高质量发展不容忽视的基本问题，本章试图基于经济学理论、相关研究文献以及新发展理念，对经济高质量发展的内涵进行界定，据此探讨区域经济高质量发展水平的评价指标体系及评价方法，并将这些研究运用于广西经济发展质量的分析，对广西经济高质量发展现状、特征及问题进行系统的研究，为探索促进广西经济高质量发展的路径提供参考。

---

① 金碚：《关于"高质量发展"的经济学研究》，《中国工业经济》2018年第4期。

第一节 经济高质量发展内涵

影响经济发展质量的因素很多，在研究经济发展质量时，主要是从经济发展质量影响因素的角度进行相关问题研究。温诺·托马斯认为经济增长质量在考虑经济发展速度的同时，还应考虑涵盖机会分配、环境可持续性以及全球性风险管理等因素。[1] Robert 就预期寿命、生育率、环境条件、收入公平性、政治制度以及宗教信仰等因素与经济增长质量的关系进行了实证研究。[2] Mlachila 等认为在发展中国家，经济增长率更高、更持久的社会友好型增长是高质量的增长。[3]

目前，我国对高质量发展内涵及相关问题的研究尚处于起步阶段，很多问题尚未达成共识。由于高质量发展受诸多因素的影响，因而高质量发展的内涵丰富，并且内涵的界定随着实践的发展而不断地拓展。对于高质量发展内涵，国内学术界主要是从新时代我国社会主要矛盾的变化、新发展理念、供给侧结构性改革等角度进行界定。从我国社会主要矛盾的变化来看，新时代的高质量发展就是要满足人民日益增长的美好生活需要，因此，经济发展不仅要重视经济量的增长，更要重视经济结构的优化；不仅要重视经济的增长，更要重视生活水平的提高、环境的保护和社会文明的提升，更加强调经济、政治、社会、文化和生态等各领域的全面发展和进步[4]。钞小静、任保平从经济结构、稳定性、收入分配以及生态环

---

[1] 温诺·托马斯：《增长的质量》，中国财政经济出版社 2011 年版。

[2] Robert J., Barro. Quantity and Quality of Economic Growth, Working Papers from Central Bank of Chile, 2002.

[3] Mlachila. M, Tapsoba. R, Tapsoba S. J. A., A Quality of Growth Index for Developing Countries: A proposal, IMF Working Paper, 2014.

[4] 杜庆昊：《经济从高速增长转向高质量增长的现实逻辑》，《中国经济时报》2018 年 11 月 20 日。

境等角度研究中国经济增长的质量。① 金碚认为,高质量发展"是能够更好满足人民不断增长的真实需要的经济发展方式、结构和动力状态。② 经济高质量发展的内涵丰富,因而评价内容表现出多维性特征,要求发展战略和模式选择的高度创新性。同时,新时代的发展理念,也要求经济运行必须是效率和质量导向的,即体现质量第一、效率优先,以实现更高质量、更有效率、更加公平、更可持续的发展。高质量发展要求区域发展方式和路径的多样性。任保平认为,高质量发展是经济发展质量的高水平状态,经济发展质量的内涵不仅包括数量的增加,而且包括质量的改善,是数量和质量的有机统一。③ 在理论导向上,高质量发展不仅要注重供给有效性和发展公平性,还要考虑生态文明建设与人的全面发展;实践取向方面,要求遵循经济发展规律,推进经济结构中高端化,实施创新驱动战略,探索文明发展道路。④

综上所述,经济稳定运行是经济高质量发展的重要基础,创新驱动是经济高质量发展的重要动力,结构优化升级和协调发展是经济高质量发展的重要特征,绿色发展是经济高质量发展的主要方式,共享发展是经济高质量发展的根本目的。鉴于此,本报告认为,经济高质量发展在考虑数量的基础上,更加强调发展质量,是数量和质量的统一。高质量发展的内涵可以界定为:高质量发展是一国或地区在经济总量积累到一定规模、经济发展到一定阶段,国民财富明显增加、经济稳定运行、经济结构优化、创新发展动能增强、经济增长可持续性增强、经济社会协调发展、经济成果普遍共

---

① 钞小静、任保平:《中国经济增长质量的时序变化与地区差异分析》,《经济研究》2011年第4期。

② 金碚:《关于"高质量发展"的经济学研究》,《中国工业经济》2018年第4期。

③ 任保平、文丰安:《新时代中国高质量发展的判断标准、决定因素与实现途径》,《改革》2018年第4期。

④ 任保平:《新时代中国经济从高速增长转向高质量发展:理论阐释与实践取向》,《学术月刊》2018年第3期。

享的经济发展状态。

第二节 经济高质量发展水平评价指标体系构建及评价方法选择

一 经济高质量发展水平评价指标体系的构建

（一）指标体系构建原则

区域经济发展质量，可以用绝对指标和相对指标来衡量，绝对指标可以反映区域经济在某一方面发展的状况，而相对指标则可以反映区域经济发展速度或者相对发展水平。两类指标各有优势，应根据实际情况选择采用哪些具体的指标。为科学构建区域经济发展质量评价指标体系，本报告选取评价区域经济发展质量的指标主要遵循以下原则。

1. 可获得性原则

本报告在分析区域经济发展质量时，拟采用省际比较和纵向比较，由于涉及时间序列数据和横截面数据，部分省区在部分时间段的数据难以搜集，因而指标体系的构建选用通过统计年鉴能够搜集到的指标。

2. 代表性原则

区域经济发展某一方面的发展质量，可以选取若干个指标来度量，为了精简数据指标系统，主要选取典型的代表指标，确保可以精准、全面地反映相关区域经济发展质量差异。

3. 弱相关性原则

理论上应该寻找完全没有相关性的指标，但是由于每一个指标都有其相关性，因此，本报告尽可能地选取相关性较低的指标。

4. 可量化性原则

所选取的评价指标，必须是可以进行计算累加的，无法利用相关公式进行计算的指标，难以客观反映区域经济发展质量。

5. 可操作性原则

为了保证指标数据的权威性以及准确性，所选取的指标必须来源于统计局、统计年鉴等官方公开发布的数据。

(二) 指标体系的构建

我国经济发展进入新时代，"创新、协调、绿色、开放、共享"五大发展理念对新时代高质量发展提出新要求，成为是否实现高质量发展的评价准则。[①] 刘志彪认为发展战略转型、现代产业体系建设、市场体系深化、分配结构调整、空间布局结构优化、生态环境的补偿机制以及基于内需的全球化经济是推动经济高质量发展的支撑要素。[②] 衡量高质量发展的标准包含经济发展的有效性、协调性、创新性、持续性、分享性等方面。[③] 魏敏和李书昊认为经济高质量发展包括经济增长稳定、经济结构优化、创新驱动发展、资源利用集约高效、市场机制完善、区域协调发展、基础设施完善、发展方式绿色和经济成果共享9个方面的内涵，并据此构建经济高质量发展评价指标体系。[④] 师傅、任保平从经济增长的基本面和社会成果两个维度构建评价中国省际经济高质量发展的指标体系，其中，经济增长的基本面包括增长的强度、稳定性、合理化、外向性指标，社会成果则包括人力资本和生态资本指标。[⑤] 李金昌等从"人民美好生活需要"和"不平衡不充分发展"两个主要矛盾出发，从经济活力、创新效率、绿色发展、人民生活、社会和谐五个维度构建

---

① 金碚：《关于"高质量发展"的经济学研究》，《中国工业经济》2018年第4期。
② 刘志彪：《理解高质量发展：基本特征、支撑要素与当前重点问题》，《学术月刊》2018第7期。
③ 任保平、文丰安：《新时代中国高质量发展的判断标准、决定因素与实现途径》，《改革》2018年第4期。
④ 魏敏、李书昊：《新时代中国经济高质量发展水平的测度研究》，《数量经济技术经济研究》2018第11期。
⑤ 师傅、任保平：《中国省际经济高质量发展的测度与分析》，《经济问题》2018第4期。

包括27项指标的高质量发展评价指标体系。① 马茹从高质量供给、高质量需求、发展效率、经济运行和对外开放五个维度构建综合指标体系,对我国区域经济发展质量进行测度。② 赵洋从经济建设、政治建设、文化建设、社会建设和生态文明建设五个方面构建经济发展质量的评价指标体系,运用基尼系数、变异系数、赫芬达尔—赫希曼指数和泰尔指数对各省经济发展质量的差异进行分析。③

本报告在借鉴上述文献研究成果的基础上,基于经济高质量发展的内涵,从经济运行质量、经济结构优化、创新发展、绿色发展、共享发展和协调发展六个维度,构建区域经济发展质量的综合评价指标体系(见表3—1)。

表3—1　　　　　　　　经济高质量发展评价指标体系

一级指标	二级指标	编号	三级指标	方向
A 经济运行质量	经济增长质量	A101	人均GDP(万元)	正
		A102	GDP增速(%)	正
	就业稳定	A201	城镇登记失业率(%)	负
B 经济结构优化	产业结构	B101	非农产业增加值占GDP的比重(%)	正
	经济开放度	B201	实际利用外资额占GDP的比重(%)	正
		B202	进出口总额占GDP的比重(%)	正
	城镇化率	B301	城市常住人口占地区总人口的比重(%)	正
C 创新发展	创新产出	C101	国内发明专利申请授权量(项)	正
	创新效益	C201	技术市场成交额(亿元)	正
		C202	技术市场成交额占GDP的比重(%)	正

---

① 李金昌等:《高质量发展评价指标体系探讨》,《统计研究》2019第1期。
② 马茹、罗晖、王宏伟、王铁成:《中国区域经济高质量发展评价指标体系及测度研究》,《中国软科学》2019年第7期。
③ 赵洋:《中国省级经济发展质量的动态评价及区域特征——基于"五位一体"的评价体系》,《东北财经大学学报》2020年第3期。

续表

一级指标	二级指标	编号	三级指标	方向
D 绿色发展	工业污染	D101	单位GDP二氧化硫排放量（吨/亿元）	负
		D102	单位GDP废水排放量（万吨/亿元）	负
		D103	固体废弃物排放量（万吨）	负
	农业污染	D201	每万吨粮食产出使用农药量（吨/万吨）	负
		D202	每万吨粮食产出使用化肥量（吨/万吨）	负
E 共享发展	收入分配	E101	城市居民人均可支配收入（元）	正
		E102	农村居民人均可支配收入（元）	正
	健康福利	E201	每万人拥有卫生技术人员数（人）	负
		E202	每千人口拥有医疗机构床位数（张）	正
	教育福利	E301	人均受教育年限（年）	正
F 协调发展	城乡二元结构强度	F101	二元对比系数	正
	城乡居民收入差距	F201	城乡居民人均可支配收入比值	负
		F202	城乡居民人均消费支出比值	负

经济运行质量是区域经济健康发展的重要基础，是实现经济高质量发展的重要保障。本报告选取反映经济增长质量和就业稳定的指标，故采用人均GDP、实际GDP增速以及城镇登记失业率表征区域经济运行质量。

经济结构是否合理、是否不断优化是反映区域经济发展质量的主要指标。虽然经济结构有更深刻的内涵，但基于数据可获得性，本报告在测度经济结构是否合理和优化时，主要考虑产业结构、城镇化率和经济开放度等因素的影响。因此，本报告选取非农产业增加值占GDP的比重、城市常住人口占地区总人口的比重来表征产业结构高级化状况和城镇化水平，用实际利用外资额占GDP的比重以及进出口总额占GDP的比重来反映经济开放度。

创新是区域经济高质量发展的第一动力，一个地区创新能力的高低在一定程度上决定了该地区经济发展的效率和潜力。受数据可获得性因素的限制，本报告选取使用国内发明专利申请授权量表示创新产出，用技术市场交易额、技术市场交易额占 GDP 比重表示创新效益。

绿色发展是经济高质量发展的重要方式，绿色发展水平影响区域经济发展的可持续性。本报告选取单位 GDP 二氧化硫排放量、单位 GDP 废水排放量、固体废弃物排放量、每万吨粮食产出使用农药量、每万吨粮食产出使用化肥量表征产业绿色发展水平。

共享发展是经济发展的根本目的，主要反映区域经济增长成果的共享（即居民收入水平的提高）以及在区域居获得公共服务供给的状况。本报告选取城市居民人均可支配收入、农村居民人均可支配收入表征居民共享经济增长成果的状况；用每万人拥有卫生技术人员数、每千人口拥有医疗机构床位数、人均受教育年限反映区域公共服务供给均等化水平。

协调发展是区域经济高质量发展的重要特征。城乡协调发展是区域经济协调发展的重要内容。城乡二元结构强度的弱化，城乡居民收入水平、消费水平差距的缩小是城乡协调发展的结果。本报告主要采用二元对比系数、城乡居民人均可支配收入比值、城乡居民人均消费支出比值表征城乡协调发展的指标。

二　经济高质量发展水平测度方法的选择

区域经济发展质量受多种因素的共同影响，因此，有必要构建综合指标体系，对经济发展质量进行综合评价。数理统计中主要采用回归分析、方差分析、主成分分析等系统分析方法。这些方法要求有大量的数据，数据量少就难以找出统计规律；要求样本服从某个典型的概率分布；要求各因素数据与系统特征数据之间呈线性关系且各因素之间彼此无关。这种要求很苛刻，采用的数据往往难以满足，可能出现量化结果与定性分析结果不符的现象，导致系统的关系和规律产生歪曲和颠倒。灰色关联分析法可以弥补以上述数理统计方法进行系统分析所导致的不足,该方法对样本量的多少和样本有无规律都同样适用。

灰色关联分析法是一种多因素分析法,主要用于分析相关因素之间关系的强弱,可以用灰色关联度定量地表征各因素之间的关联程度。灰色关联度越大,两因素间的相关程度越大;反之,相关程度越小。该方法的优点是能够描述出各个因素间的强弱、大小以及次序关系。

具体分析时,先选取能够反映系统行为特征的数据序列,即系统行为的映射量,再对系统行为特征映射量和各有效因素进行适当处理,使之化为数量级大体相近的无量纲数据。

经济发展质量与经济运行的稳定性、经济结构演变、创新动力、集约绿色发展、共享发展以及协调发展状况密切相关。鉴于此,本报告选择灰色关联度分析法对地区经济发展质量进行综合评价,通过确定参考序列和比较数列,经过数理分析确定各因素之间的相关程度。其分析步骤如下:

第一步,收集原始数据,进行无量纲化处理。

采取的无量纲化处理方法为极值法。利用指标的极值计算指标的无量纲值,将数据转化为[0,1]的标准值,处理公式如下:

正向指标:$X_{ik} = \dfrac{X'_i - \min X'_i}{\max X'_i - \min X'_i}$ (3—1)

逆向指标:$X_{ik} = \dfrac{X'_i - \min X'_i}{\max X'_i - \min X'_i}$ (3—2)

因为本报告采用无量纲化的方法把数据转化成区间为 0-1 的标值,所以参考数列的每个数据均为 1。

第二步,计算每个指标即比较序列与参考序列对应元素的差值。

$|X_0(k) - X_i(k)|$ $(k=1,\cdots,m, i=1,\cdots,n)$ (3—3)

其中,m 为指标的个数,n 为被评价对象的个数。

第三步，确定两级最大差以及两级最小差。

$$\max_{i=1}^{n}\max_{k=1}^{m} | X_0(k) - X_i(k) | \qquad (3-4)$$

$$\min_{i=1}^{n}\min_{k=1}^{m} | X_0(k) - X_i(k) | \qquad (3-5)$$

第四步，计算关联系数。

$$\zeta_i(k) = \frac{\min_{i}\min_{k} | X_0(k) - X_i(k) | + \rho \cdot \max_{i}\max_{k} | X_0(k) - X_i(k) |}{| X_0(k) - X_i(k) | + \rho \cdot \max_{i}\max_{k} | X_0(k) - X_i(k) |} \qquad (3-6)$$

$(k = 1, \cdots, m)$

其中，ρ 为分辨系数，$0 < \rho < 1$，通常 ρ 取 0.5。

第五步，计算关联序。

$$r_{0_i} = \frac{1}{m} \sum_{k=1}^{m} \zeta_i(k) \qquad (3-7)$$

第六步，确定各指标在综合评价中的权重。

$$W_k = \frac{r_{0_i}}{\sum_{k=1}^{n} r_{0_i}} \qquad (3-8)$$

第七步，对评价对象进行评分。

$$r_{0_i} = \sum_{k=1}^{m} W_k \zeta_i(k) \qquad (3-9)$$

最后根据式（3—9）所得的得分大小进行排序，得分越高则说明评价对象和参考对象越接近，关联度越大，其经济发展质量越高。

第三节 广西经济发展质量的综合评价

一 数据说明

根据表3—1的指标体系，运用灰色关联分析法，运用全国30个省（区、市）的数据（由于数据缺失，不含西藏）对全国30个省（区、市）的经济发展质量进行综合评价。指标数据均来自国家统计局网站和《中国统计年鉴》。个别省（区）的二氧化硫、废水污染物排放等数据缺失，本报告为了保持评价时段的延续性，对缺失数据进行了估算，主要是按照 2011 年以来废水污染物排放增长或者下降的年均速度进行估算，补齐缺失的数据。受到数据可获得性限制，评价时段为 2005—2018 年。

二　广西经济发展质量的评价结果分析

（一）经济发展质量综合指数分析

综合评价结果显示，广西经济发展质量在小幅波动中呈现出上升趋势。如表 3—2 所示，2005 年广西经济发展质量综合指数为 0.4718，2017 年广西经济发展质量综合指数上升为 0.5146，经济发展质量较 2005 年有所提升。但由于 2018 年绿色发展水平的表现较之前有所下降，导致 2018 年广西经济发展质量的综合指数有所下降，下降为 0.4984。

表 3—2　　　　　　　　广西经济发展质量各项指数

年份	经济运行质量指数	经济结构优化指数	创新发展指数	绿色发展指数	共享发展指数	协调发展指数	综合指数
2005	0.0464	0.0600	0.0336	0.1908	0.0716	0.0694	0.4718
2006	0.0460	0.0611	0.0338	0.1797	0.0720	0.0745	0.4671
2007	0.0451	0.0577	0.0328	0.1770	0.0748	0.0674	0.4548
2008	0.0489	0.0587	0.0325	0.1718	0.0746	0.0643	0.4508
2009	0.0587	0.0596	0.0321	0.1730	0.0740	0.0691	0.4666
2010	0.0512	0.0602	0.0322	0.1767	0.0737	0.0670	0.4609
2011	0.0536	0.0600	0.0323	0.1921	0.0673	0.0729	0.4782
2012	0.0567	0.0539	0.0328	0.1872	0.0745	0.0706	0.4756
2013	0.0532	0.0595	0.0333	0.1923	0.0734	0.0668	0.4785
2014	0.0592	0.0597	0.0335	0.1784	0.0757	0.0802	0.4867
2015	0.0632	0.0595	0.0338	0.1927	0.0749	0.0710	0.4952

续表

年份	经济运行质量指数	经济结构优化指数	创新发展指数	绿色发展指数	共享发展指数	协调发展指数	综合指数
2016	0.0705	0.0592	0.0338	0.1944	0.0749	0.0731	0.5058
2017	0.0617	0.0588	0.0333	0.1949	0.0744	0.0916	0.5146
2018	0.0633	0.0619	0.0350	0.1759	0.0748	0.0875	0.4984

资料来源：本报告测算结果。

(二) 广西经济发展质量分项指标评价结果分析

广西经济运行质量、经济结构优化、创新发展、共享发展和协调发展五个方面的指数，均有不同程度的提升；绿色发展指数下降，见表3—2。从六个方面的发展质量看，绿色发展指数最高，表明广西绿色发展质量相对于其他五个方面发展质量更高，创新发展指数在5个一级指标中得分最低，表明广西经济高质量发展的创新发展水平还有待提升，如图3—1所示。

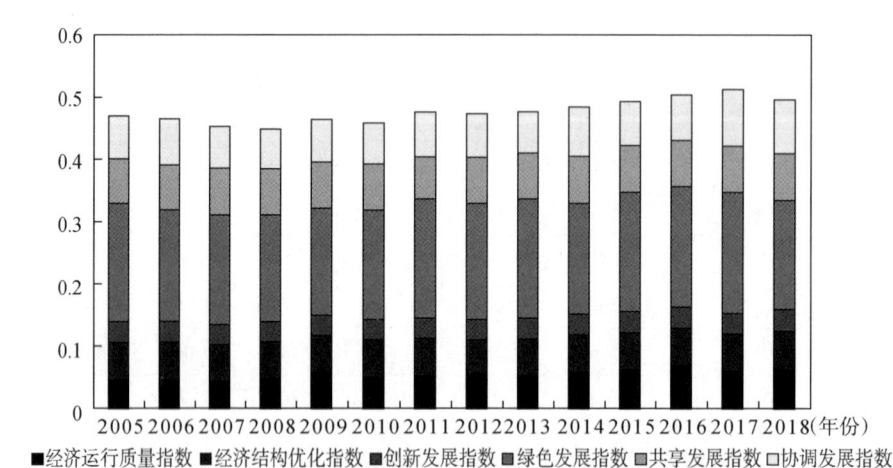

图3—1 广西经济发展质量综合指数构成情况

资料来源：本报告测算结果。

广西经济运行质量进一步提升，经济运行质量指数从2005年的0.0464上升为2018年的0.0633（见表3—2）。广西经济运行质量得分提高，主要是由于GDP增长率和城镇登记失业率得分提升带动的。如图3—2所示，人均GDP指标得分从2005年的0.0127上升为2018年的0.0139，GDP增长率得分从2005年的0.0145上升为2018年的0.0272，城镇登记失业率得分从2005年的0.0192上升为2018年的0.0222。

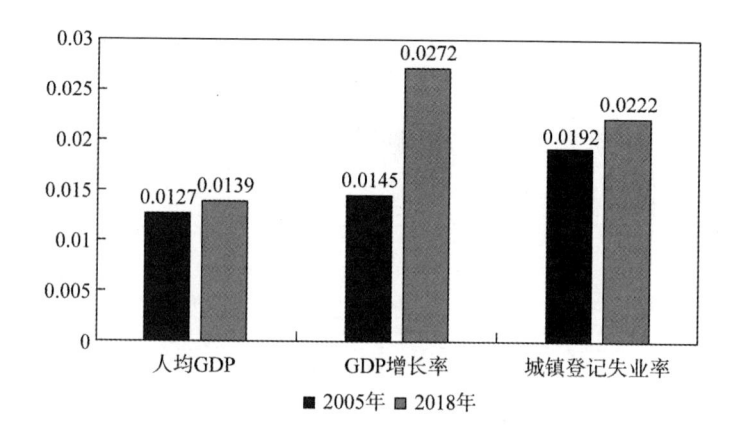

图3—2 广西经济运行质量指标分项得分

资料来源：本报告测算结果。

广西经济结构进一步优化，但优化的程度不高。经济结构优化指数从2005年的0.0600上升为2018年的0.0619（见表3—2），表明经济结构优化的程度较小。如图3—3所示，从经济结构各项优化情况看，非农产业产值占GDP的比重得分、出口总额占GDP的比重得分均有较小的提升，人口城镇化率得分提高缓慢，而外商直接投资额占GDP的比重得分下降。

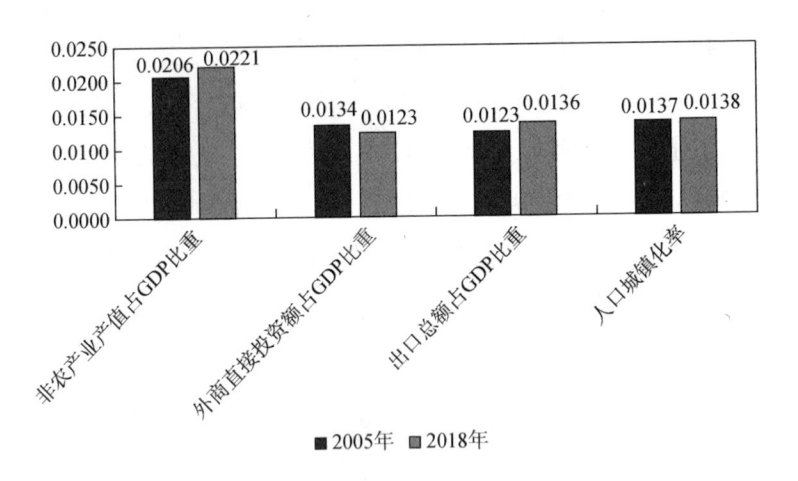

```
            0.0206  0.0221
0.0250 ┌──────────────────────────────────────────┐
0.0200 │  ■    ■                                  │
0.0150 │  █    █    0.0134                        │
       │  █    █    ■    0.0123      0.0123 0.0136  0.0137 0.0138│
0.0100 │  █    █    █    ■           ■    ■      ■    ■    │
0.0050 │  █    █    █    █           █    █      █    █    │
0.0000 └──────────────────────────────────────────┘
        非农产业产值占GDP比重  外商直接投资额占GDP比重  出口总额占GDP比重  人口城镇化率
                    ■2005年  ■2018年
```

图 3—3　广西经济结构优化指标分项得分情况

资料来源：本报告测算结果。

广西创新发展指数逐步提高，创新发展能力有所提升。广西创新发展指数从 2005 年的 0.0336 上升为 2018 年的 0.0350（见表 3—2）。如图 3—4 所示，技术市场成交额、技术市场成交额占 GDP 的比重、国内发明专利申请授权量等指标得分虽然有所提升，但提升幅度很小，表明广西创新发展水平提升缓慢，创新发展动能培育滞后。

广西绿色经济发展水平总体表现出上升趋势，绿色发展指数从 2005 年的 0.1908 上升为 2017 年的 0.1949，但 2018 年该项指标得分下降为 0.1759（见表 3—2）。如图 3—5 所示，造成 2018 年绿色发展水平下降的主要原因是固体废弃物排放量、单位 GDP 废水排放量、每万吨粮食产出农用化肥施用量、每万吨粮食产出使用农业塑料薄膜量等指标得分均 2005 年均有所下降，这表明在上述四个领域的绿色转型仍需要持续推进。

第三章 广西高质量发展水平测度与评价分析 57

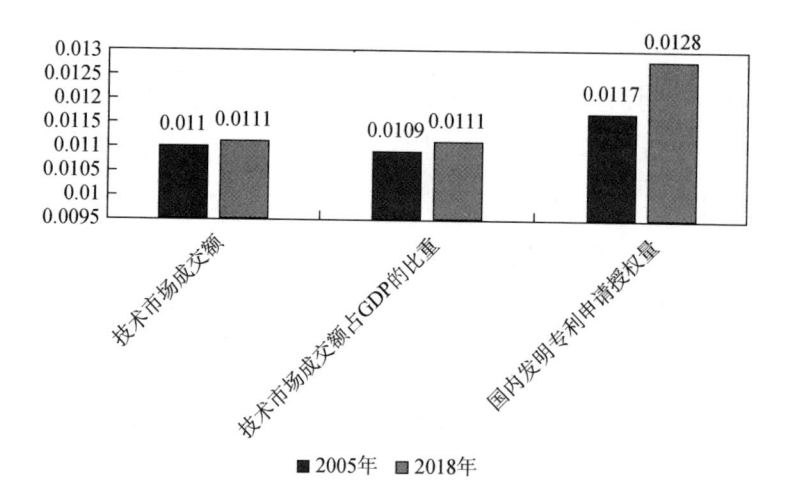

图3—4 广西创新发展指标各分项得分情况

资料来源：本报告测算结果。

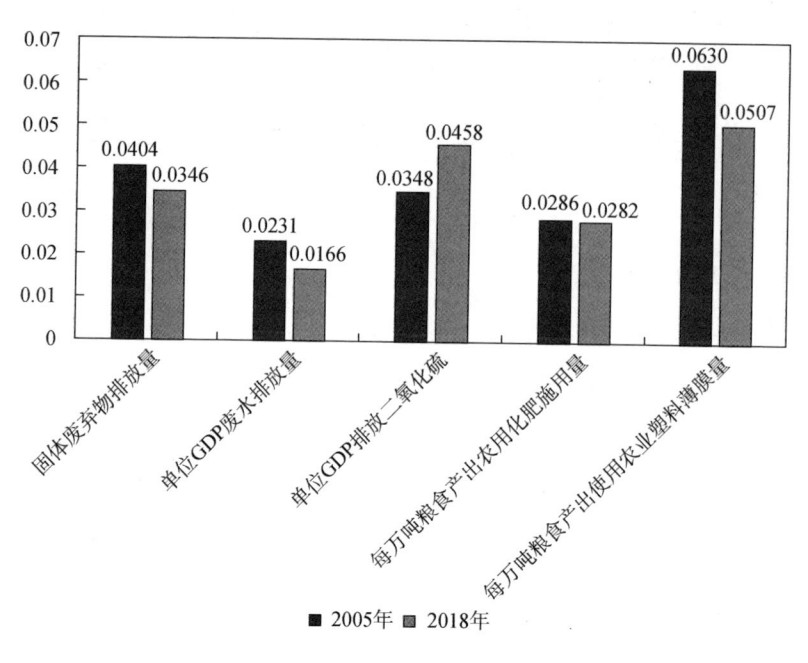

图3—5 广西绿色发展指标分项得分

资料来源：本报告测算结果。

广西经济共享发展水平不断提升，共享发展指数从2005年的0.0716上升为2018年的0.0748（见表3—2）。从共享发展分项指标看，如图3—7所示，农村居民人均可支配收入、每千人拥有医疗机构床位数这两项表征农村居民在分享经济增长成果、医疗硬件设施方面的指标较其他三项指标得分提高相对较多。城镇居民人均可支配收入指标得分下降，每万人拥有卫生技术人员数、人均受教育年限等指标得分提升较小，表明广西在提高城镇居民收入、改善卫生服务软环境、促进教育发展等方面仍需加强措施力度提升质量。

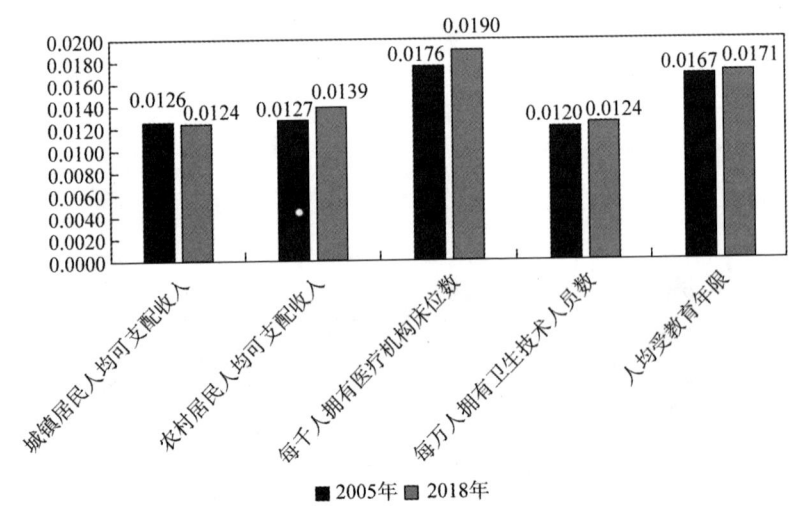

图3—6 广西共享发展指标分项得分

资料来源：本报告测算结果。

在城乡协调发展方面，协调发展指数从2005年的0.0694上升为2018年的0.0875（见表3—2）。城乡协调发展指标得分提高较多主要是得益于城乡居民人均消费支出差距缩小和城乡二元经济结构强度有所弱化，进而这两项指标的得分有较大幅度的提升。如图3—7所示，城乡居民人均消费支出之比的得分从 2005 年的 0.0212 上升为 2018 年的 0.0312，城乡二元对比系数的得分从 2005 年的 0.0250 上升为 2018 年的 0.0339。图中数据也显示，广西城乡居民收入差距的改善情况不理想，城乡居民人均可支配收入之比 2018 年的得分较 2005 年的得分有所下降。

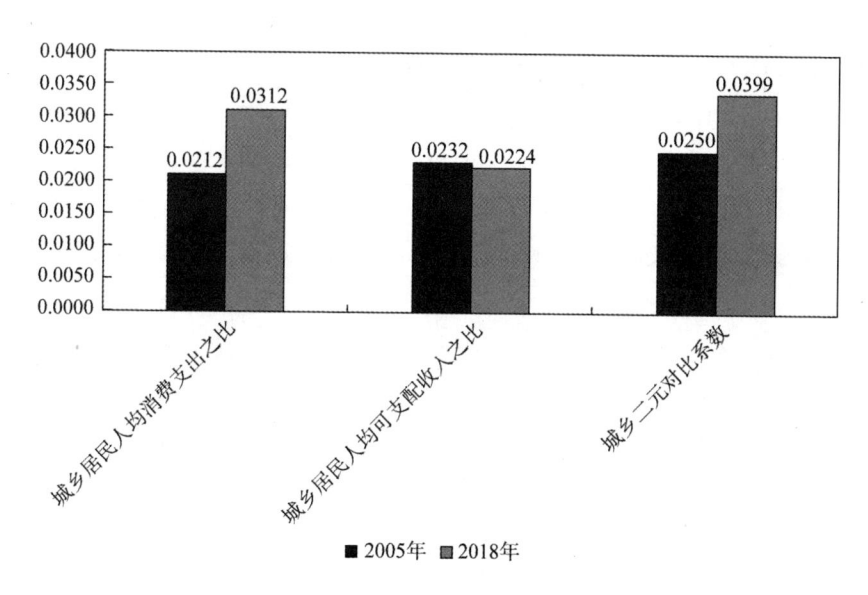

图 3—7　广西城乡协调发展指标分项得分

资料来源：本报告测算结果。

第四节　基于省际比较的广西经济发展质量特征分析

一　广西经济发展质量偏低，综合指数排名靠后

广西经济发展质量综合指数在全国 30 个省（区、市）排名中，长期处于靠后的位次。2005 年广西经济发展质量综合指数为

0.4718，在全国排名第 29 位，仅高于贵州；2018 年广西经济发展质量综合指数为 0.4984，在全国排名第 24 位，排名较 2005 年有所上升（见表3—3）。这表明广西的经济发展质量低于全国绝大多数地区，经济发展质量亟待提升。

表3—3 广西与其他地区经济发展质量综合指数比较（2005—2018 年）

	2005	2006	2007	2008	2009	2010	2011	2012	2013	2014	2015	2016	2017	2018
北 京	0.7654	0.7632	0.7752	0.7845	0.7884	0.7846	0.7804	0.7823	0.7672	0.7459	0.7423	0.7424	0.7587	0.7496
天 津	0.6369	0.6271	0.6235	0.6396	0.6604	0.6702	0.6860	0.6683	0.6859	0.6805	0.6805	0.6832	0.6769	0.6613
河 北	0.5164	0.5072	0.5029	0.5012	0.4993	0.4983	0.5068	0.4916	0.4922	0.4910	0.5012	0.5073	0.5172	0.5056
山 西	0.5338	0.5185	0.5217	0.5205	0.5043	0.5188	0.5284	0.5155	0.4929	0.4946	0.4834	0.4923	0.5154	0.5035
内蒙古	0.5507	0.5373	0.5382	0.5480	0.5606	0.5342	0.5465	0.5311	0.5229	0.5189	0.5185	0.5282	0.5137	0.5130
辽 宁	0.5573	0.5421	0.5329	0.5336	0.5267	0.5336	0.5357	0.5197	0.5199	0.4963	0.4996	0.4970	0.5151	0.5097
吉 林	0.5669	0.5620	0.5559	0.5666	0.5570	0.5580	0.5685	0.5714	0.5585	0.5495	0.5520	0.5710	0.5688	0.5415
黑龙江	0.5956	0.5750	0.5836	0.5952	0.5950	0.5915	0.5838	0.5739	0.5595	0.5331	0.5413	0.5497	0.5464	0.5181
上 海	0.7481	0.7418	0.7292	0.7198	0.7313	0.7312	0.7285	0.7189	0.7004	0.7007	0.7039	0.7091	0.7197	0.7147
江 苏	0.6023	0.6025	0.5975	0.5894	0.5916	0.5974	0.6160	0.6066	0.6272	0.6042	0.6500	0.6563	0.6323	0.6098
浙 江	0.6040	0.5950	0.6011	0.5994	0.5888	0.5964	0.5912	0.5850	0.5778	0.5844	0.6060	0.6115	0.6131	0.5976
安 徽	0.5114	0.4981	0.4958	0.5051	0.5106	0.5104	0.5118	0.5054	0.5139	0.5175	0.5321	0.5412	0.5484	0.5509
福 建	0.5330	0.5122	0.5012	0.4996	0.5034	0.5069	0.5178	0.5031	0.5122	0.5213	0.5235	0.5270	0.5351	0.5287
江 西	0.5233	0.5090	0.5086	0.5196	0.5223	0.5215	0.5251	0.5178	0.5237	0.5242	0.5279	0.5350	0.5403	0.5347
山 东	0.5616	0.5474	0.5438	0.5436	0.5503	0.5443	0.5535	0.5482	0.5408	0.5463	0.5463	0.5505	0.5559	0.5444
河 南	0.5302	0.5235	0.5197	0.5183	0.5195	0.5142	0.5147	0.5097	0.5071	0.5234	0.5286	0.5466	0.5524	0.5488
湖 北	0.5189	0.5102	0.5087	0.5034	0.5075	0.5030	0.5109	0.5209	0.5322	0.5474	0.5616	0.5684	0.5690	0.5670
湖 南	0.5322	0.5116	0.5107	0.5219	0.5292	0.5232	0.5255	0.5187	0.5210	0.5348	0.5358	0.5447	0.5623	0.5536
广 东	0.6229	0.6093	0.5973	0.5961	0.5995	0.5999	0.5980	0.5829	0.5829	0.5850	0.5873	0.5913	0.6052	0.6023
广 西	0.4718	0.4671	0.4548	0.4508	0.4666	0.4609	0.4782	0.4756	0.4785	0.4867	0.4952	0.5058	0.5146	0.4984
海 南	0.5066	0.4866	0.5000	0.4948	0.5009	0.4948	0.4981	0.4749	0.4819	0.4737	0.4795	0.4945	0.4830	0.4723

续表

	2005	2006	2007	2008	2009	2010	2011	2012	2013	2014	2015	2016	2017	2018
重庆	0.5091	0.4935	0.5098	0.5028	0.5092	0.5244	0.5332	0.5346	0.5340	0.5460	0.5480	0.5524	0.5487	0.5225
四川	0.5093	0.4922	0.4902	0.4888	0.5141	0.5059	0.5192	0.5142	0.5125	0.5140	0.5242	0.5337	0.5403	0.5416
贵州	0.4712	0.4678	0.4736	0.4521	0.4609	0.4633	0.4706	0.4974	0.4873	0.4949	0.4898	0.4964	0.4943	0.4807
云南	0.5034	0.4823	0.4797	0.4752	0.4787	0.4773	0.4630	0.4628	0.4600	0.4479	0.4546	0.4599	0.4760	0.4738
陕西	0.5096	0.4939	0.4958	0.5065	0.5109	0.5065	0.5003	0.5151	0.4979	0.5134	0.4966	0.5123	0.5199	0.5172
甘肃	0.4746	0.4631	0.4511	0.4462	0.4503	0.4431	0.4462	0.4663	0.4532	0.4606	0.4485	0.4565	0.4513	0.4629
青海	0.5107	0.5069	0.4951	0.5005	0.4968	0.4973	0.4726	0.4705	0.4539	0.4565	0.4507	0.4550	0.4566	0.4575
宁夏	0.5118	0.5005	0.4881	0.4935	0.4927	0.4901	0.4943	0.4881	0.5043	0.4881	0.5031	0.4955	0.5004	0.5130	0.4909
新疆	0.6478	0.6452	0.4725	0.4756	0.4757	0.4774	0.4768	0.4793	0.4750	0.4732	0.4725	0.4649	0.4596	0.5742

资料来源：本报告测算结果。

二　经济发展质量持续提升，与全国平均水平的差距缩小

广西经济发展综合指数在波动中呈现上升趋势，但长期低于全国平均水平，如图 3—8 和图 3—9 所示。自 2005 年以来，广西经济发展质量均低于全国经济发展质量的平均水平，但发展差距呈现出缩小的趋势。

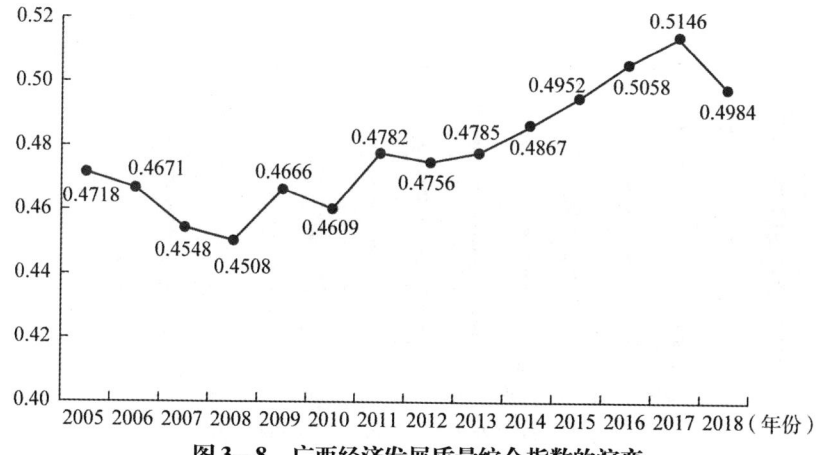

图 3—8　广西经济发展质量综合指数的演变

资料来源：本报告测算结果。

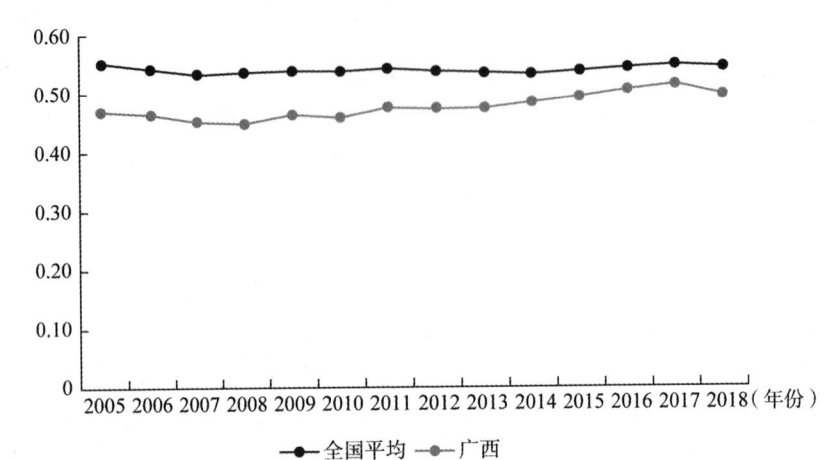

图 3—9　广西与全国经济发展质量平均水平比较

资料来源：本报告测算结果。

从经济发展质量的地区比较看，广西经济发展质量综合指数长期低于东部地区、东北地区和中部地区的平均水平（如图 3—10 所示）。2005—2014 年，广西经济发展质量低于西部地区经济发展质量的平均水平，但自 2015 年开始，逐渐高于西部地区经济发展质量的平均水平。

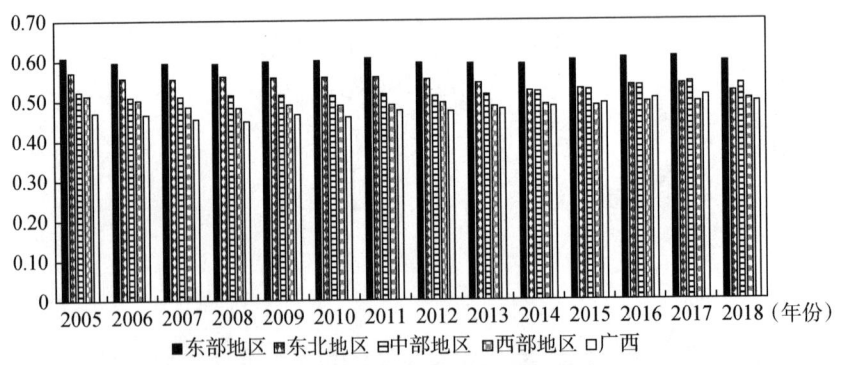

图 3—10　经济发展质量综合指数的地区比较

资料来源：本报告测算结果。

三 经济绿色发展水平较高，创新发展水平偏低

如图 3—11 所示，广西绿色发展在 6 个一级指标中得分最高，协调发展和共享发展的得分分别排第二位和第三位，经济运行质量指标得分排第四位，经济结构优化指标得分排第五位，创新发展指标得分最低。这表明广西经济绿色发展水平较高，而创新发展水平较其他 5 个方面显得落后。

从全国经济发展质量构成情况看，在 6 个一级指标中，绿色发展得分最高，协调发展得分和共享发展得分分别排第二位和第三位，经济结构优化指标得分排第四位，经济稳定运行指标得分排第五位，创新发展指标得分最低（如图 3—12 所示）。

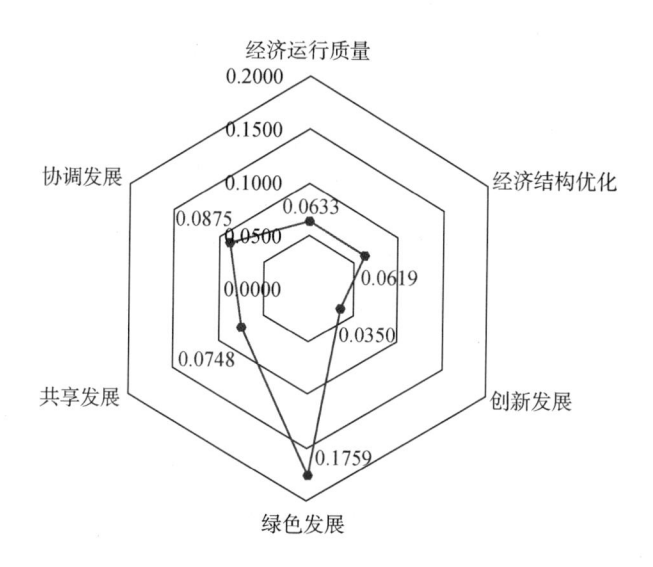

图 3—11 广西经济发展质量各一级指标得分

资料来源：本报告测算结果。

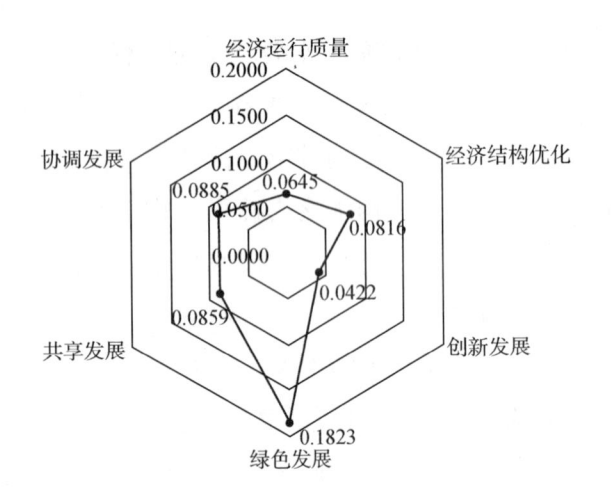

图 3—12　全国经济发展质量各一级指标平均得分

资料来源：本报告测算结果。

由此可见，广西经济发展质量的 6 个一级指标得分均低于全国平均水平。图 3—11 和图 3—12 表明，广西在共享发展、经济结构优化和创新发展 3 个方面的发展质量与全国平均水平有较大差距，广西应在这 3 个方面加大调节力度，缩小与全国在这 3 个方面的发展质量差距。

四　广西经济系统协调度偏低，协同发展水平亟待提升

经济发展质量的提高，是经济质量运行、经济结构优化、创新发展、绿色发展、共享发展和协调发展质量不断提升的结果。这 6 个方面的协同发展，对提高经济发展质量及其持续提升经济质量具有重要支撑作用。因此，促进这 6 个方面的协调发展，是提高经济发展质量的重要内容。为此，运用耦合协调度模型，探讨经济运行质量、经济结构优化、创新发展、绿色发展、共享发展和协调发展 6 个子系统之间的相互关系。通过

计算6个子系统之间的耦合协调发展程度,可以较好地反映各子系统之间相互影响和相互作用的协调程度。耦合协调度的计算公式为:

$$C = \left\{ \frac{U_1 * U_2 * U_3 * U_4 * U_5 * U_6}{\left[\dfrac{U_1 + U_2 + U_3 + U_4 + U_5 + U_6}{6}\right]^6} \right\}^{\frac{1}{6}} \quad (3—10)$$

$$C = \left\{ \frac{U_1 * U_2 * U_3 * U_4 * U_5 * U_6}{\left[\dfrac{U_1 + U_2 + U_3 + U_4 + U_5 + U_6}{6}\right]^6} \right\}^{\frac{1}{6}}$$

$$T = \alpha_1 U_1 + \alpha_2 U_2 + \alpha_3 U_3 + \alpha_4 U_4 + \alpha_5 U_5 + \alpha_6 U_6 \quad (3—11)$$

$$D = (C * T)^{\frac{1}{2}} \quad (3—12)$$

其中,U_1、U_2、U_3、U_4、U_5、U_6 分别代表经济运行质量、经济结构优化、创新发展、绿色发展、共享发展和协调发展6个子系统的得分值;C 为耦合度;T 为综合协调指数;D 为耦合协调度;α_1、α_2、α_3、α_4、α_5、α_6 为待定系数,且 $\alpha_1 + \alpha_2 + \alpha_3 + \alpha_4 + \alpha_5 + \alpha_6 = 1$。由于经济运行质量是经济高质量发展的重要保障,经济结构优化是经济高质量发展的核心内容,因而 $\alpha_1 = \alpha_2 = 0.17$,$\alpha_3 = \alpha_4 = \alpha_5 = \alpha_6 = 0.165$。

根据上述公式,计算得到广西及全国其他地区的经济发展质量耦合协调度,计算结果如图3—13所示。广西的经济发展质量耦合协调度为0.2708,属于轻度失调状态。广西的经济发展质量耦合协调度指数在全国排名第24位,低于全国绝大多数地区,略高于西部地区的重庆、贵州、云南、甘肃、青海和宁夏。

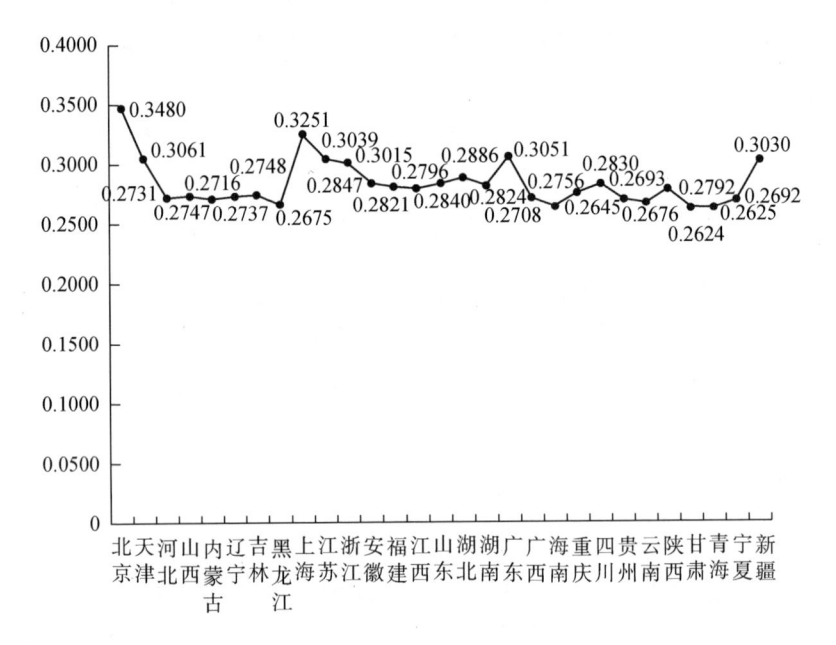

图3—13　全国各地区经济发展质量耦合协调度

资料来源：本报告测算结果。

第五节　结论与建议

一　简要结论

广西经济发展质量总体偏低。自2005年以来，广西经济发展质量综合指数在波动中呈现上升的趋势。广西经济发展质量综合指数在全国排名靠后，低于全国经济发展质量平均综合指数，但与其差距在不断缩小。

广西经济发展质量的耦合协调程度有待提升。从各个分项指标看，广西经济绿色发展水平较高，经济结构优化和创新发展水平偏低。广西经济发展质量一级指标所表征的6个方面的耦合协同发展程度偏低，耦合协调度在全国排名处于第24位。

二 主要建议

根据本报告对经济高质量发展内涵的理解，对推动广西经济高质量发展提出如下建议。

一是针对广西创新发展质量明显偏低的问题，加快经济创新发展支撑体系建设，加大投入支持创新人才的引进、培养以及创新平台建设，加快创新激励机制的改革创新，提高科技人员创新积极性，促进科技成果转化。

二是持续优化产业结构，在确保就业稳中向好和物价运行总体平稳的前提下，促进技术创新、金融创新，推动经济结构转型，促进经济提质增效。加大对外开放力度，优化营商环境，以开放发展引领广西经济高水平转型。

三是坚持绿色发展理念，通过强化财政税收政策支持，鼓励企业技术改造升级、淘汰落后产能，鼓励农业绿色转型发展，不断提高资源集约利用水平，提高资源的利用效率和减排效果，促进资源环境和经济的良性互动与协调发展。

四是不断满足人民群众在经济、社会、生态及公共服务等方面日益增长的美好生活需要，深化供给侧结构性改革，加快形成高质量的现代产业体系、公共服务供给体系和绿色发展体系，为促进共享发展、提高居民收入和福利水平、促进城乡协调发展提供新动力。

第四章

科技创新驱动广西经济高质量发展的实证研究

科技创新是高质量发展的动力,科技创新能力对区域经济高质量发展有着重要的影响。从高质量发展的微观基础来说,区域内研发机构的创新能力和研发成果转化、推广能力,影响创新活动对区域经济发展质量作用的发挥。区域内企业在技术研发、新产品开发方面的创新能力,对其为客户提供高品质产品和优质服务、增加产品附加值和提高生产效率的能力产生影响,进而影响区域经济发展质量。我国进入经济高速增长向高质量发展的关键转型期,科技创新正成为促进经济高质量发展的新动能。科学分析科技创新驱动对广西经济高质量发展的影响,对正确认识区域创新能力、探讨加快科技创新驱动广西经济高质量发展的路径具有参考价值。

第一节 经济高质量发展的动力机制分析

一 相关文献回顾

古典政治经济学家认为,经济发展是多种因素作用的结果,主要是劳动、资本、土地和技术进步等因素共同影响着经济增长。新古典增长理论认为,当经济中不存在技术进步时,经济最终会陷入停滞状态。从长期来看,经济增长不仅取决于资本增长率、劳动力增长率及资本和劳动对产量增长相对作用程度,更取决于技术进步,经济增长的源泉是技术进步。发展的根本动力在于创新,只有创新才能保持可持续增长。

经济高质量发展是多种因素共同作用的结果,如人口的质量与结构、资源环境的质量、资本积累的质量、技术进步质量、对外贸易质量、制度因素。陈昌兵指出,在不同发展阶段,第一产业、第二产业和第三产业分别充当主导动力产业,驱动经济增长,且这些产业对经济增长的驱动作用由物质资本、劳动力等投入要素向创新演变;进入新时代,我国第一产业、第二产业和第三产业发展的主要动力已转换到创新驱动上,我国将由依靠要素投资和牺牲环境为主的发展,转型升级为服务业升级和高端制造业发展、深度城市化和技术创新等。[①] 任保平、文丰安认为,资本积累是中国经济高质量发展的重要因素,科技创新能力的提升、人力资本的积累、开放质量的提高、有效的制度结构和完善的现代化产业体系是实现经济高质量的发展的重要因素。[②] 葛扬运用我国 30 个省区市 2011—2017年的数据,对区域科技创新能力与区域发展质量的协调关系进行了研究,发现科技创新能力、区域发展质量"双高"地区的创新资源配置存在无效现象,科技创新能力高、区域发展质量低的地区需加快创新成果转化环节的制度建设,科技创新能力、区域发展质量"双低"的地区,需加大科技创新资源投入力度。[③] 肖滢、马静认为,依靠科技创新解决城市发展过程中的高投入、低产出和环境污染问题,才能实现经济系统、社会系统和生态空间系统协调发展,

---

[①] 陈昌兵:《新时代我国经济高质量发展动力转换研究》,《上海经济研究》2018 第 5 期。
[②] 任保平、文丰安:《新时代中国高质量发展的判断标准、决定因素与实现途径》,《改革》2018 年第 4 期。
[③] 葛扬:《科技创新能力对区域经济发展质量的影响研究》,硕士学位论文,兰州理工大学,2019 年。

提高城市发展质量。① 辜胜阻等认为创新驱动与核心技术突破是经济高质量发展的基石，提升核心技术创新能力有利于推动产业高质量发展。② 丁涛、顾金亮运用灰色关联度模型研究发现，江苏省地级市科技创新对绿色发展有较强推动作用。③

二 经济高质量发展的驱动因素

（一）科技创新能力

科技创新是高质量发展的核心驱动力。科技创新推动新一代信息技术与传统产业融合发展，催生新业态和产业发展新模式，促进经济结构优化。科技创新通过技术改造升级、工艺创新、产品创新，推动经济活动从粗放低效利用资源向集约、高效利用资源和产业绿色化转型，推动经济高质量发展。

（二）人力资本

人力资本是实现经济高质量发展不可忽视的重要因素。蔡昉认为人力资本的提升是转向高质量发展的关键，人均受教育年限和受教育实际水平的提高将显著提高人力资本，改善未来的经济增长质量。④ 人力资本水平的提升有助于优化物质资本与高层次劳动力的配置，提升物质资本的运作效率。人力资本的提升可以促进区域创新能力提升，对提高管理人员和技术人员的技术研发能力、学习能力、模仿能力、消化吸收和应用推广能力具有积极作用，从而促进生产力的发展和劳动生产率的提高。可见，提升人力资本水平，是

---

① 肖滢、马静：《科技创新、人力资本与城市发展质量的实证分析》，《统计与决策》2018年第16期。

② 辜胜阻、吴华君、吴沁沁等：《创新驱动与核心技术突破是高质量发展的基石》，《中国软科学》2018年第10期。

③ 丁涛、顾金亮：《科技创新驱动江苏地区经济高质量发展的路径研究》，《南通大学学报》（社会科学版）2018年第4期。

④ 王文博、班娟娟：《发展高层论坛释放多变改革开放信号 加快释放民生福利》，《经济参考报》2012年9月17日。

培育经济发展新动能、推动产业转型升级的重要因素。楠玉指出，目前中国人力资本存在中低层次劳动力比重较大、人力资本配置不合理、知识消费占比较低及提升缓慢等问题，已成为阻碍经济高质量发展的因素。① 教育人力资本结构对创新、协调、绿色、开放等高质量发展指标具有显著的正向效应机制，教育人力资本结构高级化通过促进技术转型升级实现经济高质量发展。②

（三）地区产业结构

产业结构是影响区域经济发展质量的重要因素。产业结构的高度化、合理化是经济发展质量提升的主要形态，特别是制造业内部结构的升级，如制造业深加工化、技术集约化的过程，会产生技术外溢效应，促进产业提质增效。③

（四）固定资产投资

固定资产投资规模是影响经济发展质量的重要因素。固定资产投资是建造和购置固定资产的经济活动，包括固定资产更新、改建、扩建、新建等活动。固定资产投资是社会固定资产再生产的主要手段，固定资产投资额反映了一定时期内区域固定资产投资的规模和速度。如果固定资产投资规模过小，资本的积累就不能适应国民经济发展的需要，影响国民经济发展速度。如果固定资产投资规模过大，超过现行生产所能提供的追加生产资料和消费资料，就会挤出生产、挤出消费，积压建设资金，降低投资效益。因此，合理确定固定资产投资规模是影响经济发展质量的重要问题。

---

① 楠玉：《中国迈向高质量发展的人力资本差距—基于人力资本结构和配置效率的视角》，《北京工业大学学报》（社会科学版）2020 年第 4 期。
② 景维民、王瑶、莫龙炯：《教育人力资本结构，技术转型升级与地区经济高质量发展》，《宏观质量研究》2019 第 4 期。
③ 盛斌、景光正：《金融结构、契约环境与全球价值链地位》，《世界经济》2019 年第 4 期。

(五) 基础设施

基础设施是影响经济发展成本的重要因素。企业在进行投资区位选择时，会综合考虑劳动力成本、运输成本、交易成本等费用。交通基础设施、生产基础设施等配套设施完善，不仅可以改善企业的区位条件，也由于改变区域的空间距离和交易成本而促进生产要素如劳动力、信息的流动，形成技术外溢效应以及管理经验的外溢，优化资源配置，加快知识溢出和技术溢出，提高经济发展质量。

(六) 区域自然条件

区域自然条件是影响区域经济发展质量的因素之一。区域的资源、气候、地质条件等因素，影响区域获取资源的成本和经济运行绩效。一个自然条件恶劣的地区，需要投入更多的资源用于防范自然灾害冲击，发展成本相对较高。另外，这样的地区也更容易受自然灾害的影响而导致经济产出减少。

第二节 科技创新驱动广西经济高质量发展的实证分析

一 模型构建

基于以上分析，采用如下计量模型分析科技创新能力对区域经济发展质量的影响。

$$Quality_t = \alpha_0 + \alpha_1 Innov_t + \alpha_2 ln(hc_t) + \alpha_3 ln(pgdp_t) + \alpha_4(struc_t) + \alpha_5 ln(Invest_t) + \alpha_6 ln(Infras_t) \, tech + \alpha_7 fina_t + \alpha_8 Disaster_t + \varepsilon_t \quad (4-1)$$

其中，$Quality$ 表示区域经济发展质量，$Innov$ 表示区域科技创新能力。t 表示年份（2005—2018 年），ε_t 表示随机扰动项。α_1—α_8 是解释变量和控制变量的系数。α_1 是解释变量区域科技创新能力的系数，如果其大于 0，则表明区域科技创新能力的提升有助于提高区域经济发展的质量。

二　指标选取及数据说明

（一）被解释变量

被解释变量是经济发展质量综合指数（$Quality$），采用本报告第三章计算的广西经济发展质量综合指数表示。

（二）解释变量

科技创新能力（$Innov$）为本实证分析的解释变量，采用本报告第二章计算的广西科技创新指数表示。

受限于数据的可获得性，本报告第二章只测算了2010—2018年广西科技创新驱动指数，为与经济发展质量综合指数的评价时间段相对应，筛选出广西科技创新驱动指数的关联指标，外推2000—2009年广西科技创新驱动指数，为进一步分析广西科技创新与高质量发展之间的关系提供基础数据。

在广西科技创新驱动指数体系的四个维度中，我们从各个维度分别选取权重比较大的指标来构造对广西科技创新驱动指数影响的模型，然后根据模型来外推2000—2009年的广西科技创新驱动指数，这样处理虽然无法保证外推得到的广西科技创新驱动指数与实际完全吻合，但我们的目的并不在于获得2000—2009年广西科技创新驱动指数的精确数据，而是根据变动趋势来分析其与广西高质量发展之间的关系。同时，权重大的指标对广西科技创新驱动指数的影响作用也相对较大，因此我们的做法具有一定的合理性。

在科技创新驱动环境维度中，选取教育经费强度（x_1）参与分析。在科技创新驱动主体投入和产出两个维度中，由于涉及多主体，不同的主体均选取对应的科技投入和产出指标会使得模型的变量过多，自由度受限，因此我们选取广西科技投入和产出的相关指标，即R&D人员折合全时当量（x_2）、R&D经费支出（x_3）、专利申请量（x_4）、专利授权量（x_5）来综合代表多主体的科技创新驱动投入和产出参与分析；在科技创新驱动效益维度中，选取技术市场成交合同数（x_6）参与分析。

实际分析中，构造以广西科技创新驱动指数为因变量（y）、上述各个维度筛选出来的指标（$x_1 - x_6$）为自变量的回归模型，利用2010—2018年相关数据（其中R&D经费支出利用GDP指数换算为2000年的不变价），用逐步回归法剔除不显著的变量，得到广西科技创新驱动指数的影响模型估计结果（见表4—1）。

表4—1　　广西科技创新驱动指数（y）的影响模型估计结果

变量	系数	t值	p值
R&D经费支出（x_3）	0.0148	3.066	.028
专利授权量（x_5）	0.6910	3.251	.023
技术市场成交合同数（x_6）	1.7411	3.372	.020
常数项	-2.6029	-8.078	.000

资料来源：本报告测算结果。

根据表4—1，影响广西科技创新驱动指数最关键的三个指标为R&D经费支出、专利授权量和技术市场成交合同数，进一步搜集2005—2009年这三个指标的相关数据，即可估算出2005—2009年的广西科技创新驱动指数（见表4—2）。

表4—2　　广西科技创新驱动指数估算值（2005—2009年）

年份	2005	2006	2007	2008	2009
广西科技创新驱动指数	-2.2039	-2.1855	-2.0855	-1.8773	-1.6671

资料来源：本报告测算结果。

（三）控制变量

人力资本（hc），用各省（区、市）每十万人在校学生数表示。如前文所述，人力资本水平影响区域技术创新能力和技术溢出效应的形成，进而影响经济发展质量。回归时，取对数。

产业结构（*struc*），用非农产业产值占 GDP 比重表示，其比重越高，表明产业结构高度化程度越高。

金融市场发展程度（*fina*），用金融机构年末贷款余额占 GDP 比重表示，其比重越高，表示该地区金融市场越发达。金融市场越发达，企业技术创新和技术推广与应用更容易获得金融支持，创新创业活动越活跃，越有助于降低融资成本、增强经济活力，有利于提高经济发展质量。

基础设施（*infras*），用高速公路里程数占等级公路里程数的比重表示。基础设施越完善，越有助于降低空间成本，更有利于生产要素流动，进而有助于优化资源配置和促进技术扩散，进而提高经济发展质量。

区域自然条件（*disaster*），用区域农村受灾面积表示。一个地区自然条件和自然环境的优劣，会对其生产活动产生影响，如发生自然灾害的频率、影响面积等，进而影响经济发展成本和发展质量。回归时，取对数。

经济发展水平（*pgdp*），用人均 GDP 表示。一般情况下，人均 GDP 较高的区域，有更加雄厚的财力改善科技、人才和公共服务等发展环境，有助于提高经济发展质量。回归时，取对数。

（四）数据来源

受数据可获得性限制，本实证分析的时间跨度定为 2005—2018 年。各变量指标的数据均来自国家统计局网站以及相关年份的《中国统计年鉴》和各省统计年鉴。

三 实证结果

基于模型（4—1），运用时间序列模型对科技创新驱动广西经济高质量发展的影响进行回归分析，实证结果见表 4-3。表 4-3 中的回归结果表明，科技创新驱动指数（*Innov*）的回归系数为 0.0332，在 1% 的显著性水平下通过检验。这表明科技创新对广西区域经济发展质量具有正向驱动作用。

表 4—3　科技创新驱动广西经济高质量发展回归分析结果

被解释变量	Quality
$Innov$	0.0332**
	(0.0126)
lnhc	−0.258
	(0.0964)
ln$fras$	−2.539
	(2.566)
$struc$	−1.666
	(1.176)
ln$invest$	0.0166
	(0.0523)
ln$pgdp$	0.060
	(0.193)
$disaster$	−2.76e−06
	(5.78e−05)
常数项	2.603*
	(1.191)
观测值	14
P 值	0.0001

注：***$p<0.01$，**$p<0.05$，*$p<0.1$

资料来源：本报告测算结果。

第三节 科技创新驱动各省区市经济高质量发展的实证分析

为了比较广西和全国的科技创新对经济高质量发展的影响差异，本报告拟选用全国 30 个省区市（除西藏外）2010—2018 年的面板数据，对科技创新驱动我国区域经济高质量发展的影响进行实证分析。

仍采用模型（4—1），各变量的含义与计算公式均与前文对广西科技创新驱动经济高质量发展实证分析的相同。采用混合回归模型、固定效应模型和随机效应模型，回归结果见表 4—4。

表 4—4　科技创新驱动我国经济高质量发展回归分析结果

	（1）	（2）	（3）
	混合回归	固定效应	随机效应
被解释变量	*Quality*	*Quality*	*Quality*
Innov	0.0629***	0.0554***	0.0609***
	(0.00481)	(0.00435)	(0.00467)
ln*middle*	−0.0429***	−0.0480***	−0.0443***
	(0.00976)	(0.00865)	(0.00942)
ln*invest*	0.00845***	0.0124***	0.00959***
	(0.00231)	(0.00208)	(0.00224)
ln*pgdp*	0.0266***	0.0501***	0.0332***
	(0.00744)	(0.00710)	(0.00734)
struc	0.166***	0.0491	0.132**
	(0.0587)	(0.0534)	(0.0571)
ln*disaster*	−0.00227*	−0.00232*	−0.00227*
	(0.00132)	(0.00119)	(0.00129)

续表

	(1)	(2)	(3)
	混合回归	固定效应	随机效应
被解释变量	Quality	Quality	Quality
frans	0.0549	0.270	0.117
	(0.219)	(0.196)	(0.212)
常数项	0.388 ***	0.240 **	0.346 ***
	(0.119)	(0.107)	(0.115)
观测值	267	267	267
R-squared	0.834	0.874	
Number of year		9	9

注：*** p<0.01，** p<0.05，* p<0.1

资料来源：本报告测算结果。

表4—4中，（1）、（2）、（3）分别为混合回归模型、固定效应模型和随机效应模型的回归结果。表中结果显示：3个模型中，解释变量科技创新（Innov）的系数均大于0，均在1%的显著性水平下通过检验。这表明我国科技创新对区域经济高质量发展具有正向驱动作用。

与表4—3中的回归结果比较，表4—4中混合回归模型、固定效应模型、随机效应模型的科技创新（Innov）系数分别为0.0629、0.0554、0.0609，均大于广西科技创新驱动指数的回归系数0.0332。这表明，全国科技创新对经济高质量发展的驱动作用，略强于广西科技创新对广西经济高质量发展的驱动作用。

实证分析结果表明，科技创新对广西经济高质量发展具有一定的驱动作用，但其驱动作用弱于科技创新对全国经济高质量发展的驱动作用。从广西的科技创新情况看，广西科技创新能力在全国处于较低的水平，在科技创新能力较弱的情况下，科技创新对广西经济高质量发展的驱动力也必然较为薄弱。因此，广西要加强政策保障，加大科技创新扶持力度，着力改善区域科技创新的生态环境，完善科技创新体系，通过健全激励机制加快提升科技创新能力，并加强跨区域合作和促进科技成果转化。在不断提高科技创新能力和创新质量的基础上，夯实经济高质量发展的创新驱动基础。

第 二 篇

区域篇

第五章

广西各设区市创新能力及其驱动高质量发展的综合分析

截至2019年年末,广西下辖14个设区市、51个县、12个自治县、8个县级市和40个市辖区;常住人口为4960万人。生产总值为21237.14亿元,其中,第一产业增加值为3387.74亿元,增长5.6%;第二产业增加值为7077.43亿元,增长5.7%;第三产业增加值10771.97亿元,增长6.2%。人均地区生产总值为42964元,比上年增长5.1%。本章选择14个设区市作为研究区域。

第一节 广西各设区市创新能力评价与比较分析

一 评价内容和评价指标体系

(一)评价内容

当前,中国"投资红利"和"人口红利"逐渐消失,以资金、人力等资源要素投入获取经济增长的资源要素驱动型经济增长模式难以为继,必须转变经济增长模式。在转变经济增长模式的过程中,创新能力具有关键作用,它可以使产品生产呈现报酬递增特征,推动实体经济持续增长,带动中国突破技术升级瓶颈,跨越"中等收入陷阱"。

当前广西改革和发展面临新形势、新任务和新挑战。一方面，与东部沿海发达省份的差距越拉越大，另一方面，与周边省份的快速发展相比，也有很大差距。因此，必须以创新驱动广西经济转型发展，充分利用科技发展的动力，加大现代科技成果在生产中的应用，加强自主创新建设，提高创新要素利用水平，积极推进新旧动能转换，充分发挥创新带动经济增长的作用。

（二）指标体系

基于创新驱动发展的逻辑，同时兼顾指标层次性和数据可得性，我们从政府创新投入、企业创新投入和创新产出三个方面选取 11 项指标，评价广西各设区市的创新能力（见表 5-1）。

表 5—1　　　　　广西各设区市创新驱动能力评价指标

一级指标	二级指标
政府创新投入	政府研发投入
	政府研发投入占 GDP 的比重
	研发仪器和设备支出
企业创新投入	有 R&D 活动的企业数
	研究与试验发展全时人员当量
	研究人员数
	研究人员占从业人员数的比重
创新产出	专利申请量
	专利授权量
	每万人专利申请量
	每万人专利授权量

资料来源：笔者自制。

二　评价方法与数据来源

（一）熵权 TOPSIS 法

本章采用熵权 TOPSIS 法评价广西各设区市创新驱动能力。评价的基本思路是在对各评价指标进行规范化处理的基础上，采用熵权法赋予各评价指标权重值，然后利用 TOPSIS 法对各设区市创新驱动能力量化排序。运用熵权法得到的指标权重值是基于各评价指标数据变异程度所反映的信息量得到，降低了指标赋权时主观人为因素的干扰。TOPSIS 法是接近理想解的排序方法，它借助多属性问题的理想解和负理想解，构造一个最优和一个最劣参照对象。最优参照对象的每个评价指标值在所有评价对象中都是最好的值，它对应于多属性决策问题中的理想解。最劣参照对象的每个评价指标值在所有评价对象中都是最差的值，它对应于多属性决策问题中的负理想解。TOPSIS 法通过比较各评价对象与最佳参照对象及最劣参照对象的相对距离进行量化排序，离最优参照对象近、离最劣参照对象远的评价对象排序靠前。TOPSIS 法具有计算简单、易于理解、结果合理的优势。熵权 TOPSIS 法将熵权法和 TOPSIS 法两种方法的优点相结合，使得创新驱动水平评价结果更具客观性和合理性。

(二) 数据来源

为了充分反映各设区市一段时期以来在创新投入、创新产出方面的效果以及各设区市创新能力格局的发展演化过程，本报告通过《广西科技统计数据》和《广西统计年鉴》收集整理了 2010—2018 年广西 14 个设区市 11 项创新驱动能力指标的面板数据。

三 评价的具体实施步骤

第一步，将获得的 i（=14）个设区市，j（=11）个评价指标，g（=9）年的指标数据 X_{ij}，以年份为标志转化为面板数据 D_{ijg}。

第二步，为消除不同评价指标在数量级和量纲方面的不一致性，运用向量规范化方法对创新驱动能力评价体系中各评价指标 X_{ij} 做规范化处理。

$$Y_{ij} = \frac{X_{ij}}{\sqrt{\sum_{i=1}^{m} X_{ij}^2}} \quad i=1,2,\cdots,m, \quad j=1,2,\cdots,n$$

其中，i 表示设区市，j 表示评价指标，X_{ij}，Y_{ij} 分别表示原始和规范化以后的设区市创新驱动能力指标值。

第三步，计算创新驱动能力评价体系中各评价指标 Y_{ij} 的信息熵 E_j。

$$E_j = ln\frac{1}{n} \sum_{i=1}^{n} \frac{Y_{ij}}{\sum_{i=1}^{m} Y_{ij}} \ln\left(\frac{Y_{ij}}{\sum_{i=1}^{m} Y_{ij}}\right), i=1,2,\cdots,m, \quad j=1,2,\cdots,n$$

第四步，计算各市创新驱动能力评价指标体系中各指标 Y_{ij} 的权重 W_j。

$$W_j = \frac{1 - E_j}{\sum_{j=1}^{m}(1 - E_j)}, j=1,2,\cdots,n$$

第五步，构建各设区市创新驱动能力评价指标的加权评分矩阵 R。

$R = (r_{ij})_{m \times n}$，其中 $r_{ij} = W_j \times Y_{ij}$

第六步，根据加权评分矩阵 R，确定最优参照评价对象 Q_j^+ 与最劣参照评价对象 Q_j^-。

$Q_j^+ = \max(r_{i1}, r_{i2}, \cdots, r_{im})$

$Q_j^l = \min(r_{i1}, r_{i2}, \cdots, r_{im})$

第七步，计算各评价对象与最优参照评价对象 Q_j^+ 与最劣参照评价对象 Q_j^- 的欧氏距离 d_i^+ 和 d_i^-。

$$d_i^+ = \sqrt{\sum_{j=1}^{m}(Q_j^+ - r_{ij})^2}$$

$$d_i^- = \sqrt{\sum_{j=1}^{m}(Q_j^- - r_{ij})^2}$$

第八步，计算各评价对象与最优参照评价对象 Q_j^+ 的相对接近度 C_i。

$$C_i = \frac{d_i^+}{d_i^+ + d_i^-}$$

其中，相对接近度介于 0 和 1 之间，C_i 的值越大表明设区市 i 的创新驱动能力越优；反之，设区市 i 的创新驱动能力越差。

四 广西各设区市创新能力评价

（一）广西各设区市创新能力得分分析

把 11 个截面上的每个数据作为一个样本点构造一个混合样本，通过分析这些样本的直方图发现，2010—2018 年，广西各设区市科技创新能力得分两极分化的格局没有发生显著的变化，中位数为 58.70，大幅度低于均值 100，分布呈现左偏的态势，偏度为 1.60（如图 5-1 所示）。

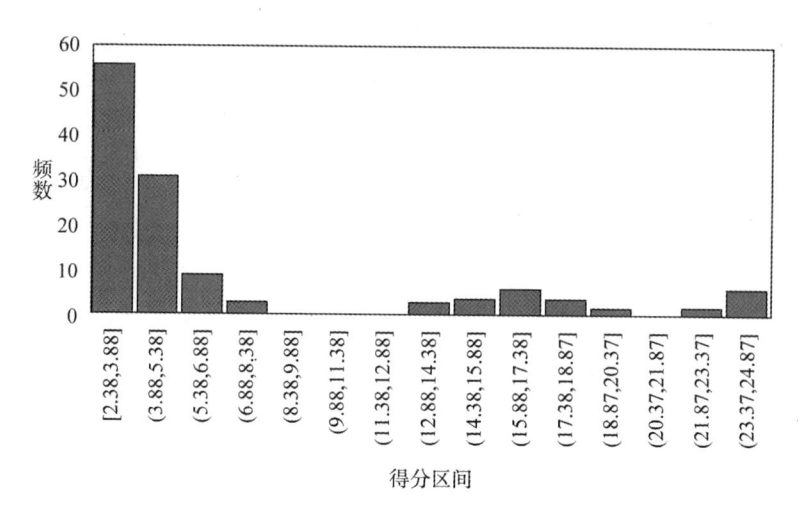

图 5—1 广西各设区市创新能力得分分布

资料来源：本报告测算结果。

2010—2018 年，南宁、柳州以及桂林三个设区市的创新能力得分一直处于前三位；除玉林以外，其他设区市的创新能力得分普遍低于70分（见表5-2）。柳州、桂林、梧州、北海、贵港、贺州、来宾以及崇左的创新能力得分变异系数低于0.1。百色、钦州、防城港、玉林四个设区市的创新能力得分变异系数超过0.15，百色创新能力得分变异系数的增加主要是因为其得分由2012年的44.67提升至2015年的57.51分，此后一直保持在60分以上。

表5—2　　　　　　　广西各设区市创新能力得分

设区市	2010年	2011年	2012年	2013年	2014年	2015年	2016年	2017年	2018年
南宁	343.32	337.82	333.56	309.36	277.36	315.71	348.24	340.99	347.98
柳州	256.03	236.25	224.33	240.56	247.20	282.15	263.05	249.55	231.85
桂林	232.29	224.74	218.52	210.14	219.77	202.73	198.14	189.55	181.96
梧州	64.32	71.47	74.53	77.67	71.46	58.68	62.73	65.02	70.30
北海	62.94	70.27	68.32	63.47	57.28	56.58	60.03	61.72	63.42
防城港	33.93	55.22	68.06	52.21	85.13	62.81	53.18	59.51	45.99
钦州	45.68	53.81	52.32	78.47	60.25	46.90	47.05	60.53	87.34
贵港	46.72	46.81	46.13	43.29	45.27	43.27	44.92	44.78	45.34
玉林	100.59	94.91	114.42	87.98	102.06	89.89	62.50	82.20	90.14
百色	46.12	41.90	44.67	51.98	56.43	57.51	69.63	64.15	63.97
贺州	47.44	49.14	44.21	42.02	40.88	42.70	45.09	44.06	42.70
河池	42.89	42.27	38.84	49.75	52.01	54.61	58.72	48.11	45.58
来宾	35.12	33.71	34.09	41.77	39.80	33.29	36.85	35.80	35.15
崇左	42.60	41.67	38.01	51.33	45.10	53.17	49.90	54.03	48.27

资料来源：本报告测算结果。

（二）广西各设区市政府创新投入指标得分分析

广西各设区市创新投入指标得分呈左偏的分布态势，126个样本点的均值为29.15，中位数为15.92，偏度达到1.65（如图5—2）。

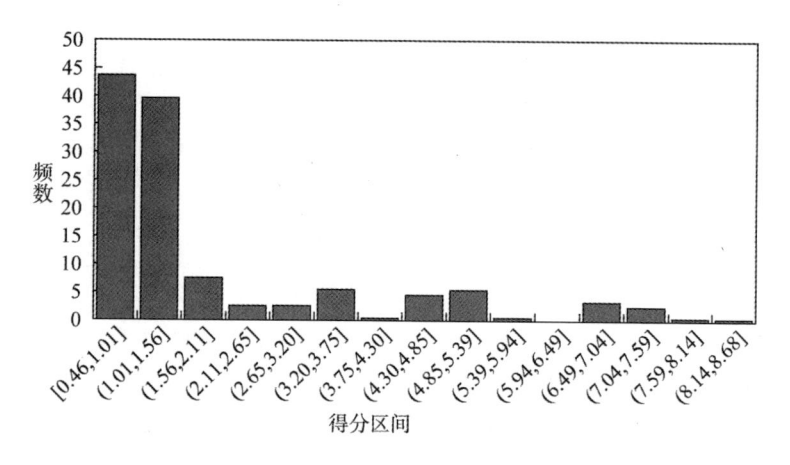

图5—2　广西各设区市政府创新投入指标得分分布

资料来源：本报告测算结果。

2010—2018年，南宁、柳州以及桂林的政府创新投入指标得分一直处于前三位，并且与其他设区市存在较大的差距（见表5-3）。

广西各设区市的政府创新投入指标得分波动较大，7个设区市变异系数超过0.20，其中百色、防城港超过0.30以上，最高的钦州达到了0.69，主要是钦州2013年得分大幅增长后连续四年处于较低水平，2018年又迅速冲高所致。

表5—3　　　　广西各设区市政府创新投入指标得分

设区市	2010年	2011年	2012年	2013年	2014年	2015年	2016年	2017年	2018年
南宁	94.97	73.85	80.12	61.77	73.06	97.55	121.57	101.26	107.86
柳州	101.29	75.13	72.99	64.02	75.01	101.54	97.33	90.88	72.79
桂林	66.19	50.48	52.49	44.86	57.27	60.91	65.67	50.42	48.34
梧州	18.89	20.25	20.98	15.27	13.69	12.74	15.01	14.56	15.22
北海	16.86	16.84	16.30	11.07	13.72	15.75	18.07	16.10	19.86
防城港	8.49	25.99	28.81	20.17	39.60	29.65	26.43	32.54	18.16
钦州	9.10	15.60	15.07	40.94	14.01	12.15	12.55	19.63	50.41

续表

设区市	2010年	2011年	2012年	2013年	2014年	2015年	2016年	2017年	2018年
贵港	17.47	14.17	12.37	10.52	12.58	13.64	15.65	13.17	12.59
玉林	30.13	23.25	39.02	18.79	24.88	26.25	14.19	23.41	26.09
百色	10.67	8.06	8.32	9.35	20.37	15.10	17.73	16.46	15.44
贺州	11.07	9.75	8.41	7.31	7.64	10.63	13.30	11.06	9.75
河池	14.26	10.27	9.40	10.90	14.95	21.11	17.17	14.39	14.68
来宾	9.50	6.45	8.84	16.79	12.48	8.39	10.99	9.60	8.89
崇左	15.71	11.18	10.82	13.02	14.03	17.74	15.56	15.46	11.68

资料来源：本报告测算结果。

（三）广西各设区市企业创新投入指标得分分析

广西各设区市企业创新投入指标得分呈左偏的分布态势，126个样本点的均值为42.49，中位数为22.71，偏度达到1.87（如图5—3所示）。

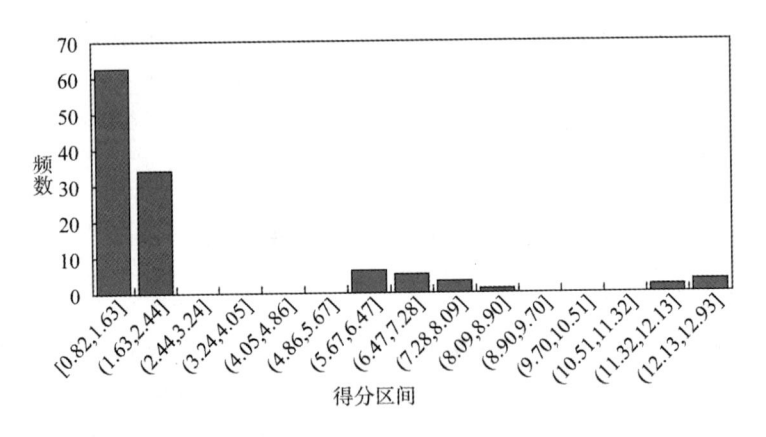

图5—3 广西各设区市企业创新投入指标得分分布

资料来源：本报告测算结果。

2010—2018年，南宁企业创新投入指标平均得分为163.24分，是排名第三的桂林的1.75倍，具有明显的优势。排名前三的南宁、柳州、桂林与其他设区市存在较大的差距，例如，排名第三的桂林的企业创新投入指标平均得分是排名第四的梧州的3.04倍，平均得分最低的来宾仅为南宁的8.92%（见表5—4）。

广西各设区市企业创新投入指标得分波动不大，仅防城港达到了0.24，其他绝大部分设区市的得分变异系数均在0.15以下。值得注意的是，在企业创新投入指标得分变异系数波动不大的同时，企业得分也很低，需要进一步激发市场主体的创新活力。

表5—4　　　　　广西各设区市企业创新投入指标得分

设区市	2010年	2011年	2012年	2013年	2014年	2015年	2016年	2017年	2018年
南宁	170.31	181.08	171.99	179.61	123.49	147.67	159.88	165.13	169.66
柳州	80.83	90.28	89.61	107.87	98.69	119.11	110.31	104.97	107.76
桂林	94.75	101.48	101.69	99.43	89.17	90.70	88.96	84.28	87.02
梧州	26.82	29.77	32.67	32.89	30.44	28.19	29.65	31.28	33.99
北海	23.64	27.62	28.67	27.92	25.91	25.27	25.59	28.95	27.30
防城港	11.49	15.26	15.72	16.14	25.79	20.01	14.50	16.09	18.96
钦州	19.98	19.88	21.34	23.09	28.43	20.52	21.60	23.76	21.02
贵港	15.04	17.15	17.10	18.15	16.34	15.03	15.20	15.14	15.61
玉林	29.38	32.88	40.09	28.75	32.22	29.13	21.25	28.75	32.81
百色	22.41	21.66	21.94	23.15	15.49	20.54	22.99	25.07	27.05
贺州	19.95	20.24	20.38	21.64	17.18	18.78	19.95	18.69	18.08
河池	16.97	18.31	17.33	19.47	14.71	14.27	17.32	18.33	16.65
来宾	13.62	14.78	12.96	14.31	15.85	13.96	15.68	15.02	14.93
崇左	17.74	20.14	18.20	26.68	16.85	22.43	21.45	21.48	23.28

资料来源：本报告测算结果。

（四）广西各设区市创新产出指标得分分析

广西各设区市创新产出指标得分呈左偏的分布态势，126个样本点的均值为28.36，中位数为17.78，偏度达到1.30，小于创新能力得分、政府创新投入和企业创新投入得分的偏度（如图5—4所示）。

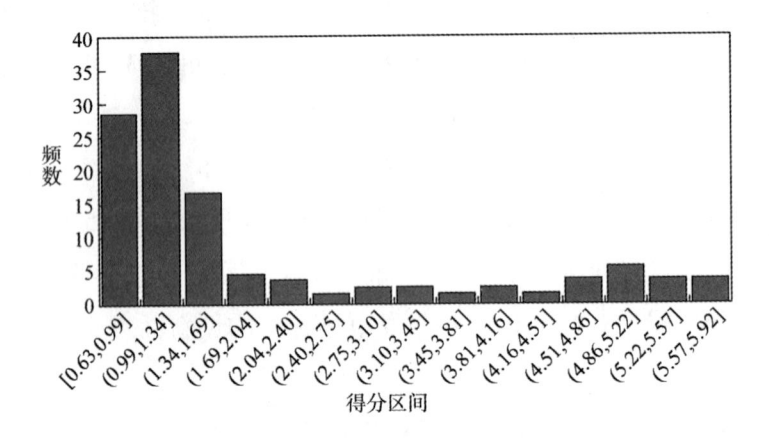

图 5—4　广西各设区市创新产出指标得分分布

资料来源：本报告测算结果。

2010—1028 年，南宁、柳州以及桂林的创新产出指标得分排名前三，与其他设区市相比具有一定的优势（见表 5—5），但差距不如创新能力得分、政府创新投入和企业创新投入指标得分差距那样显著。

来宾、贵港以及南宁的创新产出指标得分变异系数低于 0.10，钦州、梧州等 6 个设区市的创新产出指标得分变异系数为 0.10 - 0.20，北海、百色等 4 个设区市的创新产出指标得分变异系数为 0.20 - 0.30，防城港高达 0.31。值得注意的是，来宾的创新产出指标得分变异系数最小，但平均得分水平也最低。防城港则变异系数最大，同时平均得分水平也处于较低的水平。

表 5—5　　　　　广西各设区市创新产出指标得分

设区市	2010 年	2011 年	2012 年	2013 年	2014 年	2015 年	2016 年	2017 年	2018 年
南宁	78.04	82.89	81.44	67.98	80.81	70.49	66.79	74.60	70.47
柳州	73.91	70.85	61.72	68.67	73.50	61.50	55.41	53.70	51.30
桂林	71.35	72.78	64.34	65.85	73.34	51.12	43.51	54.85	46.60

续表

设区市	2010年	2011年	2012年	2013年	2014年	2015年	2016年	2017年	2018年
梧州	18.61	21.45	20.88	29.52	27.32	17.75	18.07	19.18	21.09
北海	22.45	25.82	23.36	24.48	17.65	15.56	16.36	16.68	16.25
防城港	13.96	13.97	23.53	15.90	19.73	13.16	12.25	10.89	8.88
钦州	16.61	18.32	15.92	14.44	17.81	14.23	12.89	17.15	15.92
贵港	14.21	15.48	16.66	14.62	16.35	14.60	14.07	16.46	17.15
玉林	41.07	38.77	35.32	40.44	44.96	34.52	27.05	30.03	31.25
百色	13.04	12.18	14.41	19.49	20.57	21.87	28.90	22.62	21.48
贺州	16.43	19.16	15.43	13.07	16.05	13.29	11.84	14.31	14.86
河池	11.66	13.69	12.11	19.38	22.35	19.22	24.23	15.39	14.25
来宾	12.00	12.48	12.29	10.67	11.48	10.95	10.17	11.17	11.33
崇左	9.14	10.35	8.99	11.63	14.23	13.01	12.89	17.08	13.30

资料来源：本报告测算结果。

（五）广西各设区市创新能力综合指数

广西各设区市创新能力综合指数呈左偏的分布态势，126个样本点的均值为0.27，中位数为0.15，偏度1.31，综合指数低于0.31的样本点约占总样本量的80%。

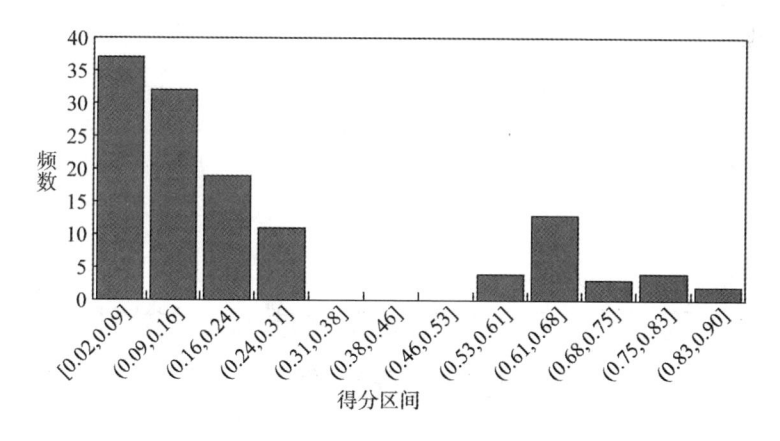

图5—5 广西各设区市创新能力综合指数分布

资料来源：本报告测算结果。

2010—2018年，南宁、柳州以及桂林的创新能力综合指数排名前三,与其他设区市相比优势明显;最高的南宁达到年均0.81,是来宾的20倍。来宾、贵港以及贺州的年均创新能力综合指数低于0.10,河池、防城港等7个设区市的年均创新能力综合指数为0.10—0.20(见表5—6)。

表5—6　　　　广西各设区市创新能力综合指数

设区市	2010年	2011年	2012年	2013年	2014年	2015年	2016年	2017年	2018年
南宁	0.89	0.89	0.90	0.75	0.71	0.77	0.78	0.80	0.80
柳州	0.65	0.64	0.62	0.64	0.66	0.74	0.68	0.65	0.62
桂林	0.62	0.62	0.61	0.61	0.65	0.58	0.55	0.56	0.54
梧州	0.11	0.15	0.16	0.21	0.18	0.13	0.14	0.16	0.19
北海	0.13	0.17	0.18	0.14	0.10	0.11	0.12	0.14	0.16
防城港	0.05	0.16	0.23	0.13	0.27	0.16	0.15	0.17	0.14
钦州	0.06	0.10	0.10	0.26	0.14	0.06	0.07	0.13	0.23
贵港	0.06	0.07	0.06	0.05	0.06	0.06	0.06	0.07	0.08
玉林	0.25	0.23	0.30	0.25	0.29	0.27	0.17	0.25	0.29
百色	0.06	0.04	0.06	0.12	0.15	0.19	0.26	0.23	0.25
贺州	0.08	0.10	0.08	0.07	0.07	0.08	0.10	0.09	0.08
河池	0.04	0.04	0.03	0.14	0.14	0.17	0.23	0.11	0.12
来宾	0.02	0.02	0.03	0.10	0.08	0.02	0.03	0.03	0.03
崇左	0.06	0.05	0.04	0.18	0.11	0.18	0.14	0.18	0.16

资料来源:本报告测算结果。

第二节　广西各设区市高质量发展水平评价与比较分析

一　评价内容和评价指标体系

(一)评价内容

从整体上而言,中国正从中等收入国家向高收入国家迈进,进入高质量发展阶段。高质量发展是能够更好满足人民不断增长的真实需要的经济发展方式、结构和动力状态。在理论导向方面,不仅注重供给的有效性和发展的公平性,还要考虑生态文明建设与人的全面发展;在实践取向方面,要求遵循经济发展规律,推进经济结构中高端化,实施创新驱动战略,探索文明发展道路。

广西在经济发展上一直落后于全国和东部沿海地区,在高质量发展的大背景下,广西面临追赶和跨越两大任务。因此在评价指标的选择上既要反映高质量发展的一般要求,还要体现高质量发展对广西的特殊要求。

1. 经济总量快速提升

经济增长稳定是一个国家、地区乃至全球经济增长的基本前提,是经济高质量发展的具体体现。经济增长缺乏稳定性,经济建设就不会稳固,更不会长远和持久。广西经济高质量发展首先需要加快经济发展速度,快速提高经济总量水平,迅速缩小广西与全国和经济发达省份之间的差距,为经济结构优化创造回旋空间,支撑经济高质量发展。只有具备足够的经济规模,经济高质量的发展才有基础、才有意义。

2. 财政金融实力雄厚

广西是欠发达地区,社会经济发展需要大量资金。一方面需要依靠经济的增长增加税收等一般性财政收入,另一方面需要中央以及自治区财政转移支付,与此同时还需要各类金融机构以贷款等形式从金融市场向广西各设区市融入资金,以支撑各设区市经济发展速度和经济总量规模的提升。财政金融规模与各设区市经济高质量发展具有直接的联系。财政金融总量的大小,特别是财政金融规模的大小也从另一个侧面反映了市场对各设区市经济高质量发展状况的评价和认同,财政金融规模越大说明市场对设区市经济高质量发展的现状越认可,对高质量发展的前景越看好。

3. 经济结构持续优化

新时代广西经济高质量发展需要迅速摆脱经济结构低端的束缚，加速经济结构优化调整，促进经济结构转型升级。广西需要充分发挥其开放发展在全国开放大格局中的战略作用，加快构建面向东盟的国际大通道、打造西南中南地区开放发展新的战略支点，形成21世纪海上丝绸之路和丝绸之路经济带有机衔接的重要门户，践行广西"三大定位"新使命，敢于"走"出去，善于"引"进来，在开放中加强交流合作，在竞争中争取先机和主动。不断完善经济开放结构，高水平建设广西自由贸易区，扩大经济结构成分中的外贸比重和外资比重，加快外贸发展动力转变，促进投资自由化与便利化，以高质量的对外开放带动广西经济高质量发展。

4. 资源配置高效

新时代广西经济高质量发展一方面需要依靠大规模的资源要素投入，通过资源要素量的积累实现经济规模快速增长；另一方面需要重视要素合理配置问题，避免经济发展过程中资源要素投入产出效率低下、大量的资源要素得不到充分利用的问题。只有经济总量快速提升与资源配置效率的大幅改进，才能迅速缩小广西与全国以及东部沿海发达省份之间的差距，走跨越式的高质量发展之路。

因此，广西经济高质量发展要求提质增效、注重市场机制完善及推进市场化进程，将市场机制完善作为经济高质量发展的助力。以高效率要素利用水平推进经济建设，不断推进效率变革，提高资源要素的投入产出效率。实现优质高效配置资源要素，不断提高资本、劳动、能源、土地等生产要素的经济效益，充分实现集约式发展。

5. 基础设施完善

新时代广西经济高质量发展必须重视基础设施建设，加大基础设施投资力度，为经济增长提供强大的动力基础。不仅重视交通、医疗等硬性基础设施的完善,还要强调教育、文化等软性基础设施的提高,为经济高质量发展提供最基本的保障。

6. 绿色发展

绿色发展是经济高质量发展的重要内涵之一。广西要借助后发优势,吸取其他地区粗放式发展带来的教训,坚持环境硬性约束,倡导绿色发展与低碳发展,减少污染物排放,加大生态系统与自然环境保护力度,避免高投入、高能耗发展模式对环境的过度污染,提升自然资源、物质要素的承载能力,构建人与自然和谐发展新格局,保持经济增长可持续性。

7. 区域协调发展

现阶段广西经济增长仍存在较为明显的区域发展不协调、城乡发展不协调问题,严重制约经济高质量发展水平。因此,必须重视协调发展理念,推进城市和农村协调发展,缩小地区间、城乡间的收入差距和消费差距,为实现广西经济高质量发展提供动力支撑。

8. 共享惠民

经济高质量发展的最终目的是实现人的生存与发展,必须重视共享发展理念,经济成果惠民,提高人民收入水平,保障人民基本需要,积极为实现人的高层次需要创造有利条件,为人民生活提供更多的舒适和福利,充分调动人民的积极性和主动性。

(二) 指标体系

基于经济高质量发展水平评价逻辑,同时兼顾评价指标层次性与数据可得性,构建包括经济总量、财政金融、经济结构、配置效率、城乡协调、设施完善、环境质量、绿色发展以及人民生活9个一级指标、46个二级指标的广西各设区市经济高质量发展评价体系,见表5—7。

表 5—7　　广西各设区市经济高质量发展评价体系

一级指标	二级具体指标
经济总量	地区生产总值
	第二产业增加值
	第三产业增加值
	规模以上工业总产值
	规模以上工业企业个数
	固定资产投资总额
	进出口总额
	社会消费品零售总额
财政金融	地方财政收入
	地方财政支出
	各项存款余额
	各项贷款余额
经济结构	第二产业比重
	第三产业比重
	实际利用外商直接投资/GDP
	进出口总额/GDP
配置效率	经济增长率
	人均地区生产总值
	GDP/全部从业人员
	（存款总额+贷款总额）/GDP
	GDP/全社会固定资产投资额
	GDP/万吨标准煤
	粮食总产量/耕地总面积
城乡协调	城乡收入比
	城乡消费水平对比
设施完善	等级公路密度
	每万人医疗机构数
	每万人医疗卫生机构床位数
	每万人医护人员数
	每万人公共厕所拥有量
	人均拥有公共图书馆藏量

续表

一级指标	二级指标
	每万人普通中小学数
	普通中小学生师生比
	社会保险覆盖率
	每万人养老服务机构数
	每万人福利机构床位数
环境质量	森林覆盖率
	建成区绿化覆盖率
绿色发展	单位GDP"三废"排放量
	单位耕地化肥使用量
人民生活	城镇登记失业率
	居民人均可支配收入
	每百户家庭汽车拥有量
	居民人均消费支出
	居民食品消费支出比重
	居民旅游恩格尔系数

二 评价方法、步骤与数据来源

本报告运用熵权TOPSIS法评价广西各设区市经济高质量发展水平，通过《广西统计年鉴》《广西壮族自治区环境统计年报》收集整理了2006—2018年广西14个设区市的46项高质量发展评价指标数据，采用面板数据充分反映各设区市一段时期以来经济发展的动态变化和发展过程。

三 广西各设区市经济高质量发展水平评价

为了观察广西各设区市各类经济高质量发展指标分布情况，把13个截面上的每一个数据作为一个样本点构造为一个混合样本。

（一）广西各设区市经济高质量发展水平总得分分析

广西各设区市经济高质量发展总得分中位数为87.69，低于均值 100，呈现左偏的分布态势，偏度为 1.84，这说明各设区市经济高质量发展水平整体偏低。极差为 228.33，是均值的 2.28 倍，这说明高质量发展水平两极分化态势明显（如图 5—6 所示）。

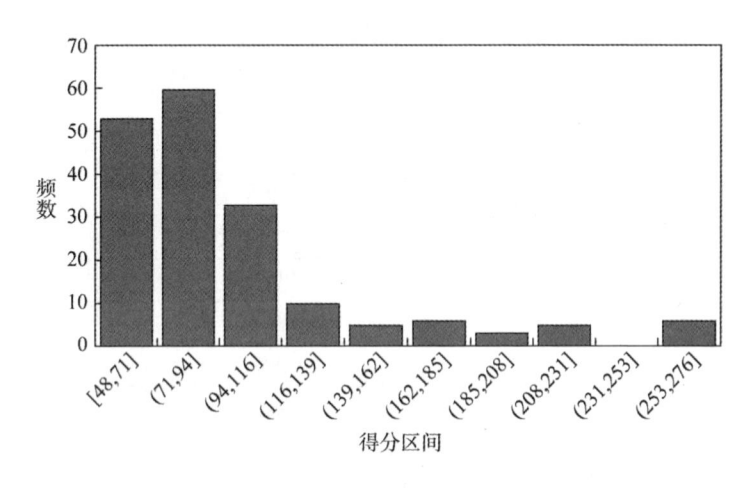

图 5—6　广西各设区市经济高质量发展水平总得分分布

资料来源：本报告测算结果。

综合来看，2006—2018 年广西各设区市经济高质量发展水平总得分可以划分为四类。第一类包括河池、来宾、贺州和百色 4 个设区市，年均得分为 50—70 分；第二类包括玉林、钦州、崇左、北海、防城港和梧州 6 个设区市，年均得分为 80—100 分；第三类包括桂林、柳州 2 个设区市，年均得分为 100—200 分；第四类南宁，每年得分一直在 200 分以上，与其他设区市相比存在明显的优势。

广西各设区市各年间总得分变化相对稳定，14 个设区市总得分变异系数均在 0.20 以下。贵港、梧州、北海、河池、玉林 5 个设区市总得分的变异系数低于 0.10。百色、贺州、崇左 3 个设区市得分变异系数超过 0.15，崇左最高达到了 0.19，主要是其总得分在 2009 年较大幅度提升以后一直保持较高水平；百色只有 2010 年和 2017 年总得分有较大的提升，但后续没有得到保持；贺州

2008—2012年总得分有较大的增长，随后又下降到较低的水平（见表5—8）。

表5—8　广西各设区市经济高质量发展水平总得分（2006—2018年）

设区市	2006	2007	2008	2009	2010	2011	2012	2013	2014	2015	2016	2017	2018
南宁	248.81	219.27	213.12	217.97	201.76	218.94	221.70	258.89	255.38	263.86	272.23	256.73	276.22
柳州	199.67	147.98	136.57	151.63	137.61	143.67	154.13	176.43	174.31	173.52	172.61	177.90	190.65
桂林	158.83	129.28	179.33	127.96	116.19	124.58	124.37	135.47	127.44	123.85	122.30	109.60	111.76
梧州	105.28	92.29	103.05	94.82	93.15	95.88	100.09	97.20	100.48	85.80	87.33	86.01	89.45
北海	89.70	88.39	88.07	81.85	100.64	88.54	85.93	90.74	101.68	108.41	104.54	97.57	91.42
防城港	74.87	111.80	101.06	106.81	107.50	105.50	100.21	80.58	84.29	84.82	91.72	82.80	88.99
钦州	78.01	90.00	83.77	90.14	93.27	102.43	109.13	86.51	79.32	81.33	84.90	107.18	92.30
贵港	62.99	67.36	66.60	71.32	70.71	75.25	69.99	65.33	63.94	64.21	65.20	63.77	65.59
玉林	88.06	91.33	84.05	89.75	84.63	88.23	82.51	75.58	75.19	78.14	71.75	72.72	73.32
百色	66.49	72.00	68.66	69.49	91.20	66.13	64.04	59.12	62.53	67.42	58.75	93.20	56.55
贺州	62.68	80.03	71.57	72.57	75.50	71.75	71.52	53.42	52.75	50.97	53.93	51.78	52.58
河池	56.81	65.20	60.36	62.47	61.20	59.19	54.64	62.68	67.46	54.19	56.48	52.18	50.91
来宾	57.65	73.58	71.68	70.52	69.98	64.76	58.99	51.77	53.56	53.33	55.19	53.77	47.89
崇左	50.15	71.49	72.10	92.71	96.67	94.88	102.86	106.29	101.69	110.14	103.08	95.41	112.38

资料来源：本报告测算结果。

（二）广西各设区市经济总量类指标得分分析

广西各设区市经济总量类指标得分中位数为21.92，低于均值28.49的水平，分布呈现左偏的态势，偏度为2.29，这说明各设区市经济总量整体偏低（如图5—7所示）。极差为100.61，达到均值的3.53倍，这说明广西各设区市经济总量水平两极分化较为严重。

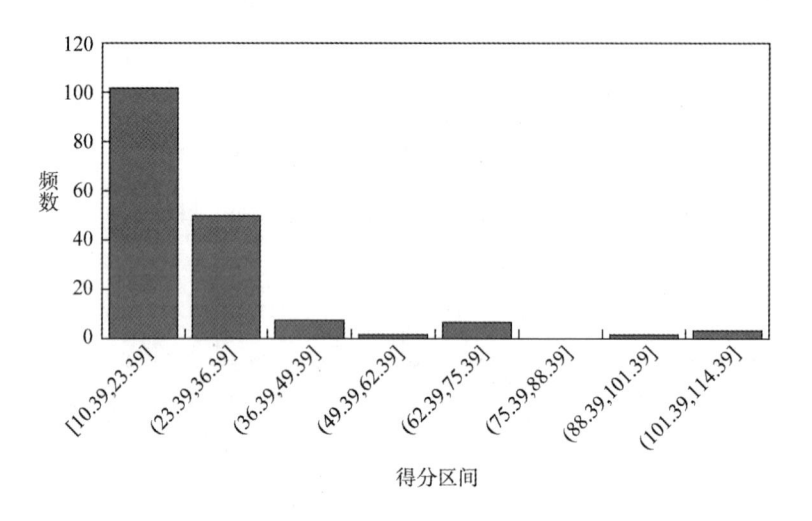

图5—7 广西各设区市经济总量类指标得分分布

资料来源：本报告测算结果。

综合来看，2006—2018年广西各设区市经济总量类指标得分可以划分为四类。第一类包括来宾、贺州、河池和百色，年均得分低于20分；第二类包括贵港、崇左、梧州、玉林、北海、防城港、钦州，年均得分为20—30分；第三类包括桂林、柳州，年均得分为30—80分；第四类包括南宁，年均得分为80分以上，与其他设区市相比存在优势。

各设区市各年间经济总量类指标得分变化较大（见表5—9），河池、崇左、南宁、柳州和北海的经济总量类指标得分变异系数超过0.20。南宁、柳州和北海的经济总量类指标得分变异系数较大，主要是2012年以后，这3个设区市经济总量类指标得分持续处于较高的水平。

表5—9　　广西各设区市经济总量类指标得分（2006—2018年）

设区市	2006	2007	2008	2009	2010	2011	2012	2013	2014	2015	2016	2017	2018
南宁	90.11	66.51	54.26	63.45	61.06	60.19	64.27	96.82	93.52	102.28	111.00	103.02	110.75
柳州	66.16	46.25	37.50	47.90	42.33	40.31	48.60	74.90	71.86	72.81	77.57	74.03	86.44
桂林	35.10	40.69	33.39	36.67	34.72	33.60	34.10	28.75	26.74	30.98	37.59	30.37	34.07
梧州	21.57	20.11	16.21	23.38	21.90	22.08	23.42	25.96	26.44	28.02	28.95	26.37	27.69
北海	20.43	16.99	14.64	17.40	18.25	19.02	20.26	30.83	30.82	32.07	34.59	32.98	35.99
防城港	18.89	18.19	16.86	23.19	23.54	25.07	23.21	28.22	27.12	28.38	29.92	27.97	31.01
钦州	21.75	20.89	18.63	21.08	22.52	26.35	25.56	29.68	28.56	27.30	26.97	27.46	30.92
贵港	22.49	19.44	16.44	18.85	18.43	18.00	18.07	20.58	19.90	20.66	22.59	21.30	24.86
玉林	24.32	27.73	23.31	26.99	26.96	27.05	26.90	21.94	20.30	21.83	22.76	21.22	23.21
百色	15.69	20.06	16.37	19.63	18.38	17.16	18.25	13.10	12.25	13.13	14.01	13.37	14.65
贺州	14.08	13.12	10.39	12.06	11.52	11.51	11.96	15.04	14.34	15.54	16.86	14.92	17.15
河池	12.43	19.06	14.98	17.93	16.30	13.85	11.19	10.53	11.06	11.52	13.03	14.77	
来宾	14.02	13.80	12.21	13.96	13.30	13.02	13.25	14.58	13.49	13.47	13.93	12.93	14.79
崇左	11.27	16.84	15.20	25.70	26.99	27.49	27.60	20.29	19.35	20.54	21.79	20.82	23.70

资料来源：本报告测算结果。

(三) 广西各设区市财政金融类指标得分分析

广西各设区市财政金融类指标得分中位数为12.35，低于均值19.69的水平，呈现左偏的分布态势，偏度为2.98，这说明各设区市财政金融类指标得分整体偏低。极差为100.61，达到均值的5.19倍，这说明广西各设区市财政金融类指标得分两极分化非常严重（如图5—8所示）。

综合来看，2006—2018年南宁财政金融类指标平均得分最高，达到91.17分，与其他设区市相比存在明显优势；桂林、柳州财政金融类指标平均得分为20—50分；崇左、来宾、贺州财政金融类指标平均得分低于10分；其他8个设区市财政金融类指标平均得分为10—20分。

各设区市各年间财政金融类指标得分变化较大（见表5—10），河池、梧州、百色财政金融类指标得分变异系数较大，超过0.20。主要是河池自2007年以来财政金融类指标得分持续下滑，梧州2008年该类指标得分大幅度提高后没有能够保持，百色则是2009年大幅度增加后持续下滑。

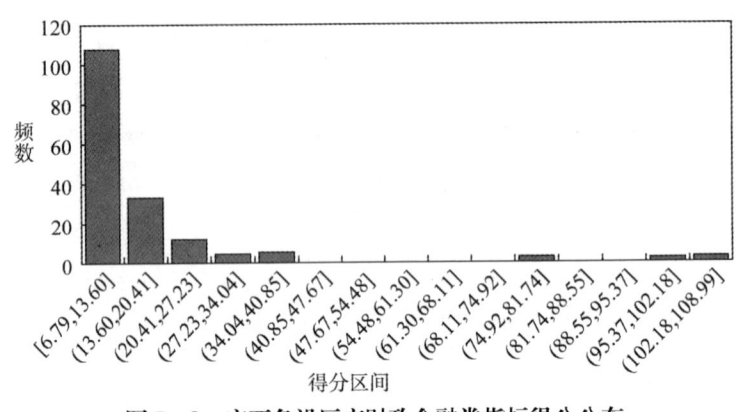

图5—8 广西各设区市财政金融类指标得分分布

资料来源：本报告测算结果。

表5—10 广西各设区市财政金融类指标得分（2006—2018年）

设区市	2006	2007	2008	2009	2010	2011	2012	2013	2014	2015	2016	2017	2018
南宁	98.77	76.66	69.32	86.20	77.73	76.63	76.06	106.10	97.65	106.99	107.49	97.88	108.99
柳州	38.19	30.80	27.73	36.63	30.56	28.93	27.08	37.41	33.12	35.85	35.55	35.13	39.06
桂林	26.13	26.16	23.26	29.01	24.73	23.92	24.44	22.46	20.24	23.80	25.74	23.38	25.99
梧州	15.05	12.62	26.29	11.07	12.51	12.68	13.87	15.03	14.21	14.68	13.89	12.00	14.07
北海	17.10	12.08	9.94	9.88	10.97	10.59	10.54	15.11	13.63	14.27	13.73	13.52	15.46
防城港	9.47	8.25	8.00	10.08	9.05	8.97	9.25	12.35	11.20	12.59	11.96	10.64	11.94
钦州	12.01	11.22	10.66	13.58	12.37	13.54	11.46	15.49	13.40	14.59	13.41	12.10	13.27
贵港	12.24	12.15	11.24	13.47	11.60	11.34	11.33	12.85	11.51	12.33	11.98	11.35	13.05
玉林	15.29	16.41	14.47	17.81	15.50	15.36	15.73	14.44	13.22	14.38	13.98	12.93	14.62
百色	8.78	16.10	14.22	17.20	14.37	13.79	13.86	8.65	7.81	8.18	9.47	8.75	9.62
贺州	8.60	8.41	7.59	9.08	8.02	7.95	8.03	9.52	9.14	9.75	10.41	9.61	10.57

续表

设区市	2006	2007	2008	2009	2010	2011	2012	2013	2014	2015	2016	2017	2018
河池	8.30	13.55	12.35	14.20	11.91	11.37	10.78	7.30	6.83	7.28	7.92	8.83	9.66
来宾	10.66	9.88	9.23	11.15	9.79	9.34	9.35	8.69	9.71	9.12	9.15	8.63	9.37
崇左	6.79	10.09	9.28	11.19	9.71	9.62	9.74	8.19	7.44	8.12	7.58	7.11	8.11

资料来源：本报告测算结果。

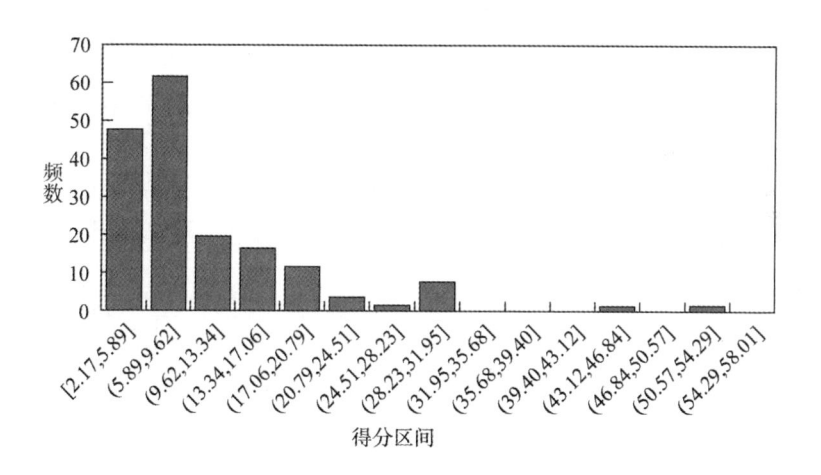

（四）广西各设区市经济结构类指标得分分析

广西各设区市经济结构类指标得分中位数为8.34，低于均值12.05的水平，呈现左偏的分布态势，偏度为2.30，这说明各设区市经济结构类指标得分整体偏低。极差为55.84，达到均值的5.19倍，这说明广西各设区市经济结构类指标得分两极分化严重（如图5—9所示）。

图5—9　广西各设区市经济结构类指标得分分布

资料来源：本报告测算结果。

综合来看，2006—2018年崇左和防城港经济结构类指标平均得分超过20分，崇左平均得分最高，达到36.51分；梧州、北海、钦州经济结构类指标平均得分为 10—20 分；贺州、玉林、百色、来宾经济结构类指标平均得分不足整体平均得分的一半；其他 5 个设区市平均得分为 7—10 分。

各设区市各年间经济结构类指标得分波动非常明显（见表5—11），除了百色以外，其他设区市经济结构类指标得分变异系数均在 0.2 以上。3 个设区市经济结构类指标得分变异系数为 0.20—0.30；6 个设区市经济结构类指标得分变异系数为 0.30—0.50；钦州、贺州、柳州 3 个设区市经济结构类指标得分变异系数超过0.50；柳州最高，达到 0.85，主要是 2012 年、2017 年和 2018 年该类指标得分较其他年份有大幅度增加。

表 5—11　广西各设区市经济结构类指标得分（2006—2018 年）

设区市	2006	2007	2008	2009	2010	2011	2012	2013	2014	2015	2016	2017	2018
南宁	6.13	8.37	7.04	11.24	10.51	8.86	14.77	9.34	8.79	9.21	7.68	9.06	8.04
柳州	4.13	4.98	4.20	4.21	4.21	7.42	14.64	8.66	6.88	4.98	5.18	22.80	28.39
桂林	8.51	7.16	6.52	9.06	5.59	9.55	6.02	6.85	17.25	16.78	12.36	8.44	9.75
梧州	15.17	13.65	9.04	13.44	12.94	10.81	17.33	6.25	5.95	6.43	5.67	6.96	8.58
北海	10.26	12.32	9.72	12.43	17.86	14.70	13.51	8.86	15.56	20.33	20.41	11.62	12.24
防城港	18.46	31.45	24.29	28.48	29.80	28.30	27.74	13.31	14.11	15.32	22.02	13.82	16.84
钦州	14.07	17.42	14.22	20.14	23.75	26.12	41.17	14.16	8.17	10.11	10.04	34.33	20.62
贵港	5.28	7.97	6.93	10.09	10.36	10.19	5.24	4.59	5.70	6.46	6.65	7.68	8.21
玉林	3.63	5.55	3.76	5.63	5.73	5.48	5.33	4.63	6.94	5.52	6.16	7.71	7.95
百色	5.64	5.98	5.46	5.93	6.20	4.39	5.47	5.33	5.54	5.55	6.27	6.00	6.64
贺州	3.41	3.57	2.95	5.24	8.25	8.31	13.20	3.71	4.01	4.82	5.47	4.37	4.53
河池	7.15	5.45	3.76	6.85	7.17	6.82	5.74	15.43	18.76	8.44	9.32	7.38	6.94
来宾	2.17	6.18	6.72	5.87	5.90	4.84	5.95	5.54	4.01	10.21	8.77	8.60	4.56
崇左	8.48	18.58	17.26	31.09	29.93	28.87	36.11	51.85	46.66	53.70	50.25	43.88	58.01

资料来源：本报告测算结果。

（五）广西各设区市配置效率类指标得分分析

广西各设区市配置效率类指标得分中位数为 5.68，低于均值 7.08 的水平，呈现左偏的分布态势，偏度为 7.92，这说明各设区市配置效率整体偏低。极差为 73.99，达到均值的 10.45 倍，这说明广西各设区市配置效率两极分化现象极为严重（如图 5—10 所示）。

综合起来看，梧州、北海、桂林和南宁的配置效率类指标平均得分高于均值，南宁和桂林该类指标平均得分超过均值的 1.5 倍，其他 10 个设区市的平均得分均在均值以下。

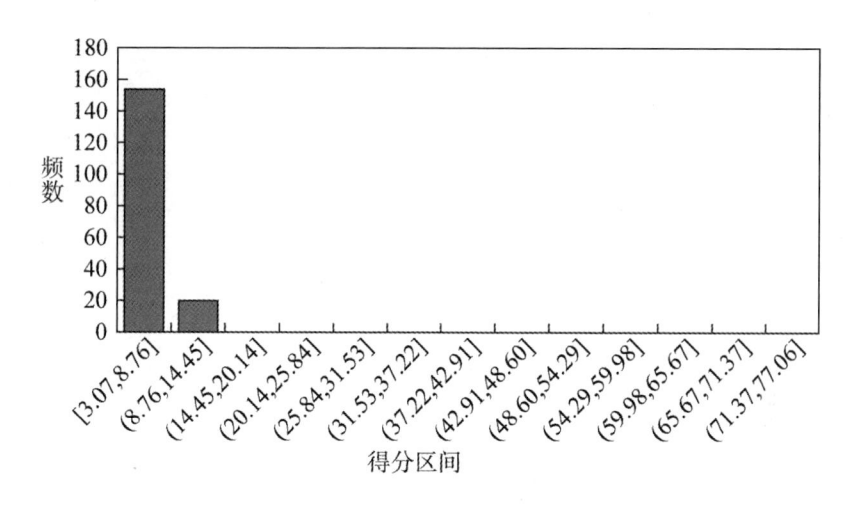

图 5—10　广西各设区市配置效率类指标得分分布

资料来源：本报告测算结果。

各设区市各年间配置效率类指标得分波动非常明显（见表 5—12），所有设区市配置效率类指标得分变异系数均超过了 0.30，其中南宁达到 0.66，桂林达到 1.61，主要是 2008 年这 2 个设区市该类指标得分较其他年份异常增加。

表 5—12　广西各设区市资源配置效率类指标得分（2006—2018 年）

设区市	2006	2007	2008	2009	2010	2011	2012	2013	2014	2015	2016	2017	2018
南宁	10.82	8.90	40.80	9.08	7.83	9.73	8.75	9.95	10.97	12.23	12.98	13.18	12.26
柳州	6.64	4.77	16.02	5.52	4.22	5.70	5.97	6.32	6.19	6.72	7.65	7.80	6.60
桂林	6.61	6.84	77.06	7.45	5.23	6.90	7.06	5.77	5.64	7.30	8.30	6.71	7.02
梧州	6.98	6.90	19.08	7.38	5.79	8.01	7.93	7.11	7.62	8.23	8.59	7.65	6.25
北海	7.73	6.54	22.05	7.81	5.49	7.44	7.21	7.91	7.51	8.10	8.44	9.63	7.04
防城港	4.43	4.26	13.70	5.53	4.00	5.98	5.56	5.30	5.35	5.97	6.45	6.62	5.42
钦州	4.39	4.37	11.63	4.83	3.75	8.13	5.31	5.15	4.86	5.32	9.62	5.70	4.60
贵港	3.66	3.87	10.55	4.27	3.14	4.16	4.83	3.83	3.68	4.12	4.84	5.23	4.21
玉林	5.65	6.58	13.93	6.62	5.19	6.86	6.51	5.18	4.97	5.67	6.27	6.54	5.70
百色	4.12	3.69	12.17	4.21	3.07	4.16	4.38	3.81	3.65	4.30	5.24	6.06	4.21
贺州	8.54	9.39	14.59	7.76	6.38	6.56	5.31	3.91	4.22	5.33	5.59	5.71	5.58
河池	4.46	5.40	12.12	5.28	4.87	5.50	3.98	3.96	4.14	5.56	6.43	5.91	
来宾	3.68	3.67	10.48	4.66	3.10	4.84	4.70	3.12	3.30	3.50	5.30	5.08	4.59
崇左	4.15	4.32	12.84	4.66	3.61	5.14	5.28	3.83	3.57	4.05	4.93	5.50	4.45

资料来源：本报告测算结果。

（六）广西各设区市设施完善类指标得分分析

广西各设区市设施完善类指标得分中位数为 17.39，略低于均值 20.48 的水平，呈现稍微左偏的分布态势，偏度为 1.29，但极差仍有 57.45，达到均值的 2.80 倍，这说明部分设区市设施环境方面与先进设区市还是存在一定的差距（如图 5—11 所示）。

第五章　广西各设区市创新能力及其驱动高质量发展的综合分析　109

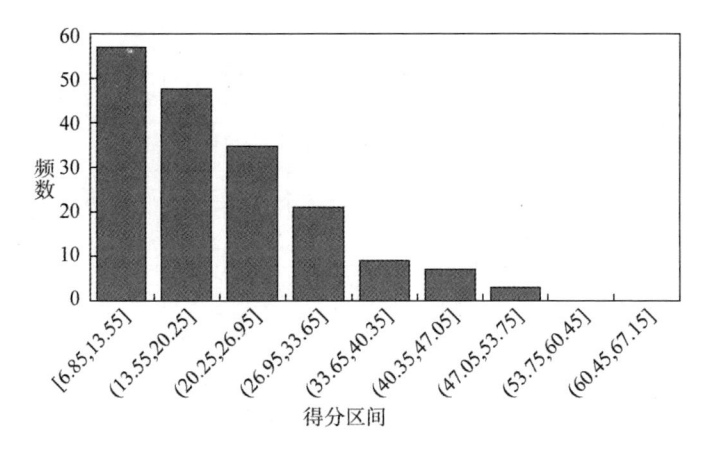

图 5—11　广西各设区市设施完善类指标得分分布

资料来源：本报告测算结果。

综合来看，北海、防城、梧州、南宁、桂林和柳州的设施完善类指标平均得分高于均值。其中柳州和桂林该类指标平均得分超过均值的 1.5 倍，其他设区市该类指标平均得分均在均值以下。

各市各年间设施完善类指标得分波动明显（见表 5—13），有 6 个设区市设施完善类指标得分变异系数均超过了 0.30，其中贺州和百色变异系数超过 0.45。

表 5—13　广西各设区市设施完善类指标得分（2006—2018 年）

设区市	2006	2007	2008	2009	2010	2011	2012	2013	2014	2015	2016	2017	2018
南宁	22.42	43.87	28.77	32.43	28.99	43.64	39.80	22.82	30.12	19.60	20.07	20.84	24.62
柳州	43.74	47.61	39.56	43.84	41.25	46.02	42.77	34.32	40.35	35.56	36.90	28.56	20.96
桂林	53.79	33.04	27.04	31.41	30.66	35.57	38.72	64.31	49.90	30.63	31.59	33.10	28.17
梧州	28.87	21.38	17.25	21.46	19.07	23.64	21.60	30.75	33.38	19.82	20.97	22.99	24.25
北海	18.79	28.04	21.81	23.45	20.77	25.36	23.53	16.04	20.12	22.47	15.19	18.30	11.34
防城港	15.74	40.17	29.42	30.00	26.37	28.27	23.53	11.92	16.06	11.59	12.21	12.70	15.87
钦州	13.88	22.07	15.83	16.46	13.70	14.43	12.83	9.85	12.11	13.18	15.64	17.23	14.77

续表

设区市	2006	2007	2008	2009	2010	2011	2012	2013	2014	2015	2016	2017	2018
贵港	8.01	11.34	10.07	12.22	12.71	20.48	19.91	14.06	12.83	10.18	9.34	11.40	9.15
玉林	22.86	16.14	12.00	13.60	11.51	14.19	12.10	19.46	21.10	21.29	15.38	16.65	15.95
百色	23.74	12.89	9.85	10.58	11.46	9.41	12.35	23.40	26.43	21.00	14.79	52.36	15.14
贺州	13.97	27.00	21.78	22.92	21.59	23.87	21.60	12.45	12.47	7.43	7.11	9.43	6.85
河池	17.02	10.14	7.23	7.89	7.36	9.83	9.54	19.79	20.64	17.60	16.24	10.74	7.36
来宾	10.83	19.05	14.87	15.98	16.22	15.68	14.73	11.07	13.00	7.84	9.75	11.54	9.31
崇左	12.42	10.72	8.48	9.55	9.99	13.70	11.05	15.73	18.04	17.53	12.73	13.83	13.28

资料来源：本报告测算结果。

(七) 广西各设区市绿色发展类指标得分分析

广西各设区市绿色发展类指标得分中位数为 7.60，与均值 7.92 的水平大致相当，分布大致均衡，偏度为 0.29（如图 5—12 所示）。

综合来看，2006—2018 年南宁、梧州、柳州的绿色发展类指标平均得分超过 10 分，玉林、钦州等 6 个设区市该类指标平均得分为 8—10 分，其他 5 个设区市该类指标平均得分在 6 分以下。

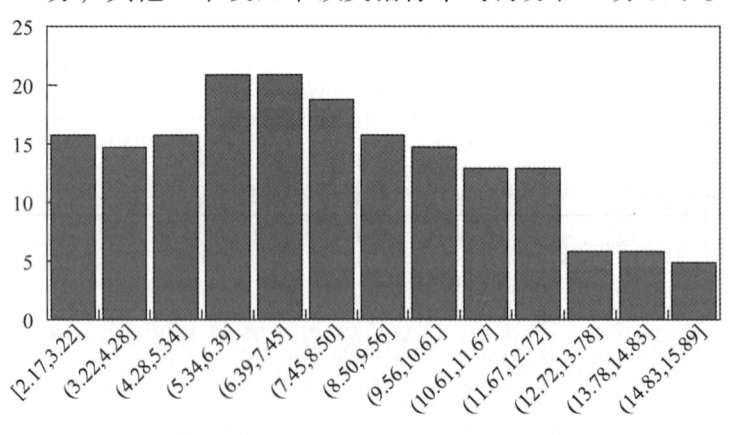

图 5—12 广西各设区市绿色发展类指标得分分布

资料来源：本报告测算结果。

各设区市各年间绿色发展类指标得分波动明显（见表5—14），除南宁、北海和钦州以外，其他11个设区市绿色发展类指标得分变异系数均在0.20以上。其中百色达到了0.54，主要是2012年以后绿色发展类指标得分水平下降并且持续处于较低的水平。

表5—14　广西各设区市绿色发展类指标得分（2006—2018年）

设区市	2006	2007	2008	2009	2010	2011	2012	2013	2014	2015	2016	2017	2018
南宁	13.84	12.62	10.36	12.79	11.75	11.64	8.82	11.72	12.00	10.36	10.31	11.06	9.40
柳州	12.07	11.06	8.88	10.91	10.51	10.14	9.55	12.55	13.60	14.51	7.31	7.55	7.01
桂林	8.33	13.45	10.76	12.50	11.26	10.87	9.76	5.68	6.00	11.82	4.97	4.99	5.19
梧州	10.50	14.70	12.37	15.07	14.83	15.14	12.27	9.89	10.73	6.06	6.90	7.91	6.25
北海	8.66	9.16	7.39	8.34	8.06	8.01	7.64	9.80	11.73	8.30	9.87	9.50	7.08
防城港	3.99	4.49	3.72	4.61	4.53	4.43	6.11	5.83	6.83	6.58	5.31	8.23	4.72
钦州	7.91	9.49	7.96	9.10	9.15	9.13	8.75	8.87	9.92	6.68	6.03	6.86	5.87
贵港	7.01	8.50	6.68	7.93	7.71	7.24	6.67	3.92	4.36	3.53	5.05	3.26	3.16
玉林	9.46	15.87	13.11	15.89	14.94	14.76	11.22	7.28	6.26	6.54	4.10	4.21	3.89
百色	4.93	9.88	7.72	9.12	9.12	8.48	6.08	3.26	2.61	2.84	2.70	2.78	2.18
贺州	10.65	14.54	10.61	11.56	10.78	10.52	8.49	6.19	6.13	5.63	6.49	6.11	6.10
河池	3.54	8.18	6.28	7.23	6.95	6.28	5.19	2.34	2.43	2.25	2.91	3.74	3.63
来宾	11.21	13.45	9.99	12.02	12.83	12.35	6.43	5.50	6.73	5.30	5.16	3.52	2.58
崇左	3.48	6.62	5.00	6.04	5.88	5.82	7.50	3.20	3.37	2.56	2.95	2.17	2.44

资料来源：本报告测算结果。

（八）广西各设区市城乡协调类指标得分分析

广西各设区市城乡协调类指标得分中位数为3.42，低于均值3.71的水平，分布略微偏左，偏度为1.36，这说明广西各设区市在城乡协调发展方面的差异在正常范围内（如图5—13所示）。

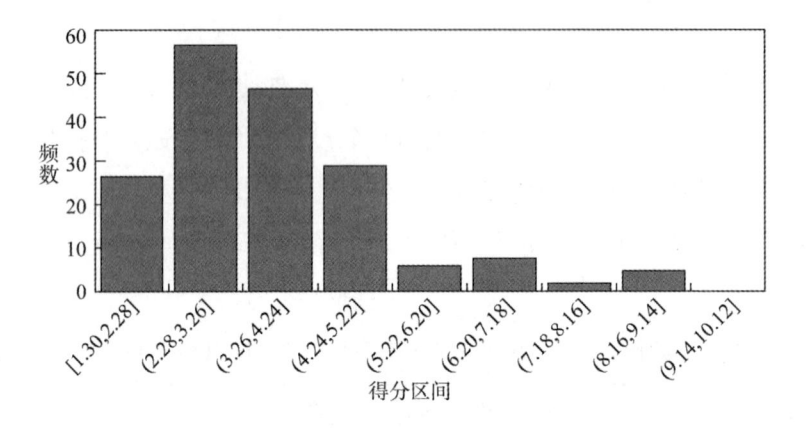

图 5—13　广西各设区市城乡协调类指标得分分布

资料来源：本报告测算结果。

总的来看，2006—2018年广西各设区市城乡协调类指标得分没有显著的差异（见表5—15），2个设区市平均得分低于3分，7个设区市平均得分为3—4分，4个设区市的平均得分为4—5分，1个设区市的平均得分超过5分。该类指标得分变异系数处于较高的水平，达到0.43。

表5—15　广西各设区市城乡协调类指标得分（2006—2018年）

设区市	2006	2007	2008	2009	2010	2011	2012	2013	2014	2015	2016	2017	2018
南宁	6.73	2.33	2.57	2.79	3.88	8.26	9.23	2.15	2.32	3.20	2.71	1.68	2.15
柳州	3.11	2.52	2.68	2.62	4.53	5.15	5.52	2.26	2.31	3.08	2.46	2.03	2.20
桂林	2.44	1.94	1.30	1.85	4.01	4.16	4.27	1.65	1.67	2.53	1.75	2.62	1.57
梧州	7.13	2.92	2.81	3.01	6.10	3.52	3.58	2.21	2.15	2.57	2.36	2.14	2.36
北海	6.73	3.26	2.52	2.54	2.57	3.41	3.23	2.18	2.31	2.87	2.31	2.02	2.27
防城港	3.89	4.98	5.07	4.94	4.14	4.48	4.80	3.66	3.63	4.39	3.85	2.82	3.19
钦州	4.00	4.56	4.84	4.97	8.02	4.72	4.06	3.30	2.31	4.15	3.20	3.50	2.26
贵港	4.30	4.10	4.69	4.49	6.76	3.79	3.94	5.51	5.96	6.92	4.75	2.92	2.95

续表

设区市	2006	2007	2008	2009	2010	2011	2012	2013	2014	2015	2016	2017	2018
玉林	6.86	3.04	3.48	3.21	4.78	4.54	4.73	2.66	2.41	2.90	3.10	3.47	1.99
百色	3.59	3.41	2.88	2.82	4.80	8.74	3.64	1.57	4.24	4.16	6.28	3.89	4.12
贺州	3.44	4.00	3.68	3.95	8.96	3.02	2.93	2.59	2.43	2.47	1.99	1.62	1.79
河池	3.91	3.41	3.64	3.64	5.60	4.04	4.02	2.67	4.31	3.43	3.00	2.05	2.63
来宾	5.09	7.54	8.18	6.87	8.83	4.69	4.57	3.27	3.32	3.89	3.13	3.46	2.68
崇左	3.56	4.33	4.04	4.48	3.64	4.24	5.58	3.19	3.25	3.66	2.85	2.10	2.39

资料来源：本报告测算结果。

四 广西各设区市高质量发展综合指数

广西各设区市高质量发展综合指数中位数为 0.27，与均值 0.30 的水平大致相当，分布大致平衡，偏度为 1.37，但这是在低水平上的均衡，仍然有较大的提升空间（如图 5—14 所示）。

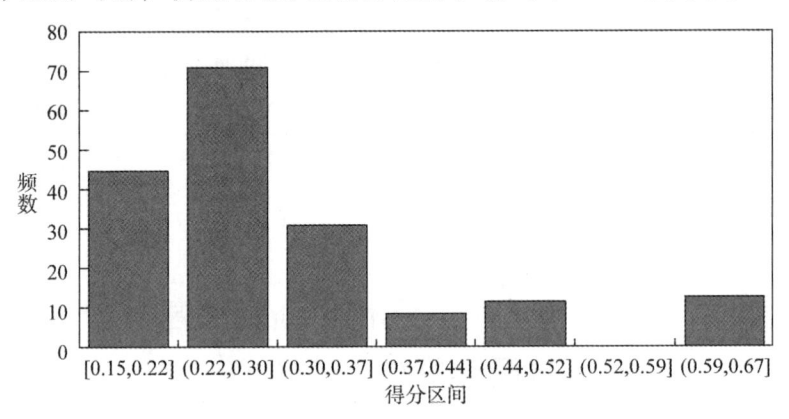

图 5—14 广西各设区市高质量发展综合指数分布

资料来源：本报告测算结果。

总的来看，2006—2018 年 9 个设区市高质量发展综合指数低于均值，2 个设区市达到均值水平，南宁、柳州、桂林 3 个设区市高于平均水平，并且与其他设区市存在较为显著的差异（见表 5—16）。

表5—16　广西各设区市高质量发展综合指数（2006—2018年）

设区市	2006	2007	2008	2009	2010	2011	2012	2013	2014	2015	2016	2017	2018
南宁	0.62	0.62	0.60	0.61	0.60	0.62	0.63	0.62	0.62	0.62	0.63	0.62	0.64
柳州	0.52	0.46	0.46	0.49	0.47	0.47	0.48	0.50	0.51	0.51	0.50	0.49	0.50
桂林	0.43	0.41	0.42	0.40	0.38	0.40	0.40	0.40	0.38	0.36	0.35	0.34	0.33
梧州	0.32	0.28	0.32	0.31	0.30	0.31	0.33	0.31	0.34	0.26	0.27	0.28	0.29
北海	0.24	0.27	0.26	0.25	0.27	0.25	0.26	0.28	0.31	0.34	0.34	0.32	0.28
防城港	0.27	0.36	0.35	0.33	0.32	0.31	0.29	0.24	0.26	0.25	0.28	0.28	0.29
钦州	0.24	0.27	0.27	0.27	0.28	0.32	0.31	0.25	0.23	0.24	0.28	0.31	0.26
贵港	0.16	0.20	0.21	0.22	0.21	0.20	0.21	0.20	0.16	0.19	0.17	0.19	0.19
玉林	0.26	0.30	0.29	0.30	0.29	0.30	0.29	0.21	0.20	0.24	0.21	0.23	0.24
百色	0.23	0.22	0.21	0.21	0.28	0.23	0.20	0.21	0.22	0.27	0.23	0.29	0.25
贺州	0.24	0.28	0.27	0.26	0.26	0.21	0.15	0.18	0.15	0.17	0.15	0.18	0.18
河池	0.20	0.17	0.17	0.17	0.16	0.16	0.18	0.22	0.21	0.24	0.18	0.19	0.19
来宾	0.24	0.27	0.28	0.26	0.27	0.25	0.23	0.19	0.20	0.18	0.18	0.16	0.16
崇左	0.20	0.24	0.23	0.28	0.27	0.27	0.29	0.32	0.29	0.31	0.30	0.29	0.32

资料来源：本报告测算结果。

第三节　广西各设区市创新驱动高质量发展评价与比较分析

本节度量广西各设区市创新对经济高质量发展的影响，首先对创新驱动经济高质量发展的机理进行分析，其次用协调指数度量广西各设区市创新驱动经济高质量发展的协调性。

一　创新驱动经济高质量发展的机理

创新驱动与经济发展两个子系统间的关系错综复杂，既相互制约又相互促进。一方面,创新驱动是实现经济高质量发展的必然选择和根本动力;另一方面,经济高质量发展为创新驱动战略提供经济支撑和发展导向。

创新是经济高质量发展的驱动力。创新作用于经济系统的经济总量增加、经济结构优化及经济效益提升三个方面。首先,创新为经济总量增加提供驱动力。创新成果商业化能够直接促进地区财政收入提高,同时,创新带来的变革优势能够促进核心竞争力提升,从而驱动经济不断向更高质量发展。其次,创新为经济结构优化提供驱动力。创新会促进产品、技术更新换代,不断提高管理和技术水平,促进高新技术产业和第三产业迅速发展,促使经济结构不断高级化、合理化。最后,创新为经济效益提升提供驱动力,可以大大提升资源配置效率和劳动生产率。

经济高质量发展是创新驱动的有力保障。经济高质量发展作用于创新系统的创新投入增加、创新环境改善和创新产出增加。首先,经济高质量发展为创新投入增加提供有力保障。经济实力雄厚的设区市在创新过程中有能力在研究与发展、新产品开发上加大投入,使得高技术产业创新发展基础更扎实;同时,经济实力雄厚的设区市有能力加大教育投入、加大人才引进力度,从而拥有丰富的教育资源和高端人才资源,为创新发展提供强大储备。其次,经济高质量发展为创新环境改善提供有力保障。经济实力雄厚的设区市的基础设施相对完善,不仅为人民生活带来便利,也有利于吸引更多人才聚集。最后,经济高质量发展为创新产出增加提供有力保障。随着经济高质量发展水平提高,增加社会创新产品的需求迫切,促使企业、大学和科研机构加大创新投入力度,进而刺激新技术、新产品等创新成果不断产出,直接带来专利申请数、新产品销售收入、技术市场成交额等指标值增加。

综上所述,创新通过提高生产效率、优化资源配置和推动产业升级影响经济高质量发展水平,经济高质量发展水平又会对创新投入与产出产生直接影响。

二 创新驱动与经济高质量发展协调模型

通常情况下,创新驱动与经济高质量发展两个子系统的综合指数的几何平均数与算术平均值的比值可以衡量这两个子系统运行的一致性,具体公式为:

$$C = \frac{2\sqrt{U_1 U_2}}{U_1 + U_2} \quad (5-1)$$

其中,U_1 为创新驱动子系统的综合指数,U_2 为经济高质量发展子系统的综合指数,运行的一致性 $C \in [0, 1]$,C 值越大,表示两个子系统运行的一致性程度越高。当 $C = 1$ 时,创新驱动子系统与经济高质量发展子系统运行的一致性达到最大值,说明两个子系统趋向于同步发展;当 $C = 0$ 时,创新驱动系统与经济高质量发展系统运行的一致性最差,说明这两个子系统处于无关状态。

一致性在一定程度上反映了创新驱动与经济高质量发展两个子系统之间的协调程度,但当两个设区市创新驱动能力和经济高质量发展能力都高或都低时,会得出两个设区市创新驱动经济高质量发展协调程度高的结论。显然,这与创新驱动经济高质量发展的内涵矛盾。为了避免出现上述矛盾,本报告运用各设区市与最佳综合指标的相对水平对一致性进行修正,以修正后的一致性作为创新驱动子系统和经济高质量发展子系统之间的协调指数,具体公式如下:

$$T = a \frac{U_1}{U_1^{\max D}} + b \frac{U_2}{U_2^{\max D}}$$

$$a + b = 1 \quad (5-2)$$

其中,D 为协调指数,$D \in (0, 1)$,D 值越大,表示协调度越高,两个子系统协调态势越好。T 为修正系数,表示创新驱动能力综合指数最大值,$U_2^{\max D}$ 表示经济高质量发展综合指数最大值,a、b 为待定系数。协调指数可以把协调性相近但创新和经济高质量发展存在明显差异的情况分离出来。在计算协调指数的过程中,我们更加强调经济高质量发展的影响,因此,取 $a=0.4$、$b=0.6$。

三 广西各市创新驱动与经济高质量发展的协调性分析

为了观察广西各设区市创新驱动高质量发展协调性分布情况,把截面上的每个数据作为一个样本点构造一个混合样本。广西各设区市创新驱动高质量发展协调指数中位数为 0.45,略低于均值 0.48 的水平,偏度为 0.92;极差为 0.62,达到均值的 1.27 倍,分布相对均匀(如图 5—15 所示)。

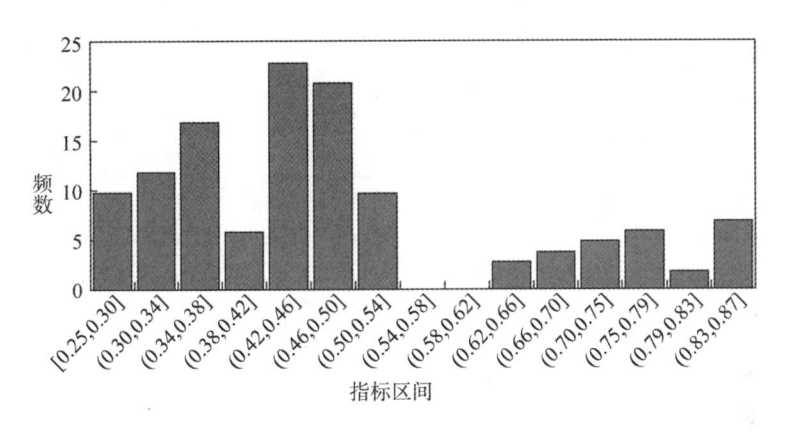

图 5—15 广西各设区市创新驱动高质量发展协调指数分布

资料来源:本报告测算结果。

平均来看(见表 5—17),2010—2018 年创新驱动系统和经济高质量系统协调指数低于 0.3 的设区市只有来宾,表明其协调程度低。

2010—2018 年,贵港、贺州、河池的协调指数为 0.3—0.4,表明它们的协调程度较低,创新驱动与经济高质量发展两个子系统有一定的配合,经济发展能为创新发展提供一定的资金支持,但是创新对经济高质量发展的支撑效果不显著。

2010—2018 年,钦州、百色、崇左、北海、防城港、梧州以及玉林的协调指数为0.4—0.5,两个子系统表现出初步的协同效应,但创新驱动子系统不足以支撑经济规模和质量迅速提升,经济高质量发展子系统也不能为创新发展提供更大的投入、提高创新水平。

2010—2018年,桂林、柳州、南宁的年均协调指数高于0.6,其中南宁达到0.84,创新驱动与经济高质量发展两个子系统初步形成了互动协调良好的局面,政府与企业均注重对创新的投入,创新产出直接带动主导产业提质增效,从而扩大经济规模。

表5—17 广西各设区市创新驱动经济高质量发展协调指数

设区市	2010年	2011年	2012年	2013年	2014年	2015年	2016年	2017年	2018年
南宁	0.8530	0.8635	0.8679	0.8257	0.8155	0.8330	0.8358	0.8393	0.8460
柳州	0.7428	0.7414	0.7419	0.7551	0.7599	0.7835	0.7620	0.7497	0.7476
桂林	0.7001	0.7057	0.7042	0.7009	0.7037	0.6772	0.6622	0.6619	0.6521
梧州	0.4226	0.4647	0.4787	0.5026	0.4937	0.4259	0.4422	0.4583	0.4866
北海	0.4384	0.4532	0.4611	0.4447	0.4202	0.4373	0.4529	0.4599	0.4598
防城港	0.3594	0.4751	0.5084	0.4191	0.5125	0.4476	0.4511	0.4691	0.4452
钦州	0.3553	0.4220	0.4182	0.5080	0.4275	0.3473	0.3709	0.4443	0.4974
贵港	0.3337	0.3608	0.3416	0.3280	0.3320	0.3070	0.3234	0.3288	0.3452
玉林	0.5194	0.5122	0.5386	0.4764	0.4900	0.5066	0.4350	0.4916	0.5150
百色	0.3525	0.3153	0.3261	0.3987	0.4296	0.4759	0.4944	0.5110	0.4986
贺州	0.3794	0.3911	0.3563	0.3194	0.3353	0.3350	0.3584	0.3395	0.3494
河池	0.2787	0.2786	0.2770	0.4167	0.4172	0.4324	0.4822	0.3721	0.3905
来宾	0.2541	0.2724	0.2879	0.3710	0.3509	0.2542	0.2680	0.2637	0.2688
崇左	0.3574	0.3485	0.3303	0.4892	0.4233	0.4835	0.4542	0.4801	0.4779

资料来源:本报告测算结果。

第四节 政策建议

一 强化广西实体经济与科技创新协同发展的顶层设计

自治区层面和各设区市层面以实体经济为核心编制国民经济与

社会发展"十四五"规划,引领实体经济发展和科技创新的方向。广西以智能制造为主攻方向,集中力量推动糖、铝、机械、冶金等传统产业科技创新能力的提升,推动电子信息、生物医药、新材料、新能源汽车等新兴技术的新突破。各设区市根据现有产业特点,因地制宜,规划实体经济重点领域和需要创新突破的关键技术,引导各地产业形成特色和比较优势,技术创新更有针对性。

二 优化金融资源配置,加强金融对实体经济和科技创新的持续拉动作用

一是落实小微企业信贷支持政策,提高金融机构支持实体经济的积极性。将广西小企业贷款风险补偿政策覆盖范围扩大到个人经营性贷款中的小企业主贷款、个体工商户贷款,落实金融机构对小微企业信贷审批实行单独管理和业绩专项考评,放宽银行业金融机构对小微企业授信业务不良的容忍度。二是创新信贷融资模式,创新融资担保和质押模式,打通实体企业和科技企业资信瓶颈。鼓励金融机构、核心(重点)企业为上下游小微企业提供增信增资服务。扩大抵(质)押资产范围,支持银行业金融机构开展知识产权、特许经营权、债权凭证以及其他财产权质押等的贷款业务。提高固定资产抵押贷款折扣比例。三是创新信贷审批流程,提高审批效率,减轻企业偿贷资金周转压力,为企业提供长期资金支持。鼓励金融机构建立针对同一类型小微企业客户的金融信贷专业化分类、批量化营销、标准化审贷、差异化授权机制。推行企业资信年审制度,对资信记录良好的无须还款即可续贷,保持对企业长期稳定的资金支持。四是拓宽小微企业和科技企业融资渠道。鼓励金融机构针对小微企业、科技企业通过发行集合票据、设立专项基金、发行债券、开展融资租赁和资产证券化业务等方式筹集资金。五是大力改善营商环境和创业创新环境,吸引优秀人力资本、金融资本流入,鼓励外商投资企业进入,重点建设一到两个科技创新中心和新兴产业孵化基地，培育辅导一批科技型企业在创业板、科创板上市，实现金融资本、科技创新与人力资源的结合，显著推动广西产业体系的升级。

三　优化人力资源配置，完善人才引领科技发展机制

一是构建更加开放的人才引进机制，打破人力资源流动的制度性障碍。优化科技人才工作机制，出台专门政策解决引进科技人才任职、户口、住房、就医、社保、子女教育等问题，使各类科技人才"引得进、留得住、用得好"。二是建立高校和职业技术学校专业设置动态调整机制，实现产业结构与人才培养协同共进。鼓励大学、职业技术学校、在职培训机构根据所在地产业特点开展专项科技攻关，定向培养各层次技术管理人员和产业工人，强化中等教育阶段的职业化理念和中职教育的通识教育，打通职业教育和学位教育的双向转换通道。三是加强引导，鼓励工科、理工科院校毕业生进入实体企业和科技企业工作，减少人力资源错配。四是建立和完善人力资源资本化的激励机制，建立科研成果所有权分配机制，保障科研人员成果转化收益权。

四　优化科技资源配置，建立激发创新活力、有利于成果转移转化的体制机制，强化科技创新引擎作用

一是要求各级政府调整科技资源投入结构，加大投向应用研究、传统产业转型升级研发以及投向企业的比例，逐步提高科技投入总体水平。二是激发科技创新原动力，鼓励应用型科研机构市场化改革，促进应用型科研机构和企业之间的供需协同。三是充分发挥企业在技术创新中的主体作用，减少科技成果转移转化障碍。鼓励各领域行业龙头企业和重大技术应用方建立以企业为主导的科研机构，通过联合设计、合作开发等方式推动建立产业技术联盟，发挥领先用户在研发和成果转化中的作用，打破科技成果转移转化的

体制机制障碍。四是建立技术信息平台，强化产业共性技术供给机制。定期开展企业共性技术需求普查，引导行业和企业的技术发展方向，为科技计划项目设计提供依据。建立联合研发机制，支持政产学研多方参与的产业共性和关键技术研发。

五　加大财政对实体经济和科技创新协同的支持力度

制定专项财政支持计划，综合考虑企业产业类型、创造就业、科技创新投入以及创新产品销售和出口等因素，向企业提供资金支持、财政补贴以及税收减免。

六　强化实体经济与科技创新协同的考核评价和运用

建立科学的评估指标体系，融入地方政府绩效考评体系，跟踪各设区市实体经济与科技创新协同规划的执行进度，反馈评估结果，及时调整实体经济与科技创新协同中的偏差。

第六章

广西县域创新能力及其驱动高质量发展的综合分析

本章我们选择 75 个县作为研究区域。

第一节 广西县域创新能力评价与比较分析

一 广西县域创新能力评价指标

县域科技创新的主要表现形式是科技创新产生的科技成果在生产生活中的应用,对县域生产率的提高有显著的推动作用,在生产一线的技术运用也可以推动一些新的发明创造,对技术创新提出新的需求。

基于数据的可得性,本报告选择专利申请量、专利授权量、每万人专利申请量、每万人专利授权量 4 项指标来评价县域创新能力。

二 评价方法、步骤与数据来源

运用熵权 TOPSIS 法评价广西县域创新能力。通过广西知识产权局网站收集整理了 2006—2018 年广西 75 个县的 4 项创新能力评价指标数据。采用面板数据而非截面数据,可以充分反映各县一段时期以来创新投入和创新产出效果的动态变化和发展过程,包含了丰富的信息量。

三 广西县域创新能力评价

把 13 个截面上的每个数据作为一个样本点构造一个混合样本，通过分析这些样本的直方图发现，广西创新能力得分中位数为 87.55，低于均值 100，呈现左偏的分布态势，偏度为 2.68，存在两极分化的现象（如图 6—1 所示）。

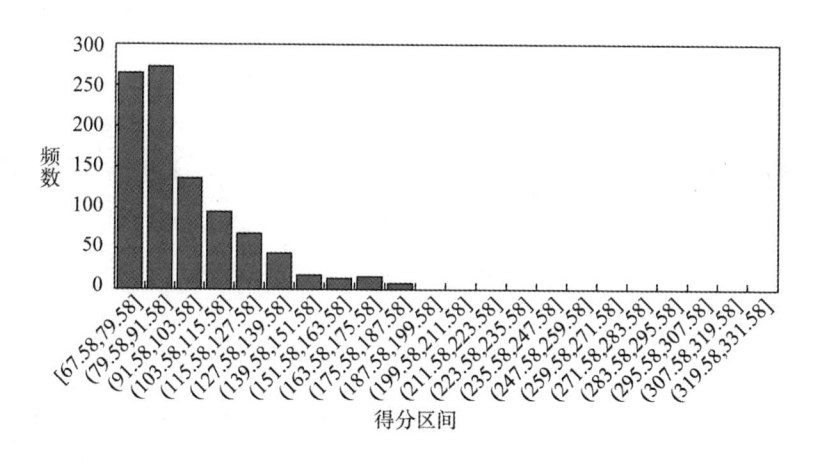

图 6—1 广西县域创新能力得分分布

资料来源：本报告测算结果。

创新能力平均得分为 70—90 分的县有 36 个，占比为 48%；90—110 分的县有 19 个，占比为 25.33%；110—130 分的县有 9 个，占比为 12%；130—150 分的县有 6 个，占比为 8%；150 分以上的县有 5 个，占比为 6.67%。各县各年间创新能力得分相对稳定（见表 6—1），得分变异系数超过 0.20 的县有 16 个，占比为 21.33%，变异系数最高为 0.48。

表6—1　广西县域创新驱动能力得分（2006—2018年）

	2006	2007	2008	2009	2010	2011	2012	2013	2014	2015	2016	2017	2018
武鸣	108.27	87.80	252.71	153.37	149.17	158.93	112.64	109.87	196.73	209.39	173.67	253.87	304.38
隆安	82.99	80.04	73.11	82.43	79.64	78.66	81.78	79.22	76.66	97.42	110.04	79.87	99.00
马山	76.65	73.58	83.58	94.93	105.99	82.66	93.20	79.94	93.52	84.93	123.43	111.45	100.26
上林	98.23	98.43	95.87	98.09	83.04	131.71	81.60	78.22	86.81	79.15	81.35	106.36	107.79
宾阳	115.63	108.68	111.43	140.07	167.42	171.09	249.63	133.97	109.21	128.70	105.20	114.39	164.60
横县	118.31	149.89	138.96	191.01	143.77	142.18	120.21	233.45	114.18	129.39	138.52	119.12	112.65
柳江	122.98	139.56	118.79	150.34	173.62	186.96	122.74	137.89	303.59	152.83	151.13	180.77	130.48
柳城	83.79	87.58	82.27	85.91	84.35	82.41	80.12	98.00	91.01	133.11	93.70	98.67	89.70
鹿寨	124.81	120.96	121.11	99.13	103.92	110.07	114.39	94.14	97.55	107.07	164.86	110.44	142.47
融安	100.74	116.87	104.63	93.61	83.86	76.62	78.41	81.39	84.77	85.96	87.14	103.03	74.59
融水	91.60	95.80	93.99	79.40	83.05	78.56	75.50	79.77	85.13	82.96	85.94	84.95	100.03
三江	81.66	83.05	77.92	76.77	69.87	74.60	82.05	78.55	77.17	88.89	80.33	80.37	73.43
临桂	86.46	122.40	128.64	115.66	160.48	134.15	137.16	112.59	100.36	121.27	111.60	108.90	107.10
阳朔	97.94	85.81	87.90	86.97	81.82	76.81	78.35	81.82	82.26	73.98	75.74	77.99	77.60
灵川	116.19	158.02	142.10	124.87	132.92	132.18	183.14	106.83	123.22	100.82	97.00	94.72	116.05
全州	102.96	104.62	108.38	100.35	84.93	86.73	101.96	100.90	95.97	96.92	89.85	86.86	87.25
兴安	123.01	134.19	99.13	90.50	115.99	109.88	107.97	101.33	111.40	98.01	100.67	85.30	77.96
永福	125.12	97.84	101.20	123.58	101.55	112.21	94.89	115.66	118.79	98.23	104.97	97.55	88.20
灌阳	87.78	81.68	85.33	76.15	74.60	75.51	87.78	85.48	83.95	73.44	75.74	74.44	76.25
龙胜	91.86	93.48	91.11	84.40	79.10	75.47	76.22	78.21	78.79	80.06	77.54	75.32	73.26
资源	83.86	86.12	81.17	75.69	81.25	81.47	76.34	82.45	84.00	72.58	75.87	78.16	71.27
平乐	83.52	78.86	83.13	98.32	106.15	113.07	101.78	86.23	89.89	94.18	82.09	87.58	79.94
恭城	81.39	103.51	82.43	93.13	86.89	83.15	80.74	92.35	79.16	80.70	92.52	88.57	81.01
荔浦	264.78	330.00	304.15	237.23	176.15	127.63	125.25	120.26	120.04	95.27	102.59	125.90	105.65
苍梧	81.36	117.06	112.04	135.58	141.09	162.41	234.13	269.28	138.83	94.07	97.49	109.21	118.37
藤县	86.75	85.06	93.49	99.65	112.85	111.99	137.86	139.34	109.65	139.09	130.43	113.68	151.99
蒙山	97.60	94.51	81.45	80.82	78.82	79.10	79.97	80.16	81.09	77.77	83.25	81.53	78.90

续表

	2006	2007	2008	2009	2010	2011	2012	2013	2014	2015	2016	2017	2018
岑溪	116.03	117.40	137.34	99.74	101.70	102.54	96.40	107.01	105.98	123.31	115.87	123.06	117.64
合浦	87.68	92.24	92.18	112.56	95.74	88.06	118.26	125.08	101.33	134.76	139.23	125.01	122.37
上思	84.09	91.03	80.16	72.53	95.87	83.91	92.08	102.64	107.52	93.92	101.77	88.22	81.77
东兴	185.27	98.50	78.48	71.80	79.79	86.84	111.11	94.51	96.51	107.98	85.06	81.43	84.18
灵山	89.08	86.78	138.93	132.40	105.59	108.48	124.08	110.38	106.79	103.88	101.83	97.43	127.81
浦北	86.04	76.58	84.42	133.38	106.39	79.11	85.35	98.51	89.97	104.38	98.11	110.91	93.99
平南	146.67	108.39	132.28	127.49	226.20	157.93	140.05	127.35	170.60	122.76	150.46	155.17	183.39
桂平	148.37	125.50	129.93	153.15	114.85	244.73	150.60	108.61	122.89	212.64	125.34	164.87	164.60
容县	179.76	166.73	120.42	115.71	103.64	112.07	187.71	145.89	108.25	130.80	149.46	116.25	123.19
陆川	131.41	104.91	115.20	106.67	121.57	158.54	121.96	199.80	137.42	102.44	102.43	138.47	92.10
博白	127.92	118.61	134.81	99.70	98.89	94.78	112.32	117.02	197.35	172.72	110.56	114.67	164.07
兴业	87.12	104.94	101.29	120.99	103.75	83.86	87.23	91.14	96.44	131.63	116.60	89.46	100.09
北流	202.19	205.64	152.87	177.50	261.15	219.77	160.32	156.93	171.67	168.24	218.98	181.51	119.62
田阳	73.17	82.88	80.89	81.98	77.86	75.11	81.85	76.82	75.78	73.39	75.34	104.26	91.81
田东	157.64	118.95	105.77	101.53	97.55	81.82	98.49	103.67	86.60	85.23	99.29	85.93	120.79
平果	110.80	121.25	132.48	166.75	128.26	99.55	93.42	87.39	94.94	98.83	104.09	100.27	88.77
德保	80.23	78.85	88.65	87.34	79.04	74.66	74.07	76.90	75.63	76.88	74.15	77.01	79.26
那坡	73.54	78.22	72.52	70.70	69.87	74.10	71.15	72.43	73.13	70.76	70.08	70.15	72.38
凌云	74.58	69.94	79.08	67.58	69.87	71.35	80.32	75.39	82.96	74.47	71.74	69.59	74.31
乐业	71.85	87.20	71.36	67.58	69.87	70.79	73.78	72.86	70.71	68.99	68.70	69.19	70.62
田林	72.25	73.41	80.11	67.58	71.15	76.08	73.28	73.74	75.15	78.95	73.04	69.23	69.59
西林	71.52	69.94	72.79	71.31	69.87	70.90	74.83	71.42	73.54	72.77	74.17	75.58	69.01
隆林	79.47	75.34	112.81	80.23	77.89	72.93	79.54	78.14	75.65	79.25	74.00	70.76	73.72
靖西	85.05	74.61	82.47	106.21	83.55	87.83	83.83	83.20	77.33	77.81	79.39	94.38	90.77
昭平	85.59	90.44	75.56	77.94	86.68	100.12	119.96	107.94	134.08	106.51	95.79	95.23	91.67
钟山	93.28	84.97	86.43	81.03	117.67	146.76	111.97	112.87	98.16	112.44	95.39	105.94	117.59
富川	110.24	94.87	90.84	117.14	99.13	82.17	89.28	93.33	102.48	106.25	94.43	88.99	92.96
宜州	123.84	165.22	137.57	102.83	115.12	113.48	103.66	133.12	106.80	135.48	234.02	165.06	123.45

续表

	2006	2007	2008	2009	2010	2011	2012	2013	2014	2015	2016	2017	2018
南丹	93.59	83.31	79.67	95.72	77.45	84.05	83.05	88.24	121.07	110.47	114.77	101.88	93.38
天峨	69.40	69.94	75.65	74.43	74.11	86.87	75.21	78.94	84.77	93.53	95.84	103.99	103.12
凤山	71.35	74.68	75.01	72.50	80.84	80.06	78.74	78.85	77.23	72.27	84.46	79.73	81.17
东兰	69.40	78.04	71.36	69.16	73.84	72.80	74.82	84.61	79.22	75.76	82.66	82.07	81.24
罗城	74.46	86.18	80.62	75.98	73.96	72.67	78.27	77.08	79.72	80.53	77.72	76.16	90.48
环江	143.48	110.08	87.38	91.43	107.30	99.70	78.68	79.61	79.65	84.25	78.19	78.72	84.06
巴马	78.73	80.86	77.03	85.78	81.58	84.56	82.95	84.59	82.05	86.44	77.65	77.54	74.06
都安	100.28	78.87	91.08	106.89	86.78	87.90	88.06	82.05	77.57	79.70	87.26	84.50	91.39
大化	69.40	74.11	72.76	84.39	84.21	79.45	84.02	92.06	89.68	85.03	96.93	87.26	82.38
忻城	76.17	69.94	77.51	106.90	88.42	80.95	91.52	89.80	81.79	77.09	78.38	79.51	81.61
象州	88.57	84.89	78.31	74.08	94.26	95.88	84.50	93.00	85.92	93.66	88.61	86.21	97.69
武宣	77.35	91.07	99.97	82.01	78.53	80.77	85.93	85.92	84.44	118.05	100.20	77.47	84.53
金秀	75.27	83.06	80.40	79.87	74.54	74.56	76.78	82.70	79.70	76.57	83.41	101.65	75.31
合山	85.50	85.38	75.59	80.80	79.32	79.93	79.16	87.63	79.89	79.60	78.34	85.05	88.32
扶绥	85.48	96.91	78.46	83.12	87.00	79.83	79.50	78.35	84.60	84.95	87.55	138.12	105.72
宁明	74.35	71.19	75.19	72.50	77.07	71.49	72.90	74.80	74.41	77.79	79.98	78.28	73.18
龙州	77.62	71.23	77.44	87.04	79.41	84.19	79.89	77.74	84.35	88.39	90.54	80.93	80.43
大新	78.03	81.89	73.30	78.69	81.93	89.68	77.62	75.83	84.24	80.36	76.35	87.27	83.71
天等	79.00	78.41	85.00	72.25	73.73	86.75	82.85	76.19	82.37	74.28	71.83	72.93	83.54
凭祥	81.67	71.21	84.58	87.15	74.89	73.39	72.86	90.60	77.91	77.61	77.35	83.70	72.95

资料来源：本报告测算结果。

四 广西县域创新能力综合指数

由表6—2可知，广西县域创新能力综合指数为0.14，说明创新驱动能力水平低下。中位数为0.091，远低于均值水平，偏度为1.97，极差为0.81，是均值的5.79倍，说明县域存在两极分化的情况（如图6—2所示）。

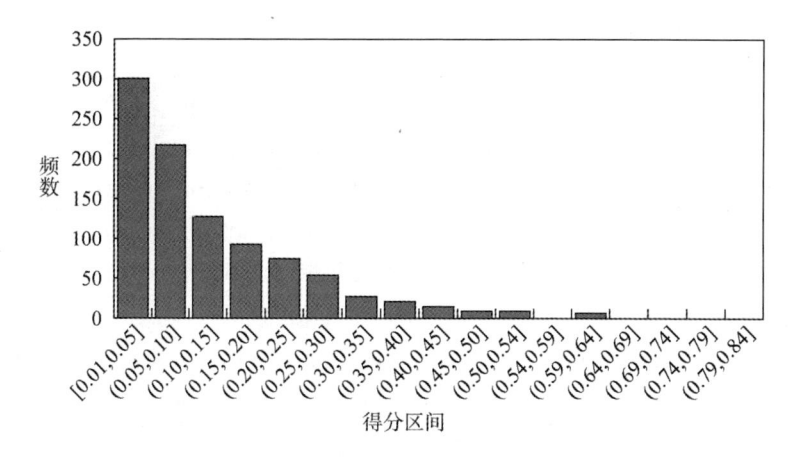

图6—2 广西县域创新能力综合指数分布

资料来源：本报告测算结果。

表6—2　　广西县域创新能力综合指数（2006—2018年）

	2006	2007	2008	2009	2010	2011	2012	2013	2014	2015	2016	2017	2018
武鸣	0.1807	0.0851	0.6283	0.3843	0.3404	0.3829	0.1958	0.1797	0.5212	0.6103	0.4932	0.7994	0.7925
隆安	0.0561	0.0509	0.0083	0.0833	0.0385	0.0358	0.0493	0.0456	0.0316	0.1398	0.1877	0.0614	0.1372
马山	0.0287	0.0138	0.0693	0.1224	0.1747	0.0553	0.1025	0.0558	0.1118	0.0814	0.2490	0.2122	0.1433
上林	0.1219	0.1213	0.1065	0.1385	0.0557	0.2837	0.0518	0.0438	0.0746	0.0532	0.0684	0.1972	0.1904
宾阳	0.2066	0.1688	0.1807	0.3333	0.4213	0.4344	0.6769	0.2953	0.1802	0.2738	0.1815	0.2196	0.4442
横县	0.2317	0.3435	0.3200	0.5449	0.3163	0.3166	0.2496	0.6371	0.2112	0.2837	0.3173	0.2406	0.1978
柳江	0.2424	0.2984	0.2546	0.3641	0.4441	0.4966	0.2362	0.3610	0.7770	0.3920	0.3848	0.5113	0.2867
柳城	0.0716	0.0749	0.0449	0.0871	0.0657	0.0537	0.0467	0.1454	0.1158	0.3287	0.1481	0.1682	0.0958
鹿寨	0.2375	0.2184	0.2138	0.1375	0.1598	0.1915	0.2044	0.1271	0.1370	0.2091	0.4400	0.2169	0.3328
融安	0.1375	0.2114	0.1580	0.1164	0.0579	0.0323	0.0444	0.0667	0.0769	0.0939	0.1047	0.1852	0.0284
融水	0.1072	0.1086	0.0983	0.0492	0.0532	0.0393	0.0320	0.0731	0.0838	0.0769	0.0979	0.1053	0.1678
三江	0.0502	0.0572	0.0252	0.0389	0.0085	0.0313	0.0595	0.0620	0.0418	0.1056	0.0744	0.0676	0.0229
临桂	0.0743	0.2579	0.2572	0.2137	0.3915	0.2870	0.3001	0.2094	0.1914	0.3028	0.2445	0.2277	0.1719
阳朔	0.1333	0.0691	0.0731	0.0850	0.0478	0.0460	0.0374	0.0584	0.0608	0.0364	0.0495	0.0529	0.0412
灵川	0.2148	0.3920	0.3232	0.2533	0.2747	0.2747	0.4567	0.1707	0.2499	0.1608	0.1756	0.1606	0.2158
全州	0.1454	0.1478	0.1550	0.1667	0.0613	0.0741	0.1483	0.1418	0.1244	0.1355	0.1202	0.1093	0.0950
兴安	0.2328	0.2800	0.1360	0.1053	0.2044	0.1762	0.1681	0.1554	0.1854	0.1475	0.1584	0.0954	0.0491

续表

	2006	2007	2008	2009	2010	2011	2012	2013	2014	2015	2016	2017	2018
永福	0.2481	0.1356	0.1352	0.2524	0.1341	0.1814	0.1209	0.2128	0.2374	0.1382	0.1871	0.1549	0.0948
灌阳	0.0809	0.0506	0.0552	0.0354	0.0174	0.0300	0.0774	0.0797	0.0630	0.0275	0.0459	0.0391	0.0336
龙胜	0.1057	0.1141	0.0816	0.0829	0.0430	0.0262	0.0256	0.0389	0.0432	0.0582	0.0500	0.0428	0.0199
资源	0.0735	0.0838	0.0582	0.0513	0.0479	0.0497	0.0322	0.0572	0.0607	0.0241	0.0427	0.0535	0.0130
平乐	0.0590	0.0385	0.0597	0.1886	0.1584	0.2094	0.1418	0.0850	0.0903	0.1202	0.0732	0.1138	0.0506
恭城	0.0489	0.1570	0.0464	0.1393	0.0767	0.0609	0.0507	0.1272	0.0527	0.0617	0.1277	0.1133	0.0550
荔浦	0.7902	0.8188	0.8104	0.7109	0.4745	0.2714	0.2390	0.2640	0.2320	0.1424	0.1781	0.2833	0.1679
苍梧	0.0740	0.2065	0.1874	0.3554	0.3061	0.4029	0.6458	0.7018	0.3211	0.1256	0.1720	0.2056	0.2221
藤县	0.0774	0.0644	0.1003	0.1438	0.1982	0.1822	0.2891	0.2932	0.1807	0.3208	0.2920	0.2324	0.3809
蒙山	0.1876	0.1184	0.0499	0.0570	0.0349	0.0380	0.0436	0.0484	0.0444	0.0468	0.0711	0.0679	0.0568
岑溪	0.2066	0.2036	0.2894	0.1463	0.1378	0.1400	0.1140	0.1666	0.1500	0.2511	0.2194	0.2598	0.2196
合浦	0.0836	0.1020	0.0991	0.2168	0.1173	0.0826	0.2155	0.2541	0.1522	0.3019	0.3161	0.2628	0.2396
上思	0.0727	0.1146	0.0401	0.0189	0.1228	0.0761	0.1223	0.1892	0.2017	0.1332	0.1910	0.1138	0.0661
东兴	0.5087	0.1506	0.0328	0.0166	0.0419	0.0878	0.2158	0.1231	0.1217	0.1822	0.1202	0.0840	0.0760
灵山	0.0899	0.0741	0.2995	0.3364	0.1605	0.1806	0.2314	0.2093	0.2032	0.1693	0.1562	0.1516	0.2838
浦北	0.0799	0.0385	0.0789	0.3355	0.1660	0.0483	0.0801	0.1358	0.1241	0.1702	0.1486	0.2056	0.1138
平南	0.3585	0.1732	0.2852	0.2727	0.6280	0.3839	0.3508	0.2835	0.4289	0.2860	0.3883	0.4025	0.5078
桂平	0.3569	0.2550	0.2921	0.3766	0.2115	0.6781	0.3455	0.2044	0.2879	0.6271	0.3156	0.4424	0.4303
容县	0.4680	0.4110	0.2521	0.2287	0.1641	0.2172	0.4937	0.3409	0.2191	0.3183	0.3723	0.2542	0.2536
陆川	0.2716	0.1509	0.2039	0.1839	0.2618	0.3947	0.2828	0.5524	0.2964	0.1904	0.2012	0.3360	0.1191
博白	0.2711	0.2183	0.2984	0.1443	0.1510	0.1328	0.2456	0.2838	0.5226	0.4826	0.2582	0.2614	0.4273
兴业	0.0841	0.1492	0.1561	0.2389	0.1580	0.0727	0.0980	0.1218	0.1647	0.2975	0.2225	0.1204	0.1559
北流	0.5333	0.5360	0.3642	0.4652	0.6595	0.5972	0.4460	0.4261	0.4903	0.4801	0.6238	0.5206	0.2556
田阳	0.0214	0.0790	0.0461	0.0678	0.0360	0.0351	0.0603	0.0476	0.0348	0.0340	0.0522	0.1778	0.1043
田东	0.3808	0.2112	0.1468	0.1579	0.1197	0.0978	0.1872	0.1778	0.1260	0.1167	0.1805	0.1105	0.2433
平果	0.1767	0.2519	0.2630	0.4545	0.2678	0.1349	0.1383	0.1011	0.1492	0.1860	0.2197	0.1710	0.1139
德保	0.0456	0.0383	0.0734	0.0920	0.0447	0.0246	0.0238	0.0425	0.0330	0.0484	0.0571	0.0581	0.0534
那坡	0.0156	0.0368	0.0059	0.0111	0.0085	0.0186	0.0077	0.0129	0.0238	0.0224	0.0258	0.0258	0.0238
凌云	0.0309	0.0085	0.0296	0.0085	0.0085	0.0092	0.0511	0.0331	0.0699	0.0431	0.0265	0.0166	0.0318
乐业	0.0151	0.0836	0.0085	0.0085	0.0085	0.0065	0.0153	0.0135	0.0059	0.0112	0.0118	0.0190	0.0121
田林	0.0190	0.0201	0.0418	0.0085	0.0063	0.0338	0.0151	0.0207	0.0217	0.0662	0.0307	0.0193	0.0060

续表

	2006	2007	2008	2009	2010	2011	2012	2013	2014	2015	2016	2017	2018
西林	0.0120	0.0085	0.0060	0.0261	0.0085	0.0068	0.0194	0.0104	0.0146	0.0300	0.0477	0.0443	0.0060
隆林	0.0487	0.0307	0.1796	0.0582	0.0359	0.0200	0.0481	0.0363	0.0335	0.0628	0.0323	0.0268	0.0239
靖西	0.0667	0.0264	0.0627	0.2083	0.0588	0.0921	0.0622	0.0614	0.0347	0.0534	0.0642	0.1361	0.1173
昭平	0.0830	0.0897	0.0197	0.0520	0.0826	0.1486	0.2139	0.1614	0.2719	0.1773	0.1402	0.1344	0.1033
钟山	0.1064	0.0642	0.0642	0.0561	0.2376	0.3910	0.1905	0.2147	0.1520	0.2169	0.1431	0.1942	0.2254
富川	0.1875	0.1123	0.0856	0.2212	0.1420	0.0519	0.1117	0.1153	0.1498	0.1758	0.1390	0.1169	0.1107
宜州	0.2467	0.4210	0.2851	0.1546	0.2042	0.1963	0.1545	0.2809	0.1585	0.3051	0.7227	0.4443	0.2441
南丹	0.1360	0.0564	0.0344	0.1272	0.0362	0.0610	0.0628	0.0976	0.2143	0.1947	0.2080	0.1609	0.1162
天峨	0.0085	0.0085	0.0161	0.0299	0.0186	0.0729	0.0269	0.0467	0.0687	0.1197	0.1286	0.1905	0.1589
凤山	0.0104	0.0315	0.0135	0.0193	0.0487	0.0474	0.0378	0.0648	0.0482	0.0315	0.1015	0.0596	0.0582
东兰	0.0085	0.0531	0.0085	0.0078	0.0152	0.0119	0.0258	0.0792	0.0430	0.0457	0.0750	0.0798	0.0573
罗城	0.0300	0.0831	0.0383	0.0409	0.0220	0.0133	0.0354	0.0401	0.0459	0.0600	0.0634	0.0438	0.1055
环江	0.3424	0.1742	0.0653	0.1181	0.1754	0.1268	0.0454	0.0526	0.0525	0.0789	0.0666	0.0597	0.0772
巴马	0.0370	0.0657	0.0298	0.0822	0.0504	0.0711	0.0547	0.0719	0.0521	0.0851	0.0499	0.0595	0.0245
都安	0.1377	0.0389	0.0862	0.1770	0.0707	0.0786	0.0778	0.0570	0.0379	0.0548	0.0930	0.0836	0.1026
大化	0.0085	0.0222	0.0060	0.0831	0.0595	0.0430	0.0588	0.0976	0.0882	0.0870	0.1353	0.1014	0.0611
忻城	0.0376	0.0085	0.0364	0.1842	0.0768	0.0608	0.0970	0.0881	0.0536	0.0504	0.0582	0.0678	0.0624
象州	0.0867	0.0618	0.0265	0.0250	0.1092	0.1113	0.0655	0.0989	0.0657	0.1188	0.0998	0.0962	0.1309
武宣	0.0322	0.1127	0.1206	0.0612	0.0342	0.0569	0.0722	0.0711	0.0618	0.2273	0.1450	0.0511	0.0757
金秀	0.0416	0.0546	0.0393	0.0543	0.0181	0.0224	0.0377	0.0554	0.0425	0.0406	0.0772	0.1605	0.0318
合山	0.0813	0.0783	0.0217	0.0596	0.0373	0.0428	0.0459	0.0752	0.0467	0.0555	0.0501	0.0846	0.0913
扶绥	0.0666	0.1358	0.0428	0.0968	0.0720	0.0441	0.0429	0.0501	0.0726	0.0860	0.0966	0.3262	0.1678
宁明	0.0193	0.0060	0.0237	0.0339	0.0317	0.0099	0.0118	0.0265	0.0221	0.0455	0.0588	0.0532	0.0220
龙州	0.0340	0.0060	0.0239	0.1186	0.0613	0.0604	0.0438	0.0352	0.0688	0.1040	0.1067	0.0651	0.0532
大新	0.0358	0.0519	0.0124	0.0461	0.0597	0.0905	0.0346	0.0390	0.0654	0.0599	0.0486	0.0932	0.0670
天等	0.0418	0.0357	0.0593	0.0175	0.0136	0.0792	0.0540	0.0366	0.0554	0.0325	0.0254	0.0346	0.0679
凭祥	0.0619	0.0060	0.0562	0.0921	0.0234	0.0132	0.0117	0.0899	0.0352	0.0495	0.0472	0.0791	0.0205

资料来源：本报告测算结果。

第二节 广西县域高质量发展水平的评价与分析

一 评价内容和评价指标体系

（一）评价内容

在统筹城乡发展过程中，县域经济是工业反哺农业、城市支持农村、以城带动乡的重要支点和载体。县域经济在我国政府决策、宏观调控中起到重要作用。广西很大一部分县位于经济地理边缘的欠发达地区，是广西经济社会发展最为薄弱的环节，从某种程度上来说，广西县域经济的高质量发展，直接关系到广西是否从整体上实现了经济高质量发展。对广西县域经济实力的评价研究有助于了解当前广西各县的经济发展状况，为今后制定促进县域经济发展的相关政策提供参考依据。

在广西经济高质量发展过程中县域与设区市侧重点有所不同，因此在指标选择和导向上也有所不同。相较于设区市，县域除需注重经济总量快速提升、财政金融实力雄厚、经济结构持续优化、资源配置高效等要求外，县域需要更为注重医疗养老、社会保障、基础教育以及城乡协调这些影响服务均等化指标。

（二）指标体系

基于经济高质量发展水平评价逻辑，同时兼顾评价指标层次性与数据可得性，构建包括经济总量、财政金融、经济结构、配置效率、城乡协调、交通设施、医养设施、社会保障、基础教育等方面共29个指标的指标体系，见表6—3。

表6—3 　　　　广西县域经济高质量发展水平评价指标

指标分类	具体指标
经济总量	地区生产总值
	固定资产投资总额
	社会消费品零售总额（万元）
	规模以上工业总产值
	规模以上工业企业个数
财政金融	地方财政收入
	地方财政支出
	各项存款余额
	各项贷款余额
经济结构	经济增长率
	人均地区生产总值
	第二产业占GDP的比重
	第三产业占GDP的比重
配置效率	（存款总额+贷款总额）/GDP
	GDP/全社会固定资产投资额
	GDP/全部从业人员
	粮食总产量/耕地总面积
城乡协调	城镇居民人均可支配收入（元）
	农民人均纯收入（元）
	城乡收入比
	城乡消费水平对比
交通设施	每平方公里公路里程数
医养设施	每万人医养机构床位数
	每万人医养机构数（个）
	每万人医疗卫生机构技术人员数
	每万人医护人员数
社会保障	社会保障覆盖率
基础教育	每万人普通中小学数
	普通中小学生师生比

二 评价方法、步骤与数据来源

运用熵权 TOPSIS 法评价广西县域高质量发展水平。本研究通过《广西统计年鉴》收集整理了 2006—2018 年广西 75 个县的 29 项高质量发展指标数据。采用面板数据而非截面数据可以充分反映各县一段时期以来高质量发展效果的动态变化和发展过程，包含了丰富的信息量。

三 广西县域高质量发展指标分析

为了观察广西县域各类高质量发展指标得分分布情况，我们把 13 个截面上的每个数据作为一个样本点构造一个混合样本。

（一）广西县域高质量发展总得分分析

广西县域高质量发展总得分中位数为 95.81，略低于平均值 100，分布略微偏左，偏度为 0.87（如图 6—3 所示）。

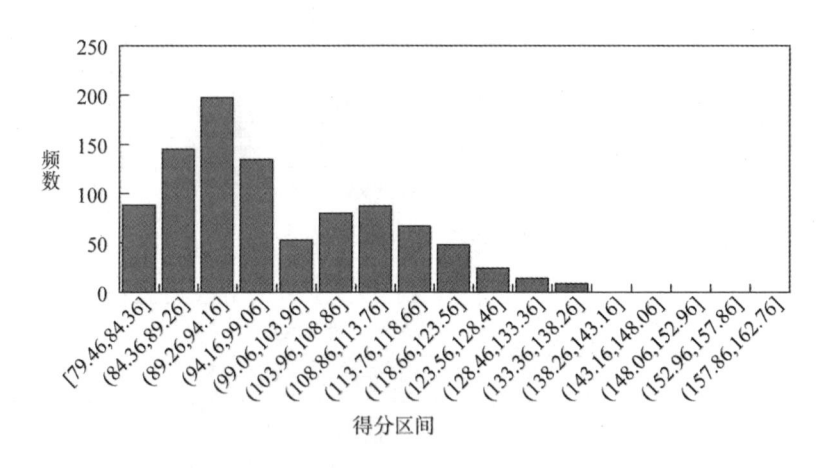

图 6—3 广西县域高质量发展总得分分布

资料来源：本报告测算结果。

高质量发展平均总得分为 80—90 分的县有 18 个，占比为

24%；90—100 分的县有 27 个，占比为 36%；100—110 分的县有 12 个，占比为 16%；110—120 分的县有 12 个，占比为 16%；120 分以上的县有 6 个，占比为 8%。各县各年间高质量发展得分相对稳定（见表6—4），接近90%的县变异系数在 0.10 以下，变异系数最高达到 0.16。

表6—4　　　广西县域高质量发展总得分（2006—2018 年）

	2006	2007	2008	2009	2010	2011	2012	2013	2014	2015	2016	2017	2018
武鸣	119.58	123.46	127.88	129.47	137.20	133.31	120.12	135.89	134.43	125.41	124.90	123.48	127.91
隆安	91.82	92.64	93.20	93.08	91.81	91.00	88.49	89.96	89.10	93.88	87.97	88.31	87.07
马山	86.17	86.90	85.91	85.86	85.70	84.94	84.27	84.63	83.75	83.68	83.22	100.36	83.50
上林	86.35	86.19	86.25	85.59	85.34	85.62	83.79	84.44	84.53	86.24	86.12	84.48	84.69
宾阳	117.08	114.59	110.71	113.96	117.02	118.53	106.48	112.73	112.22	111.18	110.87	108.76	109.78
横县	116.29	117.38	116.21	116.81	124.44	119.94	114.36	129.18	125.26	120.21	116.17	118.46	122.86
柳江	120.24	121.63	122.55	117.59	122.39	122.26	110.22	118.79	115.53	161.48	156.97	157.94	114.31
柳城	102.11	99.73	98.26	96.20	97.51	96.76	93.24	97.14	98.11	100.17	97.38	94.45	96.74
鹿寨	117.16	110.51	117.57	118.82	122.49	121.59	103.97	103.83	104.43	102.52	99.80	100.51	103.97
融安	89.88	88.76	90.26	92.32	91.52	90.33	94.56	92.16	90.97	90.97	93.86	88.95	91.44
融水	89.10	87.51	89.17	89.68	91.05	90.67	91.45	94.99	91.47	92.87	91.16	92.27	92.31
三江	83.04	83.47	84.00	83.76	86.43	85.52	84.47	88.73	88.30	88.02	92.72	94.47	98.94
临桂	91.56	119.98	123.69	123.18	121.18	119.71	113.44	125.40	125.35	123.04	123.21	122.61	120.46
阳朔	113.02	94.40	100.82	98.00	92.77	96.51	96.81	94.48	98.58	98.50	99.19	96.07	96.03
灵川	116.98	113.19	112.77	112.09	113.85	111.81	106.44	116.86	115.20	113.72	113.76	114.29	105.95
全州	111.54	109.10	105.43	107.98	108.39	104.78	100.19	105.21	102.96	105.94	104.44	108.17	109.50
兴安	109.19	108.41	112.76	113.25	114.11	106.78	114.31	115.50	110.44	106.22	105.87	109.62	
永福	101.71	99.68	103.20	118.21	100.15	99.30	111.64	101.05	117.63	103.12	102.96	114.71	104.18
灌阳	91.38	90.24	89.81	92.69	93.69	93.03	90.71	96.14	94.48	98.13	101.05	100.17	97.63
龙胜	90.93	89.50	89.90	91.71	90.51	89.87	91.68	90.15	95.32	90.26	98.40	98.04	99.24
资源	88.21	87.79	87.67	90.67	88.86	88.79	94.67	94.96	92.72	94.70	90.39	90.54	92.54
平乐	96.39	95.85	94.90	96.20	96.83	95.71	91.12	95.96	96.32	92.64	93.71	92.71	93.25
恭城	106.90	94.09	93.76	94.02	94.17	95.27	92.70	97.31	96.71	102.89	97.89	97.67	90.31
荔浦	95.24	105.73	106.99	108.44	108.71	105.99	97.48	105.07	107.50	106.89	105.18	104.24	105.51
苍梧	106.69	107.12	108.50	105.26	113.72	113.67	105.15	118.74	107.79	86.04	90.75	89.99	90.29

续表

	2006	2007	2008	2009	2010	2011	2012	2013	2014	2015	2016	2017	2018
藤县	108.63	109.13	112.93	115.63	116.61	118.22	105.05	119.41	118.15	114.40	112.17	113.94	118.37
蒙山	89.26	90.09	89.86	90.84	91.67	91.30	95.88	92.30	91.96	92.53	95.14	95.95	93.91
岑溪	117.73	119.63	120.95	125.91	131.03	130.70	111.06	126.47	126.80	122.61	121.82	123.07	127.26
合浦	128.67	125.58	119.91	120.24	123.30	118.38	105.33	113.61	110.65	110.39	107.45	109.22	112.18
上思	92.44	93.92	92.43	90.47	93.15	92.89	92.95	95.02	93.83	92.78	90.29	95.72	94.16
东兴	95.84	96.27	100.63	101.87	100.17	103.55	111.42	111.29	111.63	103.25	108.49	101.60	107.37
灵山	118.40	115.82	113.13	113.92	116.57	112.68	125.70	110.97	107.93	112.00	110.62	113.34	117.00
浦北	111.89	111.07	107.11	109.05	110.79	106.51	100.91	108.10	106.96	106.76	109.61	113.10	120.51
平南	111.54	107.83	107.54	109.25	117.80	120.36	107.77	116.15	111.98	114.36	112.55	113.59	119.07
桂平	126.64	123.46	125.31	127.90	139.07	132.38	118.54	132.51	130.15	122.99	121.73	122.63	128.55
容县	110.82	111.12	108.49	108.00	110.72	114.32	109.05	111.67	113.63	110.57	110.76	111.89	113.21
陆川	112.10	110.97	110.75	111.39	116.63	117.75	110.46	118.47	116.56	115.18	111.71	112.14	115.23
博白	121.24	119.41	117.12	117.40	123.36	123.18	114.84	123.69	117.97	113.03	114.78	113.19	115.97
兴业	96.86	96.09	94.94	95.59	95.71	97.11	97.84	96.76	99.60	100.04	98.94	103.19	104.41
北流	135.83	133.83	130.16	128.91	136.39	136.46	121.59	136.44	133.88	127.51	124.84	123.25	130.11
田阳	100.10	97.96	96.20	96.70	94.60	93.44	95.80	102.15	103.69	103.82	105.00	109.85	105.70
田东	106.89	102.89	102.66	98.37	106.60	108.11	128.82	110.85	109.66	107.00	104.33	106.77	107.42
平果	143.26	141.46	134.32	122.14	117.10	114.46	126.09	115.54	113.68	114.49	115.56	116.23	125.93
德保	89.89	99.27	96.74	97.93	96.25	95.47	114.30	96.67	93.38	95.81	97.49	97.52	92.30
那坡	92.07	80.44	80.67	81.18	80.07	79.52	126.46	83.10	88.01	91.23	89.96	96.28	95.80
凌云	80.77	81.15	81.59	104.61	81.49	81.96	125.11	93.54	104.58	91.83	92.75	110.08	96.03
乐业	81.71	83.44	81.59	85.34	82.48	80.72	129.92	83.02	95.82	83.10	89.21	90.67	95.28
田林	79.46	85.56	85.83	89.03	87.67	86.13	118.06	87.78	84.40	96.82	91.41	97.68	93.77
西林	85.35	83.63	81.96	83.65	80.52	80.22	80.66	87.24	88.12	82.55	95.02	85.88	91.89
隆林	82.70	92.47	93.87	94.85	90.98	87.02	81.94	86.02	85.89	86.27	85.26	89.55	87.13
靖西	92.55	92.05	94.05	99.43	104.66	102.41	107.89	102.42	101.68	148.92	137.15	104.75	112.54
昭平	97.57	98.35	96.18	96.68	89.43	89.50	90.06	87.87	87.15	95.03	98.98	96.88	97.62
钟山	108.30	109.00	108.95	97.54	93.79	93.21	91.11	90.94	91.16	90.80	90.64	93.02	94.66
富川	93.93	94.30	92.61	91.77	87.04	89.49	88.51	89.60	91.87	86.10	86.90	85.08	88.04
宜州	104.29	113.22	107.95	105.59	104.53	104.49	94.69	96.89	96.63	93.94	95.18	93.49	93.27
南丹	98.84	112.11	114.93	104.63	99.25	104.05	119.41	91.73	96.93	92.06	90.23	91.66	93.60

续表

	2006	2007	2008	2009	2010	2011	2012	2013	2014	2015	2016	2017	2018
天峨	82.36	105.39	104.48	107.90	98.45	97.81	91.77	93.24	85.18	91.57	91.98	91.29	88.30
凤山	82.22	83.38	80.69	81.07	82.39	82.00	83.10	82.19	84.11	85.42	85.06	85.82	83.96
东兰	87.66	82.91	80.62	81.25	81.92	80.79	81.59	81.81	82.43	84.01	82.11	82.88	83.13
罗城	89.88	88.09	87.46	87.47	86.65	85.88	88.33	83.72	86.23	87.43	91.74	86.49	86.18
环江	85.24	91.31	91.62	87.96	84.88	86.82	83.43	86.86	87.15	86.47	85.18	85.57	85.53
巴马	86.01	84.03	84.03	83.38	83.66	86.95	83.40	88.12	88.28	83.06	84.39	84.10	84.67
都安	89.92	85.65	87.17	84.60	85.81	85.77	83.64	84.07	86.01	86.35	83.88	85.18	85.88
大化	116.58	87.16	86.93	89.23	86.67	84.98	82.74	83.95	84.14	92.43	89.51	85.78	83.97
忻城	89.46	89.28	87.60	87.51	84.17	85.21	85.69	84.22	82.97	83.49	86.94	85.83	82.87
象州	92.06	95.22	93.15	94.68	94.87	95.86	95.03	97.46	93.83	95.41	92.19	95.13	96.82
武宣	91.59	92.70	93.14	92.41	92.77	92.82	93.53	97.31	93.90	93.49	91.43	92.05	95.74
金秀	84.21	86.18	84.36	84.67	86.12	85.60	85.25	86.40	85.00	87.02	85.17	85.34	87.78
合山	104.73	101.92	93.75	90.26	90.16	90.49	93.54	87.01	86.34	86.61	83.53	85.10	80.66
扶绥	105.85	108.93	102.99	101.64	96.01	100.51	92.81	98.99	98.25	95.26	95.16	97.32	100.74
宁明	91.21	93.25	118.68	90.73	90.18	123.62	91.53	92.84	94.14	92.25	118.59	91.27	91.54
龙州	92.09	92.49	91.78	90.81	91.39	91.22	90.08	91.89	93.41	94.42	90.98	91.04	91.58
大新	98.98	96.64	99.05	96.11	96.45	93.87	94.49	94.78	95.11	93.92	93.91	92.05	92.23
天等	84.73	83.92	84.52	87.27	86.04	85.81	84.91	84.27	84.31	85.12	84.62	83.76	82.14
凭祥	91.08	92.18	94.47	90.41	91.55	91.69	93.66	94.54	100.72	95.66	99.38	95.28	99.94

资料来源：本报告测算结果。

（二）广西县域经济总量类指标得分分析

广西县域经济总量类指标得分中位数为 33.56，略低于均值 36.25，分布略微偏左，偏度为 0.95（如图 6—4 所示）。

经济总量类指标平均得分为 20—30 分的县有 36 个，占比为 48%，30—40 分的县有 22 个，占比为 29.33%，40—50 分的县有 13 个，占比为 17.33%，50 分以上的县有 4 个，占比为 5.33%（见表 6—5）。各县各年间高质量发展得分波动较大，所有县的变异系数都超过了 0.25，最高达到 0.45。

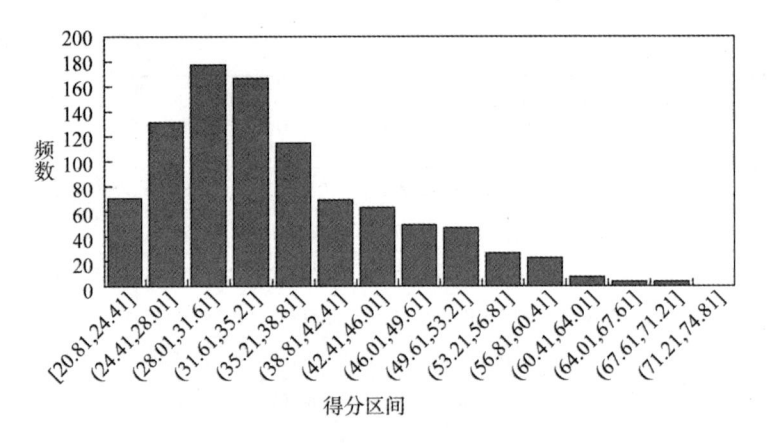

图 6—4　广西县域经济总量类指标得分分布

资料来源：本报告测算结果。

表 6—5　广西县域经济总量类指标得分（2006—2018 年）

	2006	2007	2008	2009	2010	2011	2012	2013	2014	2015	2016	2017	2018
武鸣	52.04	57.56	60.26	61.04	73.78	68.58	50.33	72.01	68.32	56.05	53.92	52.15	61.86
隆安	34.21	34.52	33.11	33.27	38.18	35.95	26.81	35.70	32.45	28.32	25.80	25.97	28.94
马山	31.95	31.77	30.26	30.22	34.97	33.19	24.96	32.44	29.82	25.76	23.18	23.18	26.31
上林	32.03	31.47	30.22	30.19	34.54	32.85	24.58	31.79	29.66	25.69	23.69	23.86	26.60
宾阳	51.75	50.75	47.03	49.91	57.34	57.73	39.10	52.09	49.26	43.94	35.14	41.33	45.13
横县	49.80	50.36	49.55	50.91	60.63	56.48	43.20	62.09	59.39	50.22	44.61	46.72	50.33
柳江	52.15	54.50	54.23	52.14	60.51	57.64	40.52	54.21	52.28	40.49	36.85	37.66	48.22
柳城	37.79	37.66	35.91	35.89	41.66	39.34	28.93	38.51	36.24	36.08	29.55	29.74	33.36
鹿寨	50.03	46.88	49.39	52.71	61.09	58.27	36.74	42.88	41.78	34.44	32.50	32.61	38.90
融安	32.73	32.47	31.64	32.62	37.60	35.46	26.69	35.56	32.79	29.02	27.02	27.63	30.79
融水	32.32	31.93	31.10	31.62	37.08	35.40	26.37	35.45	33.11	30.52	28.12	27.84	31.45
三江	28.86	28.81	27.87	28.01	33.77	32.54	24.05	31.83	28.66	25.32	23.02	23.18	26.34
临桂	31.54	53.45	54.55	54.32	57.24	52.70	39.44	55.90	52.31	44.03	41.21	44.76	40.11
阳朔	48.01	34.19	36.49	35.54	37.43	36.49	27.89	36.31	33.04	28.93	27.57	28.25	32.77
灵川	46.78	45.30	42.58	42.73	48.76	46.20	34.99	48.63	45.33	39.46	35.91	36.55	37.75
全州	43.35	42.89	39.29	40.27	46.35	45.29	32.87	44.24	40.47	35.14	31.86	33.45	37.16
兴安	42.16	41.93	43.40	43.20	48.59	45.19	34.70	47.82	46.12	38.76	35.35	35.56	36.07

续表

	2006	2007	2008	2009	2010	2011	2012	2013	2014	2015	2016	2017	2018
永福	40.04	38.61	39.68	36.80	42.28	40.34	31.13	42.27	39.30	36.56	32.28	32.86	36.52
灌阳	31.82	31.68	30.04	31.09	36.75	35.29	26.16	35.16	33.01	28.39	25.31	27.40	29.15
龙胜	31.00	31.00	29.39	29.92	34.15	32.40	23.72	31.74	29.66	26.41	23.94	24.38	27.58
资源	30.47	30.33	29.34	30.16	33.95	32.26	24.59	32.82	30.97	26.49	24.50	25.09	28.25
平乐	36.72	36.69	34.64	35.48	40.67	38.46	27.00	36.36	34.23	29.69	27.49	28.29	31.65
恭城	43.39	34.17	32.28	33.16	37.95	36.38	27.36	37.12	33.22	29.09	27.55	26.88	29.83
荔浦	34.46	42.67	41.96	42.52	48.82	44.85	30.26	44.07	41.63	37.94	35.73	37.63	39.91
苍梧	44.31	45.21	44.77	42.73	51.99	50.64	35.52	52.91	37.42	24.81	22.89	23.41	26.36
藤县	47.65	48.33	50.55	52.32	57.84	56.87	38.47	57.61	51.98	46.66	43.53	44.74	51.24
蒙山	31.28	32.09	31.17	31.35	36.36	35.13	29.68	35.26	33.46	28.54	25.86	25.97	29.32
岑溪	52.59	53.58	54.18	58.30	67.98	65.12	42.17	61.85	58.05	51.76	48.87	50.39	56.69
合浦	54.59	52.81	50.34	50.43	56.93	53.31	37.26	50.90	47.47	42.02	38.87	41.37	44.69
上思	32.87	34.59	32.65	31.94	38.00	36.38	26.58	35.95	33.64	28.44	26.25	26.72	30.09
东兴	30.21	30.69	30.14	31.34	36.68	36.15	27.19	37.53	35.16	29.76	29.06	29.99	32.83
灵山	51.17	49.13	47.22	48.05	55.30	53.08	60.75	50.59	46.20	41.63	40.90	43.90	49.17
浦北	46.65	46.44	43.37	44.78	51.98	49.04	34.40	49.38	45.65	41.56	39.16	41.61	48.69
平南	45.90	43.67	42.08	44.17	54.49	56.78	39.52	53.14	48.15	46.43	41.78	42.02	48.54
桂平	55.35	54.43	56.77	57.81	70.00	65.49	47.68	65.60	61.16	53.82	46.98	48.77	56.00
容县	44.57	44.79	42.38	42.55	49.45	50.96	41.52	50.46	47.80	43.01	39.70	40.43	44.95
陆川	47.17	45.95	45.91	46.80	55.47	55.10	40.54	56.74	52.80	46.66	42.16	44.81	46.86
博白	51.31	50.76	48.90	50.73	60.00	58.12	44.40	59.28	53.20	44.54	42.85	43.16	48.01
兴业	37.63	35.94	34.89	35.78	40.67	40.23	32.76	38.29	37.00	32.18	28.98	31.71	35.25
北流	60.34	59.62	56.91	57.52	67.73	67.13	47.61	67.70	64.12	56.42	51.55	50.74	56.56
田阳	38.22	37.15	34.36	32.79	38.07	36.33	27.21	37.02	33.97	31.69	28.50	30.32	37.72
田东	41.79	38.61	35.30	34.53	42.47	43.54	30.23	43.84	40.32	33.91	30.67	33.85	36.65
平果	57.32	57.29	49.82	45.54	48.60	45.58	33.38	46.64	42.37	35.84	35.15	36.49	42.02
德保	33.71	39.58	31.14	33.25	36.95	35.71	28.24	34.44	31.81	27.99	25.38	26.96	30.89
那坡	36.02	28.13	26.31	26.23	30.35	28.58	23.24	28.27	26.55	23.00	21.82	22.01	24.39
凌云	27.99	27.68	26.49	26.36	30.35	29.65	26.74	29.27	27.04	24.23	22.52	22.98	25.81
乐业	27.70	27.98	26.28	26.56	30.43	28.85	20.97	27.88	25.75	22.69	21.14	21.66	24.47
田林	27.19	30.32	28.26	28.83	33.44	32.10	22.14	29.78	26.96	24.39	22.75	24.41	27.64
西林	30.05	27.58	25.77	25.84	29.56	28.18	21.22	27.86	25.66	22.70	20.98	21.46	24.73

续表

	2006	2007	2008	2009	2010	2011	2012	2013	2014	2015	2016	2017	2018
隆林	27.66	33.16	31.77	31.58	34.79	30.98	23.07	30.63	28.47	25.01	23.25	24.25	27.74
靖西	33.45	35.48	35.98	39.87	45.54	43.71	31.77	44.32	41.76	32.17	29.90	33.56	38.41
昭平	35.24	35.58	33.87	32.34	36.17	34.58	28.29	33.89	31.61	27.85	25.30	24.51	27.34
钟山	43.72	44.35	43.15	35.16	39.10	37.28	29.12	37.71	35.21	31.21	29.98	29.73	33.09
富川	32.05	32.60	31.31	30.71	34.39	34.22	25.61	35.19	33.59	28.67	25.86	26.30	28.31
宜州	38.03	47.93	42.33	40.56	44.65	42.46	29.52	39.27	36.62	31.43	29.23	28.41	31.96
南丹	37.61	44.08	43.29	38.00	39.88	39.96	26.91	34.66	32.84	29.37	26.57	27.39	30.91
天峨	28.07	41.80	35.85	36.00	36.44	33.29	26.32	30.41	27.70	24.20	22.70	23.07	25.89
凤山	28.68	28.57	26.54	26.38	31.02	29.42	22.31	28.80	26.90	22.96	20.81	21.24	23.83
东兰	32.44	29.08	27.46	27.56	31.58	29.89	22.56	29.04	27.00	23.38	21.55	21.77	24.77
罗城	34.52	32.95	31.37	31.19	35.10	32.75	24.69	31.24	28.73	25.18	28.98	23.14	25.77
环江	29.92	34.81	33.35	31.29	34.43	32.56	24.17	31.05	28.78	25.26	23.64	23.92	26.78
巴马	32.35	30.39	29.28	28.51	32.98	31.29	23.79	29.95	27.68	23.98	22.45	22.63	25.80
都安	33.18	31.32	30.56	29.46	32.96	31.89	24.16	30.64	28.25	24.63	22.79	23.29	26.41
大化	49.36	32.29	30.45	30.48	34.35	31.69	23.52	30.34	27.66	24.48	22.67	22.85	25.56
忻城	33.84	33.06	30.98	30.80	34.44	32.69	25.44	32.79	30.07	25.93	23.83	24.45	27.29
象州	34.59	36.13	33.83	34.75	40.36	38.65	29.95	40.60	35.90	31.22	29.69	29.02	33.06
武宣	33.44	34.48	33.49	33.03	38.78	37.12	29.32	39.77	35.57	30.79	28.93	29.53	33.21
金秀	27.84	28.02	27.22	27.18	31.21	29.67	22.37	29.34	26.87	23.30	21.51	21.98	24.66
合山	36.23	33.74	29.76	29.01	33.13	31.43	23.48	31.09	28.05	24.16	21.63	21.87	24.57
扶绥	41.56	43.00	37.79	37.23	41.37	40.13	27.54	39.17	37.04	32.26	30.46	32.66	39.17
宁明	33.66	35.01	33.01	32.53	37.20	35.72	27.78	36.14	33.38	29.83	27.74	29.27	32.67
龙州	32.17	32.66	30.72	30.23	35.70	33.89	26.71	33.89	31.84	27.63	26.47	28.04	30.95
大新	38.16	37.09	37.00	35.95	39.03	36.85	27.39	36.35	34.10	29.67	27.32	28.16	31.77
天等	30.84	30.38	29.37	30.33	33.96	32.18	24.51	31.33	29.19	25.33	24.04	24.09	26.47
凭祥	29.58	30.61	30.49	29.25	33.68	32.03	25.75	31.92	29.08	26.74	26.30	26.05	29.78

资料来源：本报告测算结果。

（三）广西县域财政金融类指标得分分析

广西县域财政金融类指标得分中位数为17.94，略低于均值18.74，分布略微偏左，偏度为0.91（如图6—5）。

第六章　广西县域创新能力及其驱动高质量发展的综合分析

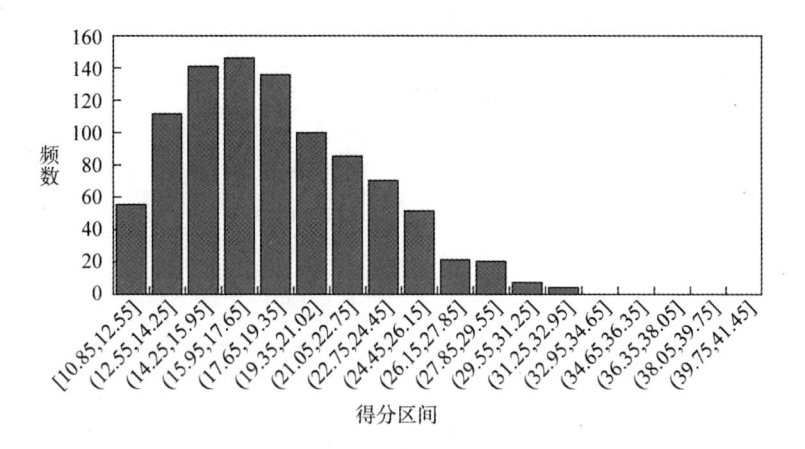

图 6—5　广西县域财政金融类指标得分分布

资料来源：本报告测算结果。

财政金融类指标平均得分为 12—15 分的县有 30 个，占比为 40%，15—18 分的县有 18 个，占比为 24%，18—21 分的县有 18 个，占比为 24%，21 分以上的县有 9 个，占比为 12%。各县各年财政金融类指标得分波动较大，所有县的变异系数都超过了 0.20，最高达到 0.42。

表 6—6　　广西县域财政金融类指标得分（2006—2018 年）

	2006	2007	2008	2009	2010	2011	2012	2013	2014	2015	2016	2017	2018
武鸣	28.55	26.09	25.37	24.25	25.45	22.94	20.18	23.76	22.53	20.34	19.45	19.54	21.87
隆安	20.91	20.33	19.74	18.41	19.24	17.05	14.86	17.31	15.82	14.18	13.06	13.00	15.69
马山	19.00	17.87	17.51	16.51	17.51	16.03	14.17	16.42	15.02	12.70	12.65	12.96	15.50
上林	19.25	18.09	17.44	16.72	17.62	15.93	14.37	16.61	15.62	13.23	12.96	13.16	15.79
宾阳	28.20	25.78	24.05	23.41	25.08	23.09	20.32	24.44	22.67	21.12	20.38	19.77	23.55
横县	30.54	28.90	27.43	26.40	29.19	26.23	22.48	29.37	25.79	21.48	20.24	20.52	25.11
柳江	31.08	28.53	26.42	24.96	25.91	24.01	20.51	24.86	22.08	18.69	17.98	18.40	23.14
柳城	23.07	21.59	20.62	19.11	19.91	18.25	16.05	18.76	17.01	14.19	13.63	14.12	17.31

续表

	2006	2007	2008	2009	2010	2011	2012	2013	2014	2015	2016	2017	2018
鹿寨	27.75	25.44	24.40	22.63	23.56	21.77	18.42	21.44	19.55	16.18	16.05	16.52	19.70
融安	20.25	18.73	17.84	17.12	17.99	16.23	14.33	16.67	15.08	13.37	12.81	12.72	15.37
融水	21.22	19.46	18.72	18.28	19.36	17.79	15.78	18.18	16.74	14.26	14.12	14.71	18.13
三江	18.54	17.21	16.55	16.05	17.24	15.79	13.87	15.90	14.55	12.38	12.24	12.44	15.22
临桂	22.72	24.12	24.28	24.10	26.19	25.33	22.45	27.71	26.22	22.80	25.14	24.24	32.84
阳朔	25.37	22.17	22.04	20.86	19.99	18.99	16.34	18.68	16.82	14.53	14.06	13.93	16.79
灵川	28.01	26.05	24.94	23.91	25.80	23.45	19.81	23.85	22.54	19.05	18.56	19.53	22.87
全州	27.54	25.50	24.14	23.16	24.75	22.16	18.82	21.45	18.85	16.00	15.81	16.38	19.93
兴安	24.59	22.82	22.31	22.18	23.90	22.45	19.20	22.83	21.85	19.54	16.99	17.68	21.25
永福	20.82	19.51	18.92	17.93	19.69	17.88	15.11	17.61	16.07	13.42	12.96	13.67	16.21
灌阳	19.49	18.06	17.31	16.74	17.89	16.09	14.24	16.47	14.93	12.52	12.57	12.64	15.21
龙胜	20.47	18.71	17.82	17.02	18.12	16.21	14.03	16.22	14.65	12.52	12.70	12.38	14.61
资源	18.70	17.37	16.65	15.89	17.04	15.20	13.45	15.39	14.08	12.33	12.10	12.09	14.56
平乐	21.37	19.67	18.79	17.86	19.20	17.27	14.99	17.13	15.79	13.28	12.87	13.20	16.09
恭城	23.65	19.04	18.15	17.61	18.68	16.83	14.58	16.69	15.33	13.02	13.03	13.09	15.74
荔浦	20.31	21.84	21.22	20.60	21.90	20.05	16.85	20.01	18.11	16.34	15.54	15.38	19.30
苍梧	24.55	22.90	22.28	20.54	22.79	21.40	18.65	24.90	22.97	16.23	15.50	15.63	18.63
藤县	24.20	22.57	21.78	21.47	23.50	21.92	19.61	24.12	23.96	19.66	18.65	19.58	23.20
蒙山	18.31	17.10	16.41	15.74	16.71	15.23	13.54	15.86	14.98	12.13	11.87	11.82	14.23
岑溪	25.63	24.44	23.50	23.17	25.45	23.65	20.67	25.41	25.04	22.38	21.51	21.27	24.34
合浦	32.46	29.98	27.43	26.52	29.21	25.44	21.48	24.72	22.26	18.72	18.11	18.12	21.82
上思	19.67	18.75	17.71	16.79	18.29	16.81	14.63	16.89	15.74	14.08	12.96	13.68	16.33
东兴	21.90	20.82	20.60	20.43	22.29	19.57	17.43	21.62	21.25	17.74	16.99	17.88	20.58
灵山	29.80	27.65	25.62	25.08	26.77	23.37	19.79	23.17	21.44	18.28	17.51	17.61	21.28
浦北	26.44	24.17	22.38	21.56	22.78	19.57	16.89	19.51	17.91	16.15	16.14	15.32	18.55
平南	30.51	28.22	26.43	26.13	27.26	25.08	21.24	24.82	22.42	19.41	20.90	20.77	25.36
桂平	36.49	33.00	29.34	30.58	33.49	29.21	24.18	28.34	25.86	22.00	23.37	22.73	27.23
容县	28.14	26.13	24.57	23.25	24.24	21.88	19.03	22.19	21.12	18.11	17.81	18.72	22.78
陆川	26.09	24.20	22.76	22.12	23.58	21.80	18.88	22.33	20.88	18.02	17.39	18.61	22.42
博白	30.84	28.40	27.04	25.84	27.85	25.83	22.20	26.17	24.36	20.71	21.07	21.43	26.24
兴业	23.23	21.58	20.51	19.57	20.13	18.24	15.78	18.74	18.25	15.59	15.18	16.16	19.44

续表

	2006	2007	2008	2009	2010	2011	2012	2013	2014	2015	2016	2017	2018
北流	36.40	33.61	31.30	29.53	31.48	28.54	23.94	28.35	26.45	22.51	23.34	23.49	28.67
田阳	21.98	21.23	21.30	19.41	20.50	18.59	16.29	19.03	18.19	15.61	15.26	15.97	19.02
田东	26.87	25.63	25.63	23.28	25.88	23.46	19.64	23.56	20.83	17.02	15.53	15.90	19.24
平果	40.70	38.91	39.07	35.00	32.22	29.20	23.36	27.96	25.70	20.94	19.05	20.63	24.23
德保	20.04	20.74	26.12	25.12	23.34	20.68	16.78	19.91	17.39	14.37	13.61	14.43	16.71
那坡	21.35	15.63	15.13	14.60	15.63	14.14	12.62	14.45	13.41	11.60	11.29	11.58	14.07
凌云	16.52	15.65	15.12	14.61	15.55	14.15	12.51	14.34	13.14	11.34	11.23	11.57	13.98
乐业	16.66	15.79	15.18	14.67	15.78	14.23	12.53	14.28	13.12	11.13	10.93	11.13	13.45
田林	16.38	17.38	17.06	16.43	17.68	15.92	13.57	15.66	14.08	12.09	11.89	12.18	14.83
西林	18.50	15.84	15.33	14.68	15.63	13.91	12.38	14.19	12.98	11.08	10.85	11.03	13.31
隆林	16.86	21.90	21.24	20.24	20.84	17.14	14.22	16.44	14.92	12.64	13.17	12.92	15.72
靖西	22.99	20.10	19.54	20.22	21.45	19.79	17.58	21.13	19.62	16.80	16.09	17.82	22.16
昭平	20.40	19.78	18.85	17.40	18.09	16.16	14.12	16.05	14.71	12.53	12.57	12.69	15.45
钟山	21.20	19.40	18.79	17.53	18.88	17.09	14.85	16.88	15.50	13.28	12.83	13.53	16.40
富川	18.79	17.44	16.91	16.40	18.15	16.43	14.61	16.90	15.29	12.89	13.41	13.25	16.10
宜州	25.73	26.01	24.28	23.52	24.18	21.96	18.59	21.39	19.14	16.07	15.82	15.47	18.28
南丹	22.22	25.28	25.80	22.74	23.40	21.10	36.04	19.01	17.92	14.92	13.73	14.13	17.04
天峨	16.35	21.77	21.92	23.35	22.76	19.11	15.10	16.73	14.40	11.89	11.72	11.92	14.40
凤山	17.94	15.47	14.82	14.39	15.42	14.09	12.47	14.17	13.13	11.27	11.09	11.14	13.39
东兰	19.56	16.65	15.81	15.23	16.09	14.57	12.84	14.54	13.39	11.88	11.47	11.82	14.61
罗城	19.70	18.18	17.42	17.01	17.99	15.87	14.09	15.82	14.81	12.57	12.28	12.39	15.16
环江	17.40	18.83	18.67	17.73	17.94	16.54	14.46	16.21	14.68	12.54	12.67	12.95	15.58
巴马	20.22	16.22	15.62	15.12	16.05	14.85	13.10	15.01	13.53	11.93	11.68	11.68	14.24
都安	20.47	18.85	18.36	17.43	18.98	17.53	14.83	17.56	15.74	13.94	13.57	13.47	16.42
大化	29.75	18.79	18.14	17.79	19.04	17.10	14.75	16.54	15.14	13.44	13.56	13.17	15.73
忻城	20.07	18.59	17.62	16.99	17.98	16.39	14.27	16.10	14.73	12.42	11.67	11.89	14.31
象州	20.93	19.87	18.89	18.17	18.97	17.78	15.09	17.58	16.24	13.78	13.03	12.64	15.36
武宣	20.29	19.16	19.01	18.49	19.51	17.87	15.39	17.90	16.36	13.86	13.45	14.10	17.23
金秀	17.44	16.24	15.50	15.01	15.93	14.45	12.79	14.64	13.47	11.63	10.92	11.06	13.46
合山	20.45	19.04	17.40	16.20	16.95	15.58	13.47	15.19	13.58	11.65	10.93	11.00	13.37
扶绥	26.06	25.51	24.60	22.93	20.73	21.54	18.52	21.82	19.99	16.68	16.10	16.84	19.83
宁明	21.36	20.26	19.41	18.50	19.70	17.94	15.72	18.53	17.30	15.34	14.61	14.07	16.10

续表

	2006	2007	2008	2009	2010	2011	2012	2013	2014	2015	2016	2017	2018
龙州	20.45	19.08	19.37	18.57	19.19	17.35	15.27	17.88	17.02	14.48	13.84	13.90	15.99
大新	22.72	21.13	21.03	20.14	21.10	18.85	16.49	19.61	17.89	14.29	13.43	13.19	15.39
天等	19.20	17.83	17.46	17.30	18.45	16.57	14.58	16.51	15.29	13.26	12.86	12.43	14.80
凭祥	20.06	18.90	18.66	17.62	18.79	17.42	15.39	18.12	17.77	15.22	13.73	13.93	15.95

资料来源：本报告测算结果。

（四）广西县域经济结构类指标得分分析

广西县域经济结构类指标得分中位数为 8.53，与均值 8.55 大致吻合，偏度为 0.16（如图6—6 所示）。

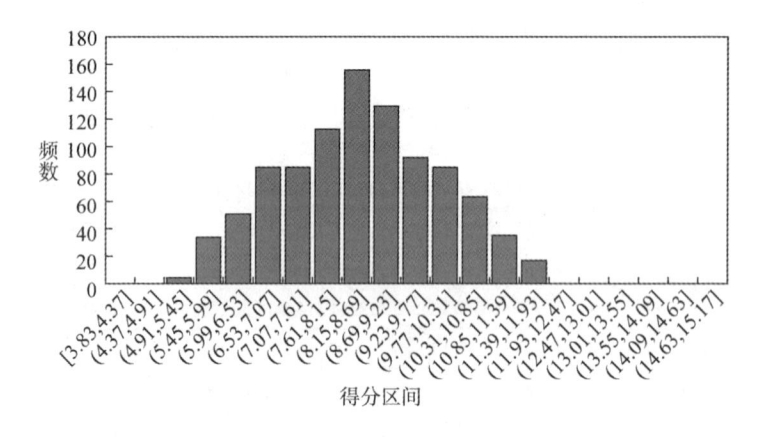

图6—6　广西县域经济结构类指标得分分布

资料来源：本报告测算结果。

经济结构类指标平均得分为 7—8 分的县有 19 个，占比为 25.33%；8—9 分的县有 41 个，占比为 54.67%；9 分以上的县有 15 个，占比为 20%；得分最高的为 10.44 分。各县各年经济结构类指标得分波动较小（见表6—7），变异系数均低于 0.20 的县达到 59 个，占比为 78.67%，变异系数最高为 0.31。

表6—7　　　广西县域经济结构类指标得分（2006—2018年）

	2006	2007	2008	2009	2010	2011	2012	2013	2014	2015	2016	2017	2018
武鸣	9.47	9.58	9.32	9.15	11.16	7.73	10.07	11.85	10.78	11.27	7.63	7.45	9.19
隆安	8.74	8.67	8.47	7.92	8.31	6.70	8.75	9.16	8.70	8.46	6.34	5.68	7.37
马山	8.46	8.30	7.78	7.79	8.98	6.54	7.97	9.02	8.74	7.83	5.69	5.45	6.86
上林	7.87	7.84	7.78	7.51	7.91	6.45	7.66	8.82	8.85	9.00	6.04	5.18	6.81
宾阳	9.23	8.60	8.27	8.12	9.10	7.50	9.09	9.59	9.69	9.54	6.76	6.36	8.11
横县	8.74	8.90	8.39	8.41	10.07	7.00	10.36	11.69	9.82	8.54	6.63	6.29	8.00
柳江	9.65	10.21	10.21	8.93	10.27	7.80	8.84	10.32	10.03	10.90	6.92	6.65	9.31
柳城	8.93	8.94	8.88	8.25	9.61	7.06	8.29	11.00	9.06	10.10	7.07	6.13	8.30
鹿寨	11.09	9.09	10.16	9.53	11.38	7.87	9.00	10.93	9.99	10.35	7.31	7.02	9.06
融安	8.78	8.17	8.58	8.69	9.92	6.77	7.85	10.32	9.23	8.36	6.69	6.13	8.06
融水	8.73	8.09	8.67	8.34	9.34	6.82	8.13	10.45	9.36	10.22	6.85	6.32	8.46
三江	7.84	7.79	8.21	7.95	9.86	7.10	6.69	9.29	8.20	8.17	6.50	5.93	7.55
临桂	8.57	10.15	10.11	9.61	10.49	8.17	11.01	12.67	10.79	11.12	7.76	7.37	5.95
阳朔	10.81	9.73	10.02	8.60	9.83	8.25	9.74	9.89	11.86	10.58	7.46	6.70	8.33
灵川	11.26	9.70	9.31	8.85	10.56	7.43	8.83	12.26	10.75	10.87	7.34	6.83	7.33
全州	9.60	8.86	8.01	9.29	10.21	7.10	8.47	10.58	9.44	9.94	6.87	6.24	7.57
兴安	10.07	9.76	10.11	9.69	10.76	7.85	10.90	11.61	10.62	10.19	7.13	6.67	8.16
永福	10.03	9.79	10.10	9.21	11.06	8.13	9.36	11.80	11.48	10.01	7.49	7.30	8.74
灌阳	9.47	8.52	8.32	8.93	10.85	7.75	8.10	10.97	10.45	10.11	6.68	6.43	7.69
龙胜	9.43	9.55	9.15	9.42	10.34	7.46	8.44	12.10	10.84	10.50	7.32	6.71	8.29
资源	8.95	8.65	8.24	8.94	10.24	7.48	8.78	11.60	10.71	10.84	7.19	6.82	8.33
平乐	9.14	8.87	8.26	8.64	10.00	7.04	7.30	10.74	9.84	9.28	6.58	6.19	7.31
恭城	9.58	8.96	8.44	8.86	10.15	7.48	9.49	10.12	8.32	10.74	6.45	5.22	7.55
荔浦	9.48	9.10	9.24	9.13	10.60	7.56	8.70	11.31	10.79	11.70	7.75	7.06	8.48
苍梧	9.81	9.04	8.98	8.69	11.70	7.99	10.65	11.15	11.74	3.83	5.75	5.46	7.41
藤县	8.86	8.26	8.60	9.23	9.31	7.63	8.10	9.89	9.39	9.63	6.77	6.48	8.80
蒙山	9.66	9.05	8.76	9.12	10.46	7.68	8.87	10.67	9.46	8.06	6.64	6.67	8.62
岑溪	10.06	8.87	9.30	9.90	10.77	7.95	7.63	10.32	10.34	10.12	7.15	6.84	8.95
合浦	9.75	8.56	8.71	8.65	9.57	7.07	7.25	10.43	8.92	10.00	6.41	5.94	7.76
上思	8.81	9.94	8.90	8.68	10.48	7.28	9.08	11.19	9.81	9.60	6.75	6.83	7.83

续表

	2006	2007	2008	2009	2010	2011	2012	2013	2014	2015	2016	2017	2018
东兴	10.39	10.41	11.81	11.25	11.53	9.37	10.07	13.06	11.85	11.19	7.93	7.72	9.12
灵山	8.97	8.24	8.24	8.11	9.46	6.52	7.48	10.34	9.19	10.12	6.79	6.41	7.86
浦北	9.03	8.53	8.21	8.51	9.55	6.61	9.08	11.71	9.78	11.23	7.07	6.63	8.31
平南	8.92	8.11	8.12	8.22	10.50	7.28	7.42	9.92	8.92	9.21	6.75	6.21	7.91
桂平	8.35	8.05	8.31	8.03	10.31	7.03	7.70	9.85	9.79	9.01	6.68	6.25	7.97
容县	8.39	8.66	8.22	8.30	9.49	7.60	8.52	10.21	9.84	9.73	7.15	6.69	8.27
陆川	9.13	8.94	8.35	8.75	10.46	7.86	9.88	10.68	10.00	10.26	6.72	6.46	7.84
博白	8.82	8.24	7.89	7.79	9.27	7.13	8.93	9.70	8.82	9.27	7.28	5.78	7.49
兴业	8.20	8.31	7.99	8.43	9.58	7.01	8.20	10.33	9.76	9.90	7.00	6.63	7.95
北流	9.15	8.67	8.45	8.59	9.82	7.34	8.90	10.31	10.07	9.97	7.03	6.43	8.09
田阳	10.43	8.79	8.55	8.66	9.23	7.28	8.06	9.78	10.35	11.18	7.41	7.51	9.35
田东	10.01	8.24	8.33	7.71	11.11	8.49	9.33	11.51	9.51	9.70	7.60	6.50	8.10
平果	11.92	10.88	9.27	8.76	9.98	7.55	7.12	10.65	10.39	9.82	7.04	7.02	9.20
德保	9.57	10.63	7.76	7.93	10.47	7.98	6.85	9.23	9.78	10.38	6.95	6.67	8.55
那坡	7.82	7.48	7.83	7.35	9.02	5.88	7.50	10.43	7.84	10.85	6.21	5.42	7.07
凌云	8.05	7.66	7.83	7.52	9.53	7.03	6.64	9.99	8.38	9.92	6.26	5.97	7.35
乐业	8.62	8.55	7.66	7.75	9.87	6.25	6.89	9.40	8.39	8.68	6.53	5.74	7.38
田林	8.19	8.01	7.73	8.07	8.97	6.52	6.13	9.29	8.01	10.05	7.08	6.42	8.38
西林	8.53	8.09	7.68	7.90	8.49	6.39	6.26	8.96	8.90	8.82	6.21	5.77	7.10
隆林	8.07	9.17	9.33	8.67	9.17	6.34	5.94	10.70	8.58	9.13	6.41	6.02	7.15
靖西	9.48	7.62	8.28	7.52	12.53	7.45	8.94	10.33	9.23	11.02	7.05	6.85	8.57
昭平	9.67	9.00	8.38	7.46	8.54	6.80	8.38	9.89	8.85	8.79	6.42	5.62	7.31
钟山	10.72	9.75	9.69	8.30	9.87	7.24	8.03	9.61	9.67	10.17	6.51	6.39	8.01
富川	9.53	8.89	8.77	8.10	7.80	6.88	9.01	10.36	10.82	7.69	5.85	5.94	7.24
宜州	10.45	8.43	8.20	7.48	8.52	6.88	7.24	8.58	8.70	8.50	5.80	5.51	7.28
南丹	10.62	11.19	10.92	8.40	8.47	8.34	8.11	7.36	11.61	9.64	5.65	6.61	8.47
天峨	8.61	11.23	11.06	9.90	8.46	7.66	4.77	9.98	5.75	15.14	7.99	6.11	8.65
凤山	8.23	8.64	7.58	8.03	9.10	6.68	6.33	8.03	9.57	6.30	5.73	5.48	7.10
东兰	8.51	8.09	7.77	7.79	9.28	6.48	6.45	7.93	8.96	9.25	6.06	5.78	7.39
罗城	8.75	8.73	8.23	8.23	8.41	6.61	7.27	7.37	8.55	9.04	5.35	5.46	6.78
环江	8.71	8.58	8.54	7.33	7.39	6.59	7.19	6.79	8.99	9.32	5.75	5.62	7.10

续表

	2006	2007	2008	2009	2010	2011	2012	2013	2014	2015	2016	2017	2018
巴马	8.07	8.24	8.58	8.29	9.40	6.98	6.79	7.78	7.97	8.68	6.40	6.04	8.17
都安	8.22	7.33	8.25	6.75	8.15	6.43	6.32	8.31	8.42	8.16	5.36	5.65	7.27
大化	8.94	8.26	8.54	8.85	8.44	6.62	5.77	8.81	7.24	13.19	6.51	5.55	6.84
忻城	9.20	9.06	8.25	8.46	7.56	6.88	7.96	9.30	7.93	8.48	6.16	5.51	7.24
象州	9.13	9.89	8.66	9.34	9.95	7.59	9.66	11.07	8.66	10.90	5.59	5.92	8.63
武宣	8.59	8.58	8.32	8.51	9.33	7.26	9.64	11.70	8.96	10.02	6.85	6.15	8.08
金秀	9.23	8.58	8.31	8.22	9.63	6.99	8.31	9.76	7.83	9.60	6.51	5.61	8.04
合山	12.71	9.98	7.94	7.93	10.61	7.82	9.39	11.17	8.55	9.26	5.52	5.81	7.69
扶绥	9.68	10.16	8.59	9.10	8.95	7.59	10.15	10.18	9.99	6.75	6.61	8.86	
宁明	9.20	9.05	8.22	8.62	9.07	6.84	8.41	10.41	9.48	10.20	6.98	6.63	8.40
龙州	9.07	9.17	8.82	8.75	10.82	7.07	8.29	10.87	10.70	11.02	7.85	6.94	8.84
大新	9.78	8.85	8.15	10.22	6.92	10.00	10.99	10.38	9.83	6.96	6.64	8.50	
天等	8.24	7.95	8.12	9.04	8.81	6.83	7.34	8.99	8.95	9.05	6.38	5.66	7.53
凭祥	10.39	10.53	10.98	9.27	11.31	7.58	9.34	11.86	10.81	11.20	8.20	7.92	10.07

资料来源：本报告测算结果。

（五）广西县域配置效率类指标得分分析

广西县域配置效率类指标得分中位数为 15.40，低于均值 16.67，虽然中位数与均值相差不大，但由于部分县在配置效率方面存在巨大的差异，存在两极分化的现象，从而导致分布偏度达到了 3.46（如图 6—7 所示）。

配置效率类指标平均得分为 15 分以下的县有 10 个，占比为 13.33%；15—20 分的县有 61 个，占比为 81.33%；20 分以上的县有 4 个，占比为 5.33%；得分最高的为 28.32。各县各年配置效率类指标得分波动较大（见表 6—8），所有县的得分变异系数都超过了 0.25，最高达 0.98。

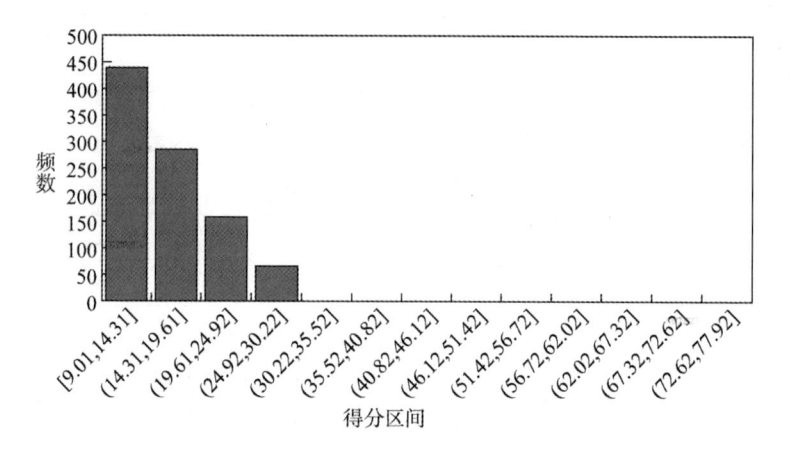

图 6—7　广西县域配置效率类指标得分分布

资料来源：本报告测算结果。

表 6—8　　广西县域配置效率类指标得分（2006—2018 年）

	2006	2007	2008	2009	2010	2011	2012	2013	2014	2015	2016	2017	2018
武鸣	12.10	11.38	17.91	18.33	11.55	18.80	13.77	11.87	18.31	21.49	26.21	26.17	12.19
隆安	10.63	10.50	16.11	15.77	9.87	15.74	12.32	10.33	16.10	20.67	24.54	23.54	11.55
马山	10.57	10.53	15.76	14.73	10.10	15.47	11.86	10.78	15.29	20.67	24.74	41.08	12.02
上林	10.81	10.82	16.24	14.75	10.28	16.04	11.87	10.96	15.29	20.88	24.89	23.61	12.00
宾阳	11.95	11.74	17.13	16.05	10.69	16.24	12.60	11.18	16.26	20.66	31.49	23.36	11.56
横县	11.49	11.46	17.05	15.61	10.51	16.81	12.31	11.42	16.23	20.68	24.93	22.97	11.52
柳江	11.99	11.12	17.78	15.99	10.57	17.60	12.81	11.27	16.57	75.00	77.83	77.92	11.73
柳城	15.46	12.66	17.82	16.07	10.24	16.68	12.35	10.96	16.39	20.52	24.61	23.26	11.12
鹿寨	11.76	11.61	18.57	16.85	10.66	18.49	12.62	11.17	16.35	21.15	25.41	24.13	11.72
融安	11.09	11.03	16.66	15.98	10.27	16.08	12.68	10.99	16.31	20.54	24.35	23.30	11.51
融水	10.98	10.90	15.96	14.74	9.80	15.61	12.10	10.45	15.40	19.97	23.88	22.92	11.31
三江	11.55	11.61	16.23	14.70	10.25	15.44	11.87	10.73	15.82	21.09	24.82	24.06	11.81
临桂	11.91	12.84	19.36	17.65	12.09	19.04	13.82	12.42	18.07	22.77	27.50	24.97	13.99
阳朔	11.62	10.76	17.10	15.97	10.56	17.86	13.74	12.46	19.10	23.57	27.28	26.18	13.60
灵川	12.48	12.53	19.08	17.97	12.06	19.36	15.01	13.46	20.02	23.02	27.66	26.57	13.92
全州	13.46	13.12	18.42	17.73	11.83	17.81	13.48	12.60	18.13	22.52	26.64	25.46	12.58
兴安	13.01	13.06	19.65	18.58	12.82	19.93	14.93	14.17	20.05	23.18	27.62	26.14	13.86

续表

	2006	2007	2008	2009	2010	2011	2012	2013	2014	2015	2016	2017	2018
永福	12.69	12.20	18.38	35.94	11.45	18.16	26.75	12.32	33.35	21.37	26.02	37.06	12.23
灌阳	12.25	12.39	17.97	17.50	11.93	18.28	14.32	13.33	19.24	23.19	33.67	27.56	14.14
龙胜	11.56	11.25	17.44	16.74	10.83	17.29	13.29	11.60	17.35	21.14	25.54	24.90	12.02
资源	11.67	11.58	17.22	16.64	10.99	17.47	13.61	11.70	17.46	21.70	26.03	24.80	12.23
平乐	12.89	12.76	19.24	18.25	12.40	18.78	14.08	13.39	18.91	22.88	26.58	25.62	13.35
恭城	13.06	12.69	19.12	16.29	11.21	18.85	13.25	13.42	19.37	25.43	28.66	26.99	15.63
荔浦	12.89	12.91	18.77	18.45	11.56	18.15	14.40	12.31	19.05	21.53	26.06	25.91	12.84
苍梧	11.31	11.76	17.86	16.96	12.31	19.05	14.11	13.73	20.27	23.42	27.19	26.43	15.42
藤县	12.20	12.28	17.89	16.73	12.04	18.14	13.47	12.77	18.47	22.28	25.87	24.77	12.94
蒙山	12.32	12.29	17.58	16.54	11.56	17.60	14.53	12.38	17.00	21.38	24.99	24.44	13.01
岑溪	12.47	12.65	18.88	17.61	11.92	19.79	14.38	13.09	18.89	22.30	26.94	25.52	13.40
合浦	12.56	12.29	17.95	16.36	11.07	17.12	12.61	11.55	16.39	20.83	24.57	23.22	11.67
上思	11.95	11.28	17.08	15.09	9.28	16.44	12.02	10.62	16.74	20.85	25.15	24.47	11.35
东兴	13.52	13.48	21.23	19.29	12.77	21.90	16.08	13.44	19.96	23.87	28.16	26.34	14.18
灵山	11.68	12.15	17.22	15.99	10.71	16.11	12.11	11.25	16.55	21.35	24.82	23.72	11.79
浦北	12.42	12.35	17.76	16.84	11.68	17.34	13.07	12.14	17.49	21.75	25.60	24.39	12.26
平南	11.42	12.21	17.66	15.98	11.43	17.24	12.71	12.43	18.35	21.52	25.40	24.59	12.57
桂平	11.30	11.43	16.89	15.89	10.97	16.89	13.50	12.66	18.58	22.01	26.75	25.47	12.81
容县	12.67	12.84	18.36	16.98	12.33	18.51	13.85	13.23	18.00	22.21	26.19	25.12	13.36
陆川	13.08	13.36	18.69	17.50	12.43	18.24	13.61	13.41	18.33	22.90	26.57	24.55	13.05
博白	13.18	13.35	18.49	16.82	11.90	17.68	13.10	12.54	17.21	22.97	25.72	24.20	12.42
兴业	11.85	12.07	17.53	16.06	11.37	17.84	12.91	12.48	17.35	22.27	27.13	24.75	12.91
北流	13.13	13.40	18.92	17.38	12.73	18.79	13.61	13.69	18.44	22.71	26.46	25.23	13.41
田阳	11.39	11.25	16.18	17.88	10.50	15.76	13.49	11.33	18.27	21.94	28.37	31.34	13.44
田东	10.85	11.26	16.57	14.80	10.26	16.88	10.45	11.56	16.22	21.08	25.26	23.05	11.90
平果	13.53	12.89	18.83	16.79	11.09	17.53	11.14	11.91	17.32	22.11	25.43	24.00	12.73
德保	9.71	10.03	16.64	14.98	10.15	16.10	10.94	10.90	15.58	20.67	25.14	22.70	11.32
那坡	10.79	9.30	14.43	13.38	9.01	14.51	10.99	10.07	14.24	20.31	23.75	22.27	11.39
凌云	10.20	10.22	15.44	34.51	9.84	15.52	13.81	10.87	37.34	20.51	24.38	43.38	11.84
乐业	10.17	10.22	15.33	14.15	9.58	15.29	11.05	10.21	14.92	20.00	23.72	22.33	11.26
田林	9.90	10.69	15.93	15.53	10.49	15.97	11.45	11.27	17.19	21.10	25.71	25.43	12.89

续表

	2006	2007	2008	2009	2010	2011	2012	2013	2014	2015	2016	2017	2018
西林	9.80	9.66	15.39	14.43	9.51	15.61	12.08	10.45	16.21	20.59	24.52	23.53	11.33
隆林	9.24	10.53	16.45	16.52	10.02	16.61	12.34	11.04	15.50	20.43	23.83	22.89	11.38
靖西	9.78	11.32	15.90	15.55	10.52	17.12	10.63	10.85	16.01	68.00	62.92	24.20	12.04
昭平	11.68	11.98	17.77	16.32	11.45	17.34	13.11	12.34	17.15	21.74	26.37	25.96	14.19
钟山	12.17	12.09	18.87	16.17	10.47	16.84	12.24	10.87	15.90	20.56	24.27	23.12	11.61
富川	11.49	11.31	17.13	15.86	10.01	16.11	12.58	10.87	16.22	20.49	24.37	21.97	11.54
宜州	12.18	12.89	17.97	17.12	10.78	16.82	13.23	11.88	16.95	21.08	24.79	25.66	12.68
南丹	10.91	12.35	19.65	18.26	10.97	18.63	19.75	13.09	19.32	21.41	25.99	24.60	12.94
天峨	10.31	12.63	20.10	21.61	13.55	20.92	14.95	14.27	18.30	22.90	27.90	27.05	14.52
凤山	10.10	9.73	15.13	13.86	9.53	15.29	11.59	11.13	15.15	23.06	25.29	23.50	11.51
东兰	10.74	9.46	14.70	13.93	9.19	14.85	11.87	10.99	15.81	20.99	24.54	24.55	12.52
罗城	10.93	10.66	15.92	14.86	9.95	16.04	12.28	12.13	16.77	20.86	24.69	24.25	12.15
环江	10.57	11.91	16.87	15.60	10.18	15.92	12.27	11.74	18.62	22.33	24.56	24.05	11.84
巴马	9.89	9.48	14.99	13.92	9.41	15.64	11.42	11.22	16.44	20.83	24.47	23.92	11.64
都安	11.91	11.42	16.20	15.36	10.92	15.87	12.51	11.62	16.19	21.46	24.86	24.23	12.49
大化	11.99	10.49	15.80	15.88	9.75	15.30	12.29	12.06	18.13	21.53	25.34	25.68	11.91
忻城	10.21	10.89	16.54	14.78	9.36	15.16	11.53	10.05	15.18	20.37	24.17	22.77	10.99
象州	11.46	11.52	17.39	15.99	10.35	17.12	12.77	11.51	17.50	22.48	25.08	24.73	11.77
武宣	11.58	11.10	16.88	15.07	9.70	16.06	12.36	11.01	17.56	21.47	24.88	23.85	11.50
金秀	11.20	11.15	16.73	15.08	10.17	16.40	12.68	11.42	16.61	22.45	25.79	25.12	12.70
合山	12.92	14.59	19.45	15.47	10.11	17.15	13.05	11.20	17.69	21.79	25.80	26.63	11.77
扶绥	11.25	10.98	16.54	15.59	9.13	15.98	12.31	10.01	16.00	19.94	23.97	22.93	10.60
宁明	10.72	10.79	43.63	15.26	9.46	48.40	12.43	10.65	16.67	20.23	52.30	23.16	10.97
龙州	12.00	11.62	16.79	15.33	9.31	15.09	11.68	10.20	15.64	20.49	23.89	22.73	10.83
大新	11.35	11.08	16.38	14.96	9.66	16.20	12.43	10.82	16.35	20.59	24.65	23.04	11.02
天等	10.60	10.56	15.54	14.55	9.68	15.14	11.66	10.37	14.92	20.21	23.49	22.38	11.15
凭祥	12.18	11.42	18.16	16.53	10.29	17.40	13.41	11.30	17.70	21.01	26.28	24.70	12.19

资料来源：本报告测算结果。

（六）广西县域城乡协调类指标得分分析

广西县域城乡协调类指标得分中位数为 0.560，与均值 0.58 基本吻合。虽然中位数与均值相差不大，但由于部分县在城乡协调方面存在较大的差异，极差高达2.24，为均值的3.86倍，存在两极分化的现象，从而导致分布偏度达到2.16（如图6—8）。

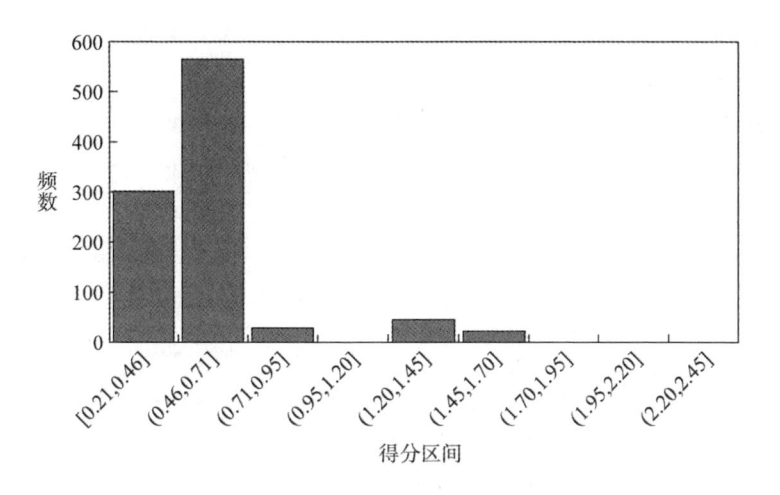

图6—8 广西县域城乡协调类指标得分分布

资料来源：本报告测算结果。

城乡协调类指标平均得分为0.5-0.67分（见表6—9），这说明各县在城乡协调方面没有显著的差异。

表6—9　　广西县域城乡协调类指标得分（2006—2018年）

	2006	2007	2008	2009	2010	2011	2012	2013	2014	2015	2016	2017	2018
武鸣	0.7906	0.7396	0.6890	0.6278	0.7088	0.6827	1.5163	0.6078	0.5439	0.4523	0.4251	0.2613	0.2724
隆安	0.6916	0.6515	0.6082	0.5652	0.6379	0.6108	1.3772	0.5543	0.4961	0.4120	0.3869	0.2496	0.2608
马山	0.6858	0.6622	0.5990	0.5527	0.6296	0.6031	1.3467	0.5351	0.4793	0.3987	0.3744	0.2402	0.2512
上林	0.6908	0.6612	0.6252	0.5701	0.6459	0.6131	1.3663	0.5513	0.4937	0.4102	0.3850	0.2471	0.2582
宾阳	0.6918	0.6662	0.6400	0.5970	0.6817	0.6535	1.4699	0.5946	0.5312	0.4410	0.4060	0.2472	0.2594
横县	0.7044	0.6789	0.6375	0.5905	0.6642	0.6384	1.4341	0.5803	0.5187	0.4310	0.4033	0.2446	0.2570

续表

	2006	2007	2008	2009	2010	2011	2012	2013	2014	2015	2016	2017	2018
柳江	0.7165	0.6757	0.6455	0.6173	0.7107	0.6793	1.5096	0.6186	0.5543	0.4602	0.4330	0.2383	0.2500
柳城	0.7339	0.7149	0.6752	0.6448	0.7321	0.6972	1.5687	0.6438	0.5746	0.4787	0.4510	0.2465	0.2584
鹿寨	0.7008	0.6729	0.6323	0.6087	0.6980	0.6685	1.4624	0.5952	0.5335	0.4440	0.4159	0.2425	0.2541
融安	0.6306	0.6185	0.5895	0.5731	0.6556	0.6390	1.4464	0.5911	0.5300	0.4410	0.4159	0.2534	0.2655
融水	0.6199	0.5789	0.5385	0.5126	0.5806	0.5600	1.2686	0.5094	0.4565	0.3797	0.3574	0.2515	0.2636
三江	0.6217	0.5911	0.5504	0.5264	0.5977	0.5773	1.2982	0.5244	0.4678	0.3897	0.3655	0.2480	0.2602
临桂	0.6797	0.6586	0.6007	0.5771	0.6556	0.6322	1.4244	0.5768	0.5180	0.4314	0.4059	0.2560	0.2686
阳朔	0.6747	0.6225	0.5698	0.5652	0.6506	0.6288	1.4160	0.5654	0.5060	0.4232	0.3976	0.2528	0.2643
灵川	0.6894	0.6652	0.6104	0.5785	0.6646	0.6392	1.4243	0.5770	0.5189	0.4318	0.4058	0.2492	0.2605
全州	0.7756	0.7235	0.6802	0.6413	0.7308	0.7019	1.5496	0.6268	0.5599	0.4663	0.4400	0.2562	0.2683
兴安	0.7279	0.7087	0.6500	0.6235	0.7227	0.6942	1.5497	0.6326	0.5670	0.4729	0.4428	0.2675	0.2803
永福	0.6775	0.6483	0.5926	0.5674	0.6487	0.6259	1.3825	0.5516	0.4952	0.4131	0.3872	0.2415	0.2530
灌阳	0.6681	0.6257	0.5778	0.5451	0.6223	0.5963	1.3080	0.5216	0.4659	0.3889	0.3639	0.2256	0.2355
龙胜	0.6208	0.5824	0.5343	0.5028	0.5665	0.5446	1.2314	0.4899	0.4389	0.3677	0.3456	0.2298	0.2403
资源	0.6572	0.6256	0.5893	0.5623	0.6388	0.6116	1.3680	0.5493	0.4902	0.4097	0.3871	0.2261	0.2374
平乐	0.7314	0.6969	0.6398	0.6160	0.6860	0.6607	1.4709	0.5958	0.5335	0.4457	0.4170	0.2471	0.2588
恭城	0.7378	0.6775	0.6191	0.5909	0.6719	0.6445	1.4247	0.5699	0.5087	0.4263	0.3996	0.2426	0.2540
荔浦	0.7082	0.6854	0.6276	0.5947	0.6824	0.6543	1.4423	0.5805	0.5190	0.4322	0.4052	0.2509	0.2628
苍梧	0.6567	0.6305	0.5985	0.5695	0.6475	0.6203	1.4230	0.5766	0.5168	0.4320	0.4044	0.2380	0.2487
藤县	0.6889	0.6557	0.6205	0.5841	0.6709	0.6459	1.4214	0.5779	0.5175	0.4331	0.4071	0.2476	0.2594
蒙山	0.6454	0.6100	0.5685	0.5377	0.6110	0.5891	1.3327	0.5387	0.4838	0.4044	0.3843	0.2341	0.2456
岑溪	0.6754	0.6404	0.5968	0.5790	0.6610	0.6386	1.4117	0.5674	0.5083	0.4240	0.3969	0.2349	0.2659
合浦	0.7247	0.6976	0.6534	0.6092	0.6920	0.6659	1.4613	0.5854	0.5242	0.4306	0.4037	0.2461	0.2573
上思	0.7667	0.7149	0.6909	0.6669	0.7541	0.7247	1.6024	0.6529	0.5838	0.4851	0.4547	0.2697	0.2840
东兴	0.7066	0.6786	0.6262	0.5891	0.6762	0.6603	1.4732	0.5954	0.5328	0.4443	0.4164	0.2546	0.2674
灵山	0.6927	0.6670	0.6377	0.5892	0.6755	0.6433	1.4265	0.5826	0.5209	0.4392	0.4096	0.2401	0.2500
浦北	0.7198	0.6857	0.6466	0.6043	0.6854	0.6518	1.4729	0.5919	0.5284	0.4383	0.4101	0.2389	0.2495
平南	0.7429	0.6998	0.6391	0.6009	0.6872	0.6636	1.4930	0.6035	0.5365	0.4453	0.4186	0.2559	0.2656
桂平	0.7134	0.6838	0.6353	0.5968	0.6829	0.6633	1.5010	0.6079	0.5419	0.4510	0.4234	0.2569	0.2701
容县	0.7295	0.6836	0.6465	0.6058	0.6928	0.6698	1.4923	0.6040	0.5409	0.4522	0.4233	0.2555	0.2666

续表

	2006	2007	2008	2009	2010	2011	2012	2013	2014	2015	2016	2017	2018
陆川	0.7223	0.6820	0.6455	0.6043	0.6899	0.6654	1.4892	0.6005	0.5373	0.4457	0.4184	0.2582	0.2685
博白	0.7127	0.6746	0.6388	0.5984	0.6842	0.6706	1.5162	0.6123	0.5484	0.4574	0.4303	0.2661	0.2779
兴业	0.7268	0.6779	0.6391	0.5960	0.6778	0.6562	1.4666	0.5915	0.5300	0.4393	0.4130	0.2557	0.2686
北流	0.6659	0.6425	0.6025	0.5770	0.6570	0.6373	1.4334	0.5779	0.5167	0.4317	0.4057	0.2527	0.2652
田阳	0.6498	0.6166	0.5729	0.5383	0.6131	0.5887	1.3394	0.5409	0.4853	0.4082	0.3851	0.2471	0.2568
田东	0.6441	0.6012	0.5609	0.5310	0.6055	0.5859	1.4730	0.5444	0.4894	0.4121	0.3891	0.2543	0.2653
平果	0.5884	0.5573	0.5200	0.4965	0.5644	0.5499	1.3079	0.5090	0.4562	0.3832	0.3615	0.2370	0.2458
德保	0.5658	0.5302	0.5037	0.4746	0.5507	0.5268	1.5532	0.4806	0.4297	0.3599	0.3375	0.2209	0.2321
那坡	0.6190	0.5581	0.5261	0.5056	0.5776	0.5532	2.0795	0.5082	0.4527	0.3767	0.3516	0.2255	0.2370
凌云	0.5794	0.5551	0.5164	0.4892	0.5521	0.5340	2.4487	0.4853	0.4317	0.3617	0.3395	0.2209	0.2309
乐业	0.5791	0.5495	0.5265	0.4954	0.5603	0.5311	2.4027	0.4789	0.4268	0.3598	0.3376	0.2194	0.2284
田林	0.5817	0.5749	0.5511	0.5118	0.5807	0.5568	2.0256	0.5076	0.4552	0.3807	0.3588	0.2404	0.2509
西林	0.6006	0.5960	0.5526	0.5212	0.5962	0.5676	1.3008	0.5230	0.4676	0.3913	0.3697	0.2425	0.2528
隆林	0.6305	0.5368	0.5029	0.4750	0.5489	0.5244	1.1955	0.4755	0.4252	0.3563	0.3354	0.2163	0.2268
靖西	0.5600	0.5946	0.5486	0.5173	0.5859	0.5616	1.4823	0.5184	0.4633	0.3857	0.3630	0.2318	0.2421
昭平	0.6614	0.6370	0.5856	0.5487	0.6237	0.5987	1.3460	0.5460	0.4883	0.4078	0.3838	0.2078	0.2458
钟山	0.6929	0.6647	0.6164	0.5662	0.6421	0.6174	1.3842	0.5577	0.4982	0.4143	0.3895	0.2424	0.2477
富川	0.6351	0.6149	0.5803	0.5516	0.6304	0.6013	1.3469	0.5471	0.4890	0.4083	0.3851	0.2373	0.2493
宜州	0.6345	0.6565	0.6114	0.5775	0.6571	0.6319	1.4036	0.5734	0.5116	0.4221	0.3941	0.2272	0.2378
南丹	0.6561	0.6166	0.5804	0.5565	0.6313	0.6057	1.3422	0.5280	0.4727	0.3903	0.3658	0.2230	0.2339
天峨	0.6467	0.6226	0.5928	0.5636	0.6364	0.6091	1.3731	0.5443	0.4855	0.4026	0.3750	0.2271	0.2382
凤山	0.6092	0.6115	0.5779	0.5406	0.6111	0.5855	1.3391	0.5301	0.4698	0.3890	0.3649	0.2268	0.2382
东兰	0.6120	0.5931	0.5609	0.5293	0.6063	0.5802	1.3209	0.5255	0.4700	0.3899	0.3646	0.2260	0.2364
罗城	0.6486	0.5797	0.5469	0.5253	0.5969	0.5821	1.3400	0.5419	0.4826	0.3980	0.3712	0.2288	0.2397
环江	0.6262	0.6196	0.5913	0.5593	0.6280	0.6018	1.4018	0.5621	0.5045	0.4161	0.3885	0.2344	0.2444
巴马	0.6626	0.5983	0.5650	0.5402	0.6171	0.5869	1.3159	0.5189	0.4644	0.3854	0.3604	0.2202	0.2305
都安	0.6674	0.6218	0.5838	0.5615	0.6380	0.6034	1.3500	0.5331	0.4748	0.3920	0.3669	0.2265	0.2365
大化	0.7011	0.6199	0.5862	0.5547	0.6391	0.6095	1.3789	0.5474	0.4861	0.4013	0.3746	0.2188	0.2398
忻城	0.6334	0.6028	0.5722	0.5394	0.6197	0.5896	1.3097	0.5232	0.4689	0.3891	0.3646	0.2262	0.2367
象州	0.6600	0.6223	0.5940	0.5599	0.6403	0.6173	1.3843	0.5578	0.4970	0.4107	0.3842	0.2340	0.2442
武宣	0.6547	0.6216	0.5750	0.5504	0.6286	0.6024	1.3601	0.5504	0.4927	0.4084	0.3816	0.2353	0.2467

续表

	2006	2007	2008	2009	2010	2011	2012	2013	2014	2015	2016	2017	2018
金秀	0.5808	0.5441	0.5111	0.4896	0.5602	0.5354	1.2064	0.4829	0.4334	0.3594	0.3376	0.2183	0.2283
合山	0.6351	0.6128	0.5828	0.5588	0.6366	0.6087	1.3700	0.5561	0.4984	0.4129	0.3858	0.2370	0.2478
扶绥	0.6775	0.6563	0.6397	0.6042	0.6888	0.6689	1.4799	0.5955	0.5309	0.4346	0.4070	0.2475	0.2608
宁明	0.7053	0.6900	0.6388	0.6030	0.6817	0.6549	1.4607	0.5966	0.5324	0.4376	0.4088	0.2476	0.2602
龙州	0.6870	0.6672	0.6213	0.5756	0.6509	0.6207	1.3885	0.5614	0.4994	0.4141	0.3881	0.2359	0.2472
大新	0.6966	0.6766	0.6206	0.5722	0.6507	0.6251	1.4002	0.5698	0.5115	0.4229	0.3945	0.2388	0.2502
天等	0.7134	0.6782	0.6160	0.5863	0.6674	0.6406	1.4193	0.5729	0.5113	0.4208	0.3662	0.2404	0.2514
凭祥	0.6549	0.6104	0.5588	0.5266	0.6088	0.5851	1.3491	0.5471	0.4883	0.4007	0.3769	0.2290	0.2412

资料来源：本报告测算结果。

（七）广西县域交通设施类指标得分分析

广西县域交通设施类指标得分中位数为 1.48，低于均值 1.68。虽然中位数与均值相差不大，但由于部分县在交通条件方面存在较大的差异，极差高达 5.30，为均值的 3.15 倍，从而导致分布偏度达到了 2.22（如图 6—9 所示）。

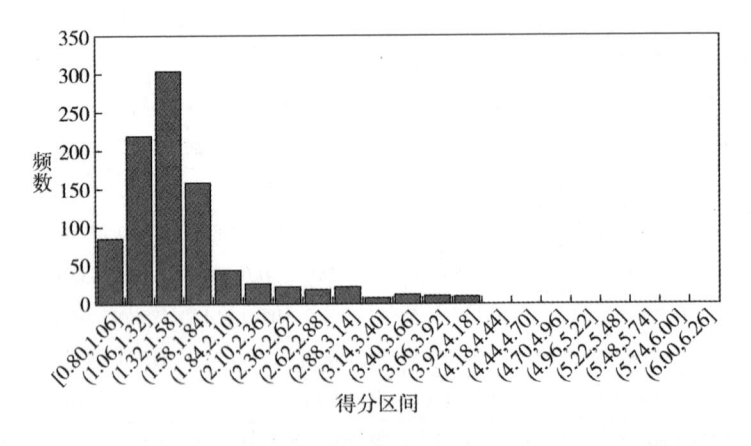

图 6—9　广西县域交通设施类指标得分分布

资料来源：本报告测算结果。

交通设施类指标平均得分为 1.5 分以下的县有 13 个，占比为 17.33%；1.5—1.8 分的县有 48 个，占比为 64%；1.8—2.1 分的县有 11 个，占比为 14.67%；2.1 分以上的县有 3 个，占比为 4%。各县各年交通设施类指标得分变异系数为 0.29 – 0.60。

表6—10　　　广西县域交通设施类指标得分（2006—2018 年）

	2006	2007	2008	2009	2010	2011	2012	2013	2014	2015	2016	2017	2018
武鸣	2.74	4.27	1.92	1.62	1.80	1.57	1.05	1.34	1.21	1.56	1.55	1.59	1.92
隆安	2.46	3.25	1.76	1.47	1.62	1.42	0.95	1.23	1.13	1.49	1.31	1.35	1.63
马山	2.88	3.90	1.71	1.46	1.62	1.42	0.97	1.26	1.16	1.54	1.38	1.42	1.64
上林	2.58	3.75	1.81	1.53	1.70	1.48	1.00	1.30	1.19	1.53	1.37	1.43	1.74
宾阳	2.48	3.85	1.66	1.47	1.63	1.42	0.96	1.24	1.14	1.46	1.28	1.32	1.56
横县	2.62	4.10	1.65	1.52	1.69	1.48	1.05	1.36	1.26	1.59	1.39	1.42	1.74
柳江	2.36	4.12	1.85	1.57	1.74	1.52	1.02	1.30	1.18	1.52	1.32	1.38	1.68
柳城	2.54	4.43	2.06	1.74	1.97	1.71	1.15	1.47	1.33	1.63	1.51	1.45	1.74
鹿寨	2.45	3.10	1.78	1.50	1.66	1.45	1.02	1.31	1.19	1.54	1.34	1.39	1.71
融安	2.11	3.15	1.57	1.30	1.47	1.29	0.86	1.11	1.03	1.30	1.13	1.26	1.47
融水	2.06	2.87	1.61	1.33	1.57	1.37	0.93	1.19	1.08	1.39	1.21	1.25	1.54
三江	2.15	3.09	1.73	1.46	1.68	1.47	0.98	1.26	1.14	1.46	1.28	1.34	1.64
临桂	2.74	3.94	1.77	1.54	1.72	1.52	1.01	1.31	1.19	1.54	1.13	1.25	1.81
阳朔	2.60	3.07	1.83	1.58	1.77	1.57	1.06	1.37	1.24	1.61	1.31	1.24	1.39
灵川	2.62	3.55	1.67	1.39	1.54	1.34	0.90	1.15	1.06	1.39	1.22	1.25	1.51
全州	2.61	3.58	1.76	1.50	1.66	1.45	0.98	1.25	1.16	1.50	1.34	1.38	1.77
兴安	2.51	3.60	1.77	1.51	1.68	1.47	0.98	1.28	1.18	1.53	1.33	0.90	1.70
永福	2.20	3.09	1.47	1.25	1.39	1.22	0.82	1.05	0.95	1.23	1.07	1.13	1.25
灌阳	2.48	3.44	1.65	1.41	1.58	1.37	0.92	1.18	1.08	1.39	1.26	1.30	1.59
龙胜	2.24	2.83	1.61	1.36	1.51	1.31	0.88	1.15	1.07	1.29	1.18	1.23	1.54
资源	2.51	3.51	1.64	1.39	1.57	1.38	0.91	1.18	1.08	1.33	1.17	1.30	1.63
平乐	2.66	3.83	1.64	1.40	1.56	1.38	0.93	1.20	1.10	1.41	1.27	1.31	1.56

续表

	2006	2007	2008	2009	2010	2011	2012	2013	2014	2015	2016	2017	2018
恭城	2.72	3.12	1.64	1.40	1.56	1.36	0.91	1.17	1.08	1.39	1.25	1.21	1.48
荔浦	2.44	3.90	1.88	1.58	1.75	1.54	1.04	1.33	1.21	1.56	1.36	1.47	1.70
苍梧	2.73	3.54	1.71	1.42	1.61	1.40	0.98	1.26	1.15	1.48	1.29	1.34	1.58
藤县	2.54	3.78	1.63	1.40	1.56	1.37	0.95	1.22	1.12	1.46	1.29	1.37	1.68
蒙山	2.28	3.67	1.61	1.38	1.52	1.33	0.91	1.18	1.08	1.26	1.13	0.90	1.11
岑溪	2.89	4.06	1.82	1.59	1.78	1.55	1.07	1.37	1.25	1.62	1.41	1.51	1.83
合浦	3.98	6.11	2.26	1.87	2.06	1.81	1.25	1.48	1.37	1.79	1.54	1.61	2.00
上思	2.22	2.95	1.67	1.42	1.57	1.37	0.92	1.22	1.11	1.45	1.28	1.32	1.61
东兴	2.85	4.13	1.81	1.60	1.79	1.50	1.01	1.31	1.21	1.56	1.36	1.39	1.63
灵山	2.94	4.15	2.04	1.67	1.85	1.62	1.10	1.41	1.30	1.67	1.45	1.54	1.86
浦北	2.77	4.57	1.89	1.59	1.77	1.55	1.06	1.38	1.29	1.75	1.53	1.62	2.05
平南	2.25	2.79	1.70	1.46	1.66	1.46	0.98	1.28	1.18	1.54	1.35	1.38	1.69
桂平	2.20	3.12	1.94	1.68	1.87	1.63	1.09	1.41	1.30	1.72	1.52	1.50	1.96
容县	2.76	4.10	1.85	1.57	1.74	1.52	1.02	1.38	1.26	1.66	1.41	1.49	1.81
陆川	3.29	5.09	2.88	2.40	2.66	2.32	1.54	1.97	1.78	2.31	2.00	2.04	2.47
博白	3.05	4.72	2.16	1.82	2.02	1.76	1.18	1.53	1.47	1.73	1.62	1.66	1.97
兴业	3.41	5.05	2.22	1.89	2.09	1.82	1.22	1.62	1.52	2.01	1.80	1.84	1.97
北流	3.25	4.59	2.04	1.71	1.89	1.65	1.10	1.47	1.39	1.79	1.55	1.60	1.93
田阳	2.36	3.34	1.75	1.38	1.58	1.43	0.96	1.25	1.15	1.54	1.40	1.43	1.09
田东	2.17	3.35	1.72	1.46	1.64	1.43	0.96	1.24	1.15	1.48	1.33	1.37	1.65
平果	2.31	3.73	1.77	1.49	1.67	1.48	0.99	1.32	1.22	1.62	1.40	1.68	1.69
德保	2.29	3.13	1.56	1.39	1.60	1.42	0.95	1.23	1.13	1.39	1.25	1.31	1.58
那坡	2.51	3.58	1.85	1.53	1.70	1.48	0.99	1.29	1.18	1.55	1.35	1.44	1.19
凌云	2.60	3.08	1.58	1.57	1.71	1.50	1.00	1.31	1.22	1.66	1.45	1.53	1.91
乐业	2.66	3.19	1.58	1.35	1.50	1.34	0.90	1.21	1.14	1.53	1.33	1.38	1.62
田林	1.96	2.61	1.54	1.14	1.27	1.20	0.80	1.11	1.01	1.30	1.14	1.18	1.45
西林	2.05	3.46	1.48	1.26	1.40	1.22	0.82	1.06	0.97	1.25	1.09	1.15	1.37
隆林	2.13	3.00	1.86	1.56	1.74	1.53	1.03	1.32	1.20	1.53	1.42	1.42	1.71
靖西	2.30	3.68	1.76	1.52	1.69	1.44	0.96	1.27	1.16	1.50	1.35	1.42	1.86
昭平	2.36	3.14	1.53	1.31	1.45	1.27	0.88	1.14	1.05	1.02	0.91	1.09	1.45
钟山	2.72	4.11	1.83	1.65	1.83	1.60	1.09	1.43	1.30	1.45	1.34	1.37	1.66

续表

	2006	2007	2008	2009	2010	2011	2012	2013	2014	2015	2016	2017	2018
富川	3.08	3.78	1.90	1.56	1.71	1.49	1.00	1.30	1.18	0.99	0.87	1.36	1.69
宜州	2.07	3.13	1.53	1.34	1.48	1.30	0.88	1.14	1.04	1.32	1.20	1.25	1.52
南丹	2.24	2.87	1.40	1.29	1.43	1.26	0.86	1.12	1.01	1.27	1.12	1.15	1.40
天峨	3.02	2.76	1.58	1.30	1.44	1.28	0.86	1.10	1.03	1.35	1.22	1.28	1.55
凤山	3.06	4.26	1.74	1.49	1.66	1.45	0.97	1.27	1.15	1.49	1.32	1.42	1.67
东兰	2.11	4.86	1.80	1.54	1.72	1.51	1.01	1.33	1.22	1.59	1.39	1.44	1.73
罗城	2.03	3.03	1.45	1.28	1.42	1.25	0.84	1.09	1.00	1.28	1.13	1.17	1.41
环江	3.20	2.89	1.41	1.23	1.36	1.19	0.80	1.03	0.94	1.22	1.07	1.11	1.34
巴马	2.28	4.05	1.80	1.54	1.71	1.49	1.00	1.28	1.16	1.50	1.31	1.35	1.63
都安	2.26	3.07	1.47	1.42	1.58	1.38	0.92	1.19	1.09	1.42	1.25	1.30	1.58
大化	2.27	3.09	1.52	1.52	1.70	1.48	0.99	1.26	1.16	1.51	1.33	1.42	1.79
忻城	2.33	3.55	1.46	1.38	1.52	1.33	0.89	1.15	1.05	1.01	1.21	1.30	1.56
象州	2.25	3.52	1.70	1.54	1.70	1.48	0.99	1.28	1.15	1.49	1.35	1.39	1.55
武宣	2.43	3.83	1.64	1.48	1.66	1.47	1.00	1.32	1.19	1.47	1.44	1.51	1.82
金秀	2.14	2.79	1.39	1.29	1.46	1.29	0.88	1.13	1.04	1.33	1.20	1.25	1.51
合山	2.96	5.10	2.03	1.73	1.95	1.69	1.15	1.44	1.31	1.69	1.63	1.72	2.09
扶绥	2.62	4.13	1.73	1.44	1.60	1.40	0.94	1.23	1.14	1.51	1.33	1.31	1.58
宁明	2.51	3.87	1.66	1.42	1.58	1.38	0.93	1.19	1.08	1.42	1.22	1.26	1.51
龙州	2.78	4.07	1.69	1.44	1.62	1.42	0.95	1.22	1.11	1.43	1.25	1.28	1.55
大新	2.56	3.64	1.63	1.37	1.53	1.33	0.89	1.17	1.04	1.34	1.17	1.18	1.48
天等	2.37	3.20	1.60	1.41	1.56	1.36	0.92	1.22	1.12	1.44	1.26	1.30	1.61
凭祥	3.45	5.07	2.08	1.76	1.96	1.70	1.13	1.45	1.31	1.77	1.54	1.58	1.90

资料来源：本报告测算结果。

(八) 广西县域医养设施类指标得分分析

广西县域医养设施类指标得分中位数为12.10，低于均值13.92，整体分布偏左。但由于部分县在医疗条件方面存在显著的差异，极差高达67.06，为均值的4.82倍，从而导致分布偏度达到了2.96（如图6—10所示）。

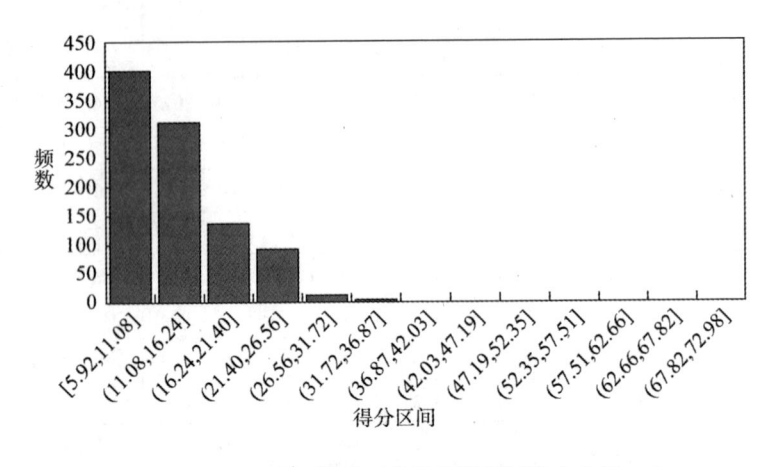

图 6—10 广西县域医养设施类指标得分分布

资料来源：本报告测算结果。

医养设施类指标平均得分为 11—13 分的县有 34 个，占比为 45.33%；13—15 分的县有 23 个，占比为 30.67%；15—17 分的县有 9 个，占比为 12%；17—19 分的县有 5 个，占比为 6.67%；19 分以上的县有 4 个，占比为 5.33%；最高得分为 21.67。各县各年医养设施类指标得分变异系数为 0.28－0.79。

表 6—11　广西县域医养设施类指标得分（2006—2018 年）

	2006	2007	2008	2009	2010	2011	2012	2013	2014	2015	2016	2017	2018
武鸣	9.60	10.00	8.55	10.30	8.20	7.02	21.38	11.71	10.64	12.11	13.52	13.46	17.00
隆安	9.81	10.64	9.48	11.38	9.05	7.62	21.50	12.63	12.03	17.90	13.97	15.31	17.22
马山	8.74	10.23	8.77	10.75	7.64	6.51	21.12	11.29	11.03	12.53	12.99	13.13	17.26
上林	9.13	9.57	8.34	10.15	8.06	6.78	21.14	11.66	11.28	13.29	14.52	13.83	17.57
宾阳	8.85	9.36	8.25	10.40	8.01	6.64	21.20	10.77	10.52	11.84	13.23	13.34	15.88
横县	8.52	9.30	7.92	9.43	7.28	6.10	21.75	9.86	10.07	15.23	15.85	17.30	22.16
柳江	8.16	8.65	7.63	9.15	8.05	6.59	23.18	13.47	10.68	12.25	13.41	12.60	16.15
柳城	9.32	9.74	8.39	10.11	8.55	7.20	22.96	13.04	15.34	14.83	18.03	16.00	20.25

续表

	2006	2007	2008	2009	2010	2011	2012	2013	2014	2015	2016	2017	2018
鹿寨	9.08	9.70	8.68	10.65	8.68	7.30	23.10	12.86	13.00	16.38	14.68	15.85	18.93
融安	10.20	10.67	9.49	11.76	9.84	8.07	28.69	13.92	13.63	14.81	18.88	14.91	19.89
融水	8.98	9.74	8.71	10.62	8.56	7.40	24.86	15.49	12.75	13.17	14.02	16.28	17.15
三江	9.31	10.37	8.95	10.81	8.11	6.77	23.59	15.83	16.76	16.15	21.32	22.94	30.78
临桂	9.23	10.87	9.16	11.30	8.29	6.81	22.49	12.10	14.12	18.25	17.89	16.82	21.69
阳朔	9.84	9.89	8.96	10.72	7.96	6.60	24.92	12.46	14.02	16.58	18.74	16.18	18.73
灵川	10.90	11.47	10.81	12.53	9.78	7.90	23.75	14.31	12.97	17.48	20.60	20.35	18.59
全州	9.97	10.40	9.18	11.13	8.09	6.56	22.10	11.43	12.00	17.94	18.93	21.54	25.89
兴安	12.03	12.44	10.98	13.33	10.03	8.26	22.71	13.19	12.92	14.52	14.94	15.30	24.07
永福	10.80	11.74	9.94	12.08	8.68	7.21	25.15	12.51	13.66	17.78	20.32	19.11	24.73
灌阳	10.87	11.43	9.93	12.06	8.99	7.32	23.37	15.05	12.63	19.48	18.43	20.63	24.68
龙胜	10.89	11.55	10.09	12.27	10.27	8.74	28.54	14.45	19.50	16.22	24.84	24.61	30.56
资源	10.99	11.72	10.03	12.75	9.54	7.80	29.77	18.50	15.42	18.92	15.79	15.76	21.83
平乐	8.95	9.51	8.10	9.94	7.82	6.61	23.63	13.85	13.85	13.57	16.37	14.89	19.64
恭城	9.52	11.25	9.44	11.62	8.75	7.11	23.63	15.10	16.45	20.35	18.59	20.25	16.22
荔浦	10.52	10.71	9.47	11.42	9.19	7.58	23.05	12.78	14.11	14.84	15.71	13.54	18.85
苍梧	9.10	9.93	8.41	10.20	7.88	6.61	21.95	11.08	11.32	13.38	15.18	13.94	16.24
藤县	8.37	9.36	8.07	9.84	7.27	6.26	21.24	10.26	10.42	12.00	13.29	13.48	16.19
蒙山	10.48	11.32	9.61	11.59	9.38	7.66	25.03	13.29	13.05	18.31	21.73	22.36	23.19
岑溪	8.94	11.34	8.71	10.52	7.67	6.35	21.86	10.81	10.32	11.51	12.72	13.39	16.87
合浦	10.24	10.71	8.44	11.12	8.60	6.88	22.21	10.98	11.44	14.30	15.14	15.46	19.86
上思	11.19	11.28	9.54	11.15	9.45	7.69	26.30	15.63	13.99	15.65	15.14	19.27	19.36
东兴	11.51	11.47	10.01	12.44	9.14	7.71	36.36	20.73	19.33	16.12	21.91	14.67	24.29
灵山	9.17	9.94	8.44	10.33	7.23	5.92	21.30	10.67	10.45	16.21	16.36	16.69	20.75
浦北	9.63	10.24	8.89	10.87	7.59	6.24	23.04	10.33	11.89	11.42	17.15	19.73	25.78
平南	7.83	8.36	7.27	8.74	7.32	6.12	22.73	11.09	10.23	13.60	13.70	15.26	18.89
桂平	8.24	8.81	7.66	9.27	7.30	6.18	21.17	11.03	10.66	11.66	13.70	14.50	18.69
容县	9.30	9.93	8.57	10.52	8.12	6.80	21.79	10.61	12.74	13.06	15.71	16.17	17.97
陆川	8.61	9.01	7.72	9.30	7.06	6.03	22.89	10.07	10.17	12.50	14.29	12.46	18.64
博白	9.24	9.30	8.22	9.86	7.31	6.24	21.82	11.06	10.20	11.14	13.54	13.59	15.74
兴业	8.13	8.71	7.65	9.47	6.99	5.94	23.68	11.74	12.87	15.31	16.03	18.34	22.54

续表

	2006	2007	2008	2009	2010	2011	2012	2013	2014	2015	2016	2017	2018
北流	8.70	9.30	8.00	9.57	7.53	6.31	23.28	11.54	10.70	11.67	12.20	12.37	17.14
田阳	10.81	11.57	9.54	11.90	9.31	7.78	26.60	20.32	19.01	19.22	21.42	20.25	20.92
田东	10.33	11.21	10.67	11.76	9.84	7.91	54.74	15.46	18.70	20.88	20.90	22.34	25.12
平果	12.83	13.33	11.22	9.93	8.32	7.01	46.90	13.58	13.91	21.28	24.52	22.75	31.59
德保	10.01	10.95	9.45	10.92	8.87	7.54	47.34	17.82	15.19	18.57	22.70	22.25	19.36
那坡	8.94	11.64	10.55	13.17	8.87	8.38	66.81	14.59	21.61	20.56	22.11	29.03	32.55
凌云	10.45	12.15	10.58	15.14	9.05	7.70	59.96	24.10	14.53	20.88	23.57	20.50	30.97
乐业	10.96	12.97	10.92	15.90	9.67	8.22	72.98	16.07	29.30	15.92	22.29	24.44	32.00
田林	10.93	11.87	10.79	14.31	10.63	8.47	60.23	17.28	14.46	24.81	19.67	23.95	23.71
西林	11.52	14.12	11.48	14.35	10.50	8.55	24.80	21.07	20.48	15.29	28.49	19.31	29.39
隆林	13.40	9.99	8.62	11.40	8.94	8.04	22.15	12.10	14.16	14.30	14.01	18.22	18.55
靖西	9.71	9.37	8.20	10.06	7.72	6.83	34.47	10.75	10.90	16.33	16.67	16.82	24.74
昭平	13.10	14.00	11.13	16.91	8.18	6.83	21.96	10.90	10.85	20.24	24.14	22.86	28.17
钟山	12.53	14.49	12.17	14.09	8.44	7.14	22.52	11.03	10.85	11.35	12.88	14.77	19.76
富川	13.99	15.59	11.94	14.24	9.48	7.83	22.29	11.30	11.85	12.49	13.94	13.24	19.47
宜州	10.70	10.45	9.35	10.96	9.70	7.99	21.97	11.14	11.32	12.65	15.38	13.48	16.94
南丹	9.77	11.39	9.23	10.98	9.53	7.79	24.32	12.77	11.21	12.23	13.84	13.44	17.51
天峨	10.78	10.04	8.99	10.34	9.72	8.40	26.18	16.50	14.57	12.82	17.09	17.16	17.73
凤山	9.45	11.65	9.79	11.56	9.82	8.20	26.01	14.98	15.16	17.24	17.57	18.42	21.04
东兰	9.64	10.29	8.76	10.64	8.96	7.51	23.79	14.60	13.40	14.33	14.41	13.67	17.47
罗城	9.09	10.13	8.72	10.30	8.55	7.16	25.85	12.51	13.50	15.66	16.40	16.07	19.91
环江	10.45	9.83	8.30	9.98	8.19	6.70	21.01	16.39	12.17	12.86	14.48	13.97	18.16
巴马	8.39	10.89	9.17	11.09	8.59	7.07	23.98	19.18	18.42	13.17	15.00	14.48	18.26
都安	9.24	9.20	8.01	9.59	8.08	6.71	21.59	11.15	13.38	13.80	13.02	13.39	15.93
大化	9.66	9.82	8.11	9.99	8.08	6.67	22.07	11.25	11.81	15.38	17.14	13.33	17.48
忻城	9.22	9.77	8.57	10.62	8.22	6.84	22.42	11.42	11.31	12.66	17.19	16.40	17.11
象州	8.83	9.72	8.35	10.16	8.25	6.98	23.32	11.98	11.62	12.78	14.67	17.74	21.89
武宣	10.44	11.00	9.42	11.22	8.53	7.02	22.62	12.10	11.48	13.25	13.18	13.96	20.32
金秀	11.51	14.72	10.66	12.89	12.00	9.90	24.80	16.42	16.24	15.64	15.80	15.83	21.85
合山	13.06	13.86	12.03	13.84	10.61	8.27	30.10	14.16	14.94	15.90	15.84	15.30	17.73
扶绥	9.69	10.36	9.06	10.39	8.55	7.01	22.87	13.21	11.22	12.24	13.83	13.58	16.60

续表

	2006	2007	2008	2009	2010	2011	2012	2013	2014	2015	2016	2017	2018
宁明	8.85	9.59	8.20	9.52	7.68	6.84	22.79	12.24	13.29	12.27	13.34	13.85	16.87
龙州	10.51	11.04	9.54	11.18	9.30	8.53	23.87	14.23	14.28	16.73	15.00	15.15	19.35
大新	9.29	10.00	8.77	10.61	8.60	7.14	23.78	12.18	12.39	15.29	17.17	15.73	19.14
天等	8.82	9.59	8.23	10.08	8.40	7.10	22.64	12.39	12.02	13.08	13.97	14.55	16.50
凭祥	9.85	10.60	9.11	10.51	9.32	8.19	25.30	16.28	21.23	16.95	20.48	17.40	25.45

资料来源：本报告测算结果。

（九）广西县域社会保障类指标得分分析

广西县域社会保障类指标得分中位数为 0.66，低于均值 1.21，整体分布偏左，偏度为 0.74。但由于部分县在社会保障方面存在显著的差异，极差达到 6.13，为均值的 5.07 倍（如图 6—11 所示）。

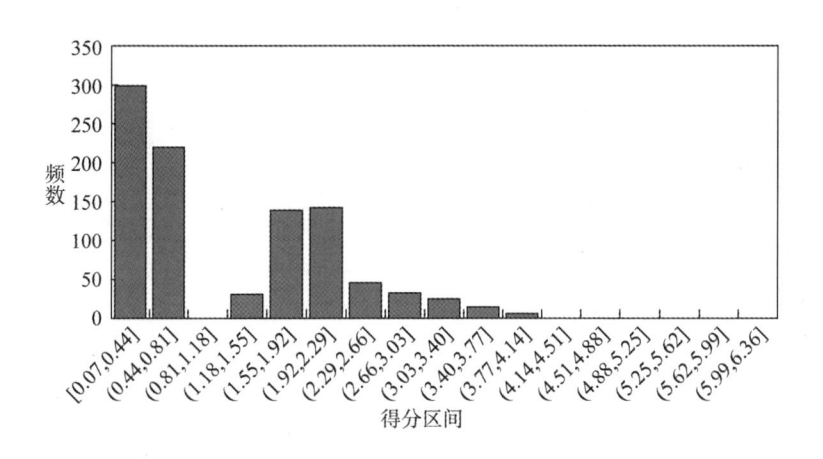

图 6—11 广西县域社会保障类指标得分分布

资料来源：本报告测算结果。

社会保障类指标平均得分为 0.9—1.2 分的县有 38 个，占比为 50.67%；1.2—1.5 分的县比为 35 个，占比为 46.67%；1.5 分以上的县有2个，占比为2.66%。各县各年社会保障类指标得分变异系数为0.81－1.19。

表6—12　广西县域社会保障类指标得分（2006—2018年）

	2006	2007	2008	2009	2010	2011	2012	2013	2014	2015	2016	2017	2018
武鸣	2.28	1.82	1.81	2.11	2.27	3.59	0.09	0.55	0.21	0.15	0.13	0.55	0.56
隆安	2.35	1.95	1.81	2.16	2.48	3.32	0.09	0.56	0.21	0.15	0.13	0.65	0.65
马山	1.78	1.49	1.36	1.71	1.90	2.67	0.09	0.54	0.21	0.15	0.13	0.46	0.46
上林	1.98	1.85	1.72	2.09	2.27	3.07	0.09	0.49	0.21	0.15	0.13	0.64	0.63
宾阳	1.87	1.72	1.57	1.92	2.14	2.81	0.09	0.54	0.21	0.15	0.13	0.55	0.55
横县	1.86	1.55	1.48	1.83	2.03	2.74	0.09	0.52	0.20	0.14	0.13	0.63	0.62
柳江	2.10	1.72	1.69	2.18	2.32	4.03	0.08	0.47	0.20	0.15	0.13	0.62	0.61
柳城	2.34	1.93	1.86	2.32	2.57	3.43	0.08	0.50	0.20	0.14	0.14	0.61	0.61
鹿寨	2.29	1.89	1.92	2.32	2.53	3.52	0.08	0.52	0.21	0.15	0.13	0.46	0.63
融安	1.99	1.64	1.63	2.01	2.19	3.11	0.08	0.51	0.20	0.15	0.13	0.44	0.56
融水	2.04	1.66	1.55	1.91	2.11	2.92	0.09	0.58	0.22	0.16	0.14	0.65	0.67
三江	1.89	1.59	1.50	1.84	2.17	2.87	0.09	0.51	0.21	0.16	0.14	0.66	0.65
临桂	2.18	1.79	1.69	2.04	2.25	3.18	0.09	0.55	0.22	0.16	0.13	0.61	0.64
阳朔	2.06	1.86	1.74	2.17	2.40	3.89	0.09	0.66	0.22	0.16	0.13	0.65	0.66
灵川	2.33	2.00	1.86	2.23	2.55	3.26	0.08	0.54	0.21	0.15	0.13	0.63	0.66
全州	2.17	1.83	1.71	2.05	2.26	3.10	0.08	0.57	0.21	0.15	0.13	0.65	0.63
兴安	2.15	2.04	1.84	2.15	2.73	3.64	0.09	0.55	0.22	0.15	0.13	0.64	0.79
永福	2.38	1.92	1.92	2.25	2.52	3.20	0.08	0.54	0.21	0.15	0.13	0.65	0.65
灌阳	2.18	1.79	1.71	2.07	2.43	3.46	0.09	0.63	0.22	0.16	0.14	0.66	0.65
龙胜	2.64	2.11	1.95	2.56	2.62	3.75	0.09	0.57	0.22	0.16	0.14	0.68	0.67
资源	2.28	1.92	1.77	2.15	2.40	3.77	0.09	0.50	0.22	0.16	0.14	0.64	0.66
平乐	1.96	1.78	1.59	2.09	2.32	3.26	0.09	0.55	0.21	0.15	0.13	0.64	0.63
恭城	2.26	1.99	1.89	2.29	2.71	3.96	0.09	0.56	0.22	0.16	0.14	0.80	0.80
荔浦	2.35	1.88	1.82	2.20	2.26	3.33	0.09	0.53	0.21	0.15	0.13	0.64	0.63
苍梧	1.99	1.70	1.49	1.80	2.16	3.22	0.09	0.57	0.22	0.16	0.14	0.67	0.65
藤县	1.84	1.52	1.45	1.78	1.92	2.81	0.09	0.55	0.22	0.16	0.13	0.64	0.63

续表

	2006	2007	2008	2009	2010	2011	2012	2013	2014	2015	2016	2017	2018
蒙山	2.23	1.75	1.94	2.38	2.55	3.40	0.09	0.55	0.21	0.15	0.13	0.64	0.63
岑溪	2.26	1.70	1.60	1.93	2.19	2.92	0.08	0.53	0.21	0.15	0.13	0.64	0.64
合浦	2.22	2.14	1.88	2.40	2.64	3.48	0.09	0.53	0.20	0.14	0.12	0.60	0.61
上思	2.77	2.18	2.04	2.59	2.89	3.68	0.08	0.52	0.20	0.15	0.13	0.61	0.63
东兴	2.70	2.36	2.21	2.75	2.84	4.11	0.08	0.53	0.21	0.15	0.13	0.61	0.63
灵山	1.83	1.53	1.43	1.82	1.99	2.75	0.09	0.53	0.19	0.15	0.13	0.61	0.60
浦北	2.00	1.66	1.55	1.88	2.06	2.73	0.09	0.47	0.20	0.15	0.13	0.61	0.61
平南	1.89	1.57	1.47	1.79	2.05	3.25	0.09	0.54	0.21	0.15	0.13	0.62	0.62
桂平	1.81	1.59	1.48	1.79	1.91	2.70	0.08	0.62	0.21	0.15	0.13	0.61	0.61
容县	2.10	1.72	1.67	2.01	2.15	3.75	0.09	0.52	0.20	0.14	0.13	0.60	0.62
陆川	1.95	1.54	1.66	1.82	1.99	3.38	0.09	0.50	0.21	0.15	0.13	0.62	0.62
博白	1.85	1.51	1.41	1.70	1.86	3.25	0.09	0.49	0.20	0.14	0.12	0.60	0.59
兴业	1.64	1.49	1.30	1.57	1.71	2.77	0.09	0.20	0.14	0.13	0.56	0.77	
北流	1.97	1.64	1.68	1.87	2.14	3.56	0.09	0.49	0.20	0.15	0.13	0.61	0.62
田阳	2.20	1.83	1.75	1.98	2.36	3.19	0.09	0.55	0.23	0.16	0.14	0.68	0.67
田东	2.15	1.82	1.70	2.08	2.24	3.12	0.09	0.55	0.22	0.16	0.13	0.66	0.66
平果	1.98	1.66	1.60	1.93	2.15	2.98	0.08	0.51	0.20	0.14	0.13	0.56	0.61
德保	1.92	1.57	1.49	1.81	2.08	3.21	0.09	0.56	0.22	0.16	0.14	0.68	0.67
那坡	1.84	1.73	1.60	1.94	2.14	3.01	0.09	0.57	0.23	0.17	0.15	0.70	0.59
凌云	2.08	1.68	1.55	1.92	2.12	2.94	0.09	0.54	0.22	0.16	0.14	0.67	0.68
乐业	2.03	1.68	1.57	1.92	2.18	2.92	0.09	0.56	0.22	0.16	0.14	0.69	0.66
田林	2.01	1.77	1.70	2.05	2.23	2.96	0.09	0.56	0.23	0.15	0.14	0.68	0.67
西林	2.09	1.83	1.71	2.08	2.18	3.06	0.09	0.55	0.22	0.16	0.14	0.68	0.67
隆林	2.27	1.65	1.51	1.87	2.09	2.86	0.09	0.55	0.23	0.17	0.14	0.67	0.64
靖西	1.94	1.53	1.44	1.75	1.92	2.67	0.09	0.55	0.22	0.16	0.14	0.68	0.67
昭平	2.35	1.93	1.77	2.17	2.38	3.25	0.08	0.52	0.21	0.15	0.13	0.62	0.56
钟山	2.35	1.85	1.66	1.92	2.13	2.92	0.09	0.50	0.20	0.14	0.13	0.63	0.63
富川	2.23	1.83	1.70	2.08	2.32	3.22	0.09	0.55	0.21	0.15	0.13	0.66	0.65
宜州	2.25	1.62	1.54	1.89	2.12	3.89	0.08	0.52	0.20	0.15	0.13	0.62	0.63
南丹	2.40	1.95	1.72	2.07	2.25	3.54	0.08	0.50	0.20	0.14	0.13	0.63	0.65
天峨	2.21	1.95	1.80	2.18	2.38	3.23	0.09	0.55	0.23	0.16	0.14	0.67	0.65

续表

	2006	2007	2008	2009	2010	2011	2012	2013	2014	2015	2016	2017	2018
凤山	2.09	1.88	1.78	2.15	2.31	3.37	0.09	0.52	0.22	0.16	0.14	0.65	0.65
东兰	2.05	1.76	1.62	1.97	2.18	2.97	0.09	0.57	0.22	0.16	0.13	0.63	0.63
罗城	2.12	1.70	1.57	1.93	2.20	3.02	0.08	0.53	0.21	0.15	0.13	0.64	0.66
环江	2.15	1.68	1.68	2.02	2.22	3.99	0.08	0.49	0.21	0.15	0.13	0.66	0.65
巴马	2.00	1.83	1.65	2.02	2.21	6.21	0.08	0.46	0.21	0.15	0.13	0.65	0.64
都安	1.82	1.53	1.41	1.71	1.89	2.63	0.09	0.49	0.22	0.16	0.14	0.67	0.66
大化	1.92	1.54	1.48	1.84	2.03	2.79	0.08	0.54	0.21	0.15	0.13	0.65	0.62
忻城	1.86	1.55	1.45	1.77	1.98	2.75	0.09	0.51	0.20	0.14	0.13	0.64	0.65
象州	2.22	1.85	1.62	2.07	2.26	3.11	0.09	0.50	0.21	0.15	0.13	0.47	0.80
武宣	2.07	1.70	1.58	1.87	2.14	2.82	0.08	0.57	0.22	0.14	0.13	0.63	0.63
金秀	2.22	2.00	1.83	2.24	2.57	3.51	0.09	0.52	0.21	0.15	0.13	0.67	0.63
合山	3.84	2.97	2.62	3.60	4.00	5.62	0.07	0.42	0.17	0.13	0.11	0.55	0.60
扶绥	2.34	2.06	1.94	2.27	2.61	3.74	0.08	0.51	0.19	0.14	0.12	0.60	0.55
宁明	2.14	1.85	1.73	2.09	2.33	3.18	0.08	0.55	0.21	0.15	0.12	0.58	0.57
龙州	2.31	2.00	2.05	2.54	2.29	4.63	0.08	0.55	0.23	0.15	0.13	0.65	0.67
大新	2.33	1.95	1.80	2.19	2.40	3.26	0.08	0.53	0.21	0.15	0.13	0.64	0.81
天等	1.96	1.65	1.53	1.90	2.13	3.48	0.08	0.50	0.21	0.15	0.13	0.66	0.64
凭祥	2.92	2.34	2.30	2.80	3.17	4.20	0.08	0.60	0.21	0.15	0.13	0.63	0.66

资料来源：本报告测算结果。

（十）广西县域基础教育类指标得分分析

广西县域基础教育类指标得分中位数为 2.29，与均值 2.40 基本一致，整体分布偏左。但由于部分县在基础教育上存在显著的差异，极差达到 5.21，为均值的 2.17 倍，导致分布偏度达到了 2.12（如图 6—12 所示）。

基础教育类指标平均得分 1.9—2.1 分的县有 3 个，占比为 4%；2.1—2.3 分的县有 20 个，占比为 26.67%；2.3—2.5 分的县有 30 个，占比为 40%；2.5—2.7 分的县有 13 个，占比为 17.33%；2.7 分以上的县有 9 个，占比为 12%（见表 6—13）。县域各年基础教育类指标得分变异系数为 0.11—0.49%，指标得分相对稳定。

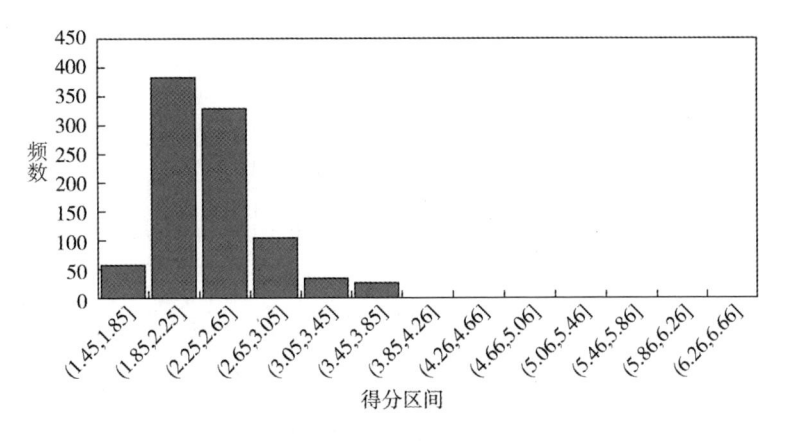

图 6—12　广西县域基础教育类指标得分分布

资料来源：本报告测算结果。

表 6—13　　广西县域基础教育类指标得分（2006—2018 年）

	2006	2007	2008	2009	2010	2011	2012	2013	2014	2015	2016	2017	2018
武鸣	2.02	2.04	2.04	2.03	2.28	2.39	1.74	2.19	1.88	1.97	2.07	2.31	3.03
隆安	2.03	2.12	2.13	2.12	2.42	2.60	1.83	2.50	2.16	2.29	2.43	2.57	3.76
马山	2.11	2.16	2.16	2.14	2.37	2.50	1.78	2.34	2.02	2.10	2.07	2.44	3.19
上林	2.01	2.13	2.08	2.07	2.32	2.41	1.72	2.25	1.95	2.05	2.15	2.53	3.29
宾阳	2.06	2.13	2.12	2.09	2.36	2.44	1.66	2.28	1.94	2.04	2.05	2.50	3.19
横县	2.03	2.13	2.11	2.10	2.37	2.46	1.69	2.30	1.97	1.89	2.00	2.38	3.11
柳江	2.03	2.11	2.08	2.06	2.31	2.40	1.75	2.26	1.96	2.01	2.10	2.46	3.22
柳城	1.93	2.06	2.04	2.06	2.26	2.39	1.86	2.25	1.95	2.20	2.40	2.91	3.80
鹿寨	2.01	2.13	2.05	2.03	2.22	2.26	1.53	2.14	1.82	1.89	1.94	2.30	3.06
融安	2.10	2.27	2.28	2.27	2.58	2.70	1.91	2.49	2.16	2.27	2.43	2.30	3.52
融水	2.15	2.28	2.31	2.33	2.64	2.81	1.94	2.71	2.36	2.80	2.47	2.05	3.35
三江	2.27	2.41	2.42	2.42	2.75	2.96	2.03	2.86	2.48	2.90	3.05	3.66	4.68
临桂	1.99	2.17	2.17	2.04	2.27	2.34	1.70	2.15	1.91	1.94	2.03	2.32	3.15
阳朔	2.05	2.10	2.08	1.99	2.17	2.23	1.61	2.09	1.75	2.12	2.25	2.69	3.50
灵川	1.90	1.93	1.92	1.89	2.13	2.22	1.65	2.06	1.80	1.86	1.95	2.32	3.05

续表

	2006	2007	2008	2009	2010	2011	2012	2013	2014	2015	2016	2017	2018
全州	2.06	2.19	2.23	2.21	2.50	2.61	1.84	2.46	2.13	2.27	2.41	2.82	3.69
兴安	1.95	2.05	2.05	1.98	2.24	2.33	1.72	2.22	1.99	2.09	2.30	2.72	3.43
永福	2.07	2.18	2.19	2.16	2.43	2.53	1.84	2.41	2.10	2.18	2.30	2.68	3.60
灌阳	2.15	2.29	2.31	2.33	2.66	2.87	2.20	2.82	2.44	2.51	2.62	3.31	4.28
龙胜	2.08	1.91	1.91	1.91	2.11	2.16	1.46	1.83	1.58	1.66	2.41	2.92	3.73
资源	1.98	2.09	2.18	2.19	2.50	2.81	2.09	2.72	2.29	2.53	3.10	3.83	4.82
平乐	1.97	2.05	1.99	1.93	2.17	2.25	1.64	2.13	1.85	1.94	2.00	2.32	2.77
恭城	1.98	2.19	2.20	2.20	2.50	2.66	1.96	2.56	2.21	2.29	1.83	2.98	2.80
荔浦	2.08	2.05	2.01	1.96	2.20	2.27	1.66	2.14	1.86	2.39	2.49	2.37	3.54
苍梧	2.24	2.40	2.39	2.36	2.63	2.74	1.79	2.58	2.19	2.30	2.40	2.86	3.76
藤县	2.27	2.37	2.34	2.27	2.50	2.57	1.71	2.41	2.07	2.12	2.22	2.64	3.43
蒙山	2.07	2.21	2.22	2.21	2.52	2.68	1.90	2.58	2.23	2.31	2.42	2.91	3.56
岑溪	2.20	2.35	2.37	2.32	2.62	2.73	1.78	2.53	2.17	2.35	2.69	3.27	4.27
合浦	2.14	2.28	2.26	2.28	2.53	2.60	1.71	2.43	2.08	2.17	2.27	2.66	3.51
上思	2.19	2.24	2.14	2.14	2.44	2.49	1.73	2.34	2.01	2.08	2.18	2.55	6.66
东兴	2.05	2.24	2.20	2.18	2.45	2.60	1.74	2.47	2.14	2.42	2.54	2.75	3.84
灵山	2.14	2.35	2.28	2.28	2.58	2.66	1.65	2.43	2.08	2.15	2.25	2.62	3.43
浦北	2.23	2.42	2.41	2.41	2.69	2.77	1.81	2.58	2.23	2.31	2.41	2.95	4.02
平南	2.08	2.20	2.17	2.15	2.40	2.48	1.60	2.31	1.98	2.05	2.14	2.48	3.23
桂平	2.17	2.33	2.28	2.25	2.54	2.59	1.63	2.40	2.05	2.17	2.19	2.55	3.00
容县	2.16	2.27	2.23	2.21	2.51	2.63	1.74	2.46	2.12	2.21	2.24	2.43	3.19
陆川	2.05	2.20	2.13	2.09	2.29	2.36	1.54	2.17	1.85	1.93	2.03	2.33	3.05
博白	2.25	2.45	2.38	2.23	2.47	2.51	1.61	2.30	1.97	2.06	2.15	2.49	3.24
兴业	2.04	2.26	2.22	2.22	2.50	2.60	1.74	2.46	2.12	2.19	2.29	2.94	3.32
北流	2.23	2.36	2.27	2.15	2.42	2.50	1.62	2.32	1.99	2.06	2.17	2.52	3.43
田阳	2.08	2.17	2.19	2.16	2.43	2.49	1.75	2.32	2.02	2.07	2.13	2.10	3.23
田东	2.08	2.17	2.20	2.23	2.54	2.69	1.91	2.58	2.22	2.36	2.51	2.85	3.84
平果	2.08	2.21	2.21	2.21	2.50	2.60	1.82	2.47	2.12	2.35	2.48	2.86	3.62
德保	2.05	2.11	2.09	2.04	2.25	2.29	1.56	2.11	1.83	1.90	1.98	2.31	2.99
那坡	2.18	2.38	2.44	2.47	2.77	2.98	2.14	2.92	2.48	2.82	2.93	3.61	4.32
凌云	2.29	2.46	2.48	2.48	2.79	2.94	1.91	2.63	2.27	2.77	2.87	3.27	3.26

第六章 广西县域创新能力及其驱动高质量发展的综合分析 165

续表

	2006	2007	2008	2009	2010	2011	2012	2013	2014	2015	2016	2017	2018
乐业	2.34	2.52	2.55	2.55	2.91	3.09	2.11	2.94	2.56	2.65	2.78	3.08	4.22
田林	2.32	2.34	2.27	2.17	2.38	2.42	1.63	2.32	2.02	2.55	2.68	3.18	3.95
西林	2.22	2.45	2.57	2.59	2.65	2.73	1.72	2.58	2.23	2.27	2.37	2.71	3.74
隆林	2.43	2.54	2.57	2.54	2.83	2.99	1.91	2.77	2.40	2.71	2.69	2.95	4.01
靖西	2.34	2.35	2.39	2.43	2.71	2.84	1.97	2.70	2.32	2.56	2.67	3.18	3.85
昭平	2.11	2.30	2.29	2.23	2.55	2.67	1.89	2.58	2.24	2.31	2.75	3.32	2.90
钟山	2.20	2.31	2.18	2.15	2.42	2.49	1.79	2.35	2.02	2.21	2.31	3.24	3.24
富川	2.13	2.25	2.37	2.27	2.56	2.72	1.99	2.57	2.22	2.32	2.08	2.13	2.79
宜州	2.25	2.09	2.13	2.14	2.44	2.57	1.76	2.40	2.15	2.32	2.44	2.86	3.75
南丹	2.43	2.38	2.33	2.34	2.69	2.82	2.00	2.71	2.35	2.68	2.84	3.49	4.45
天峨	2.35	2.58	2.58	2.65	3.06	3.29	2.13	3.15	2.71	2.71	2.85	3.80	4.67
凤山	2.06	2.57	2.73	2.68	2.91	2.92	1.99	2.76	2.36	2.55	2.74	3.74	4.55
东兰	2.01	2.13	2.13	2.06	2.32	2.43	1.65	2.28	1.97	2.04	2.19	3.01	3.76
罗城	2.08	2.13	2.23	2.15	2.43	2.60	1.90	2.49	2.17	2.28	2.42	3.13	4.09
环江	2.21	2.15	2.20	2.22	2.55	2.74	2.05	2.59	2.25	2.38	2.50	3.05	3.85
巴马	2.14	2.33	2.38	2.36	2.69	2.83	1.93	2.74	2.40	2.44	2.60	3.14	4.07
都安	2.15	2.31	2.32	2.31	2.62	2.74	1.88	2.58	2.25	2.38	2.51	2.95	4.89
大化	1.99	2.25	2.30	2.33	2.65	2.72	1.90	2.61	2.29	2.35	2.46	2.93	3.80
忻城	2.11	2.20	2.15	2.19	2.49	2.57	1.78	2.36	2.03	2.09	2.22	2.64	3.48
象州	1.99	2.10	2.12	2.11	2.41	2.53	1.78	2.37	2.04	2.20	2.27	2.97	3.51
武宣	2.09	2.23	2.21	2.19	2.49	2.58	1.75	2.40	2.07	2.09	2.20	2.09	2.70
金秀	2.05	2.14	2.20	2.27	2.61	2.84	2.12	2.68	2.31	2.55	2.98	3.62	4.71
合山	1.93	2.03	1.95	1.94	2.18	1.92	1.45	1.79	1.54	1.63	1.69	1.97	2.60
扶绥	1.97	2.07	2.10	2.09	2.39	2.45	1.73	2.28	1.97	2.06	2.19	2.54	3.29
宁明	2.06	2.15	2.18	2.19	2.50	2.66	1.92	2.54	2.21	2.36	1.88	2.21	4.19
龙州	2.12	2.19	2.18	2.20	2.51	2.62	1.84	2.49	2.10	2.07	2.15	2.10	3.15
大新	2.09	2.22	2.15	2.17	2.51	2.69	2.02	2.58	2.24	2.34	2.68	3.23	3.87
天等	1.98	2.08	2.07	2.09	2.38	2.51	1.75	2.40	2.10	2.18	2.12	2.45	3.20
凭祥	1.99	2.10	2.13	2.15	2.41	2.59	1.91	2.47	2.14	2.23	2.34	2.85	3.69

资料来源：本报告测算结果。

四 广西县域高质量发展综合指数

广西县域高质量发展综合指数的中位数为 0.27，与均值 0.29 大致相当，分布大致平衡，偏度为 0.53，但这是在低水平上的均衡，仍然有较大的提升空间（如图 6—13 所示）。

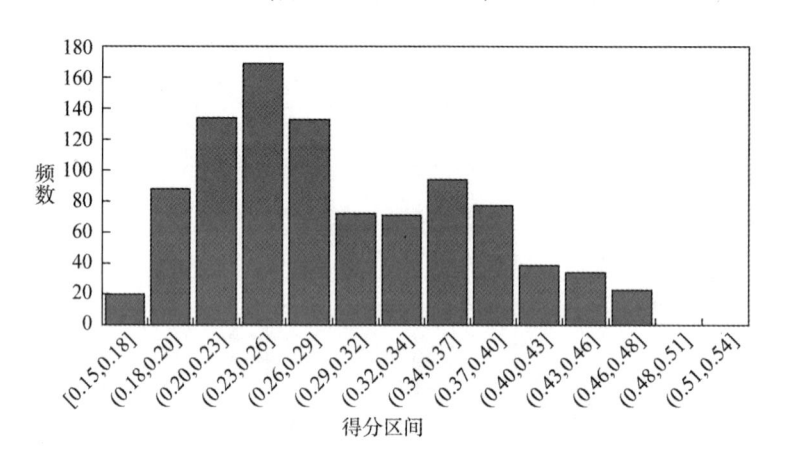

图 6—13　广西县域高质量发展综合指数分布

资料来源：本报告测算结果。

31 个县的高质量发展综合指数低于均值，占比为 41.33%；35 个县的综合指数为 0.27 - 0.40，占比为 46.67%；超过 0.4 的县有 9 个，占比为 12%，最高为 0.46（见表 6—14）；这说明广西县域经济发展与达到高水平尚有较大的距离，有很大的提升空间。各县高质量发展综合指数变异系数水平较低，68 个县的高质量发展综合指数变异系数低于 0.20，占比为 90.67%，这说明各县高质量发展综合指数分布格局没有显著变化。

表 6—14　广西县域高质量发展综合指数（2006—2018 年）

	2006	2007	2008	2009	2010	2011	2012	2013	2014	2015	2016	2017	2018
武鸣	0.40	0.42	0.43	0.44	0.48	0.45	0.44	0.48	0.47	0.46	0.45	0.45	0.47

续表

	2006	2007	2008	2009	2010	2011	2012	2013	2014	2015	2016	2017	2018
隆安	0.23	0.24	0.24	0.23	0.23	0.23	0.22	0.22	0.21	0.25	0.20	0.19	0.20
马山	0.20	0.20	0.19	0.20	0.19	0.19	0.19	0.19	0.19	0.17	0.17	0.25	0.19
上林	0.18	0.19	0.20	0.20	0.19	0.20	0.18	0.18	0.20	0.19	0.18	0.17	0.19
宾阳	0.37	0.36	0.34	0.36	0.37	0.38	0.35	0.35	0.36	0.37	0.35	0.36	0.36
横县	0.36	0.38	0.37	0.38	0.41	0.38	0.40	0.44	0.42	0.41	0.39	0.40	0.42
柳江	0.39	0.41	0.41	0.38	0.41	0.39	0.36	0.38	0.37	0.48	0.46	0.48	0.39
柳城	0.33	0.29	0.28	0.26	0.28	0.26	0.25	0.27	0.25	0.29	0.26	0.23	0.26
鹿寨	0.39	0.34	0.38	0.39	0.42	0.39	0.34	0.31	0.31	0.30	0.28	0.29	0.32
融安	0.23	0.22	0.21	0.26	0.26	0.24	0.25	0.25	0.23	0.21	0.23	0.20	0.22
融水	0.22	0.20	0.23	0.23	0.23	0.23	0.23	0.26	0.24	0.25	0.23	0.23	0.25
三江	0.20	0.21	0.22	0.21	0.23	0.22	0.18	0.23	0.22	0.22	0.26	0.27	0.29
临桂	0.24	0.41	0.42	0.42	0.41	0.40	0.40	0.43	0.42	0.44	0.44	0.43	0.42
阳朔	0.37	0.27	0.31	0.22	0.25	0.28	0.22	0.26	0.29	0.28	0.28	0.28	0.27
灵川	0.40	0.37	0.36	0.35	0.38	0.35	0.33	0.39	0.37	0.39	0.37	0.37	0.32
全州	0.36	0.34	0.31	0.35	0.34	0.31	0.29	0.32	0.30	0.32	0.30	0.32	0.32
兴安	0.36	0.35	0.37	0.38	0.39	0.37	0.36	0.38	0.38	0.37	0.33	0.32	0.34
永福	0.31	0.29	0.31	0.41	0.30	0.28	0.43	0.29	0.40	0.31	0.29	0.39	0.29
灌阳	0.27	0.25	0.25	0.27	0.28	0.27	0.25	0.29	0.27	0.28	0.28	0.29	0.27
龙胜	0.26	0.25	0.24	0.26	0.27	0.25	0.25	0.27	0.28	0.23	0.29	0.27	0.28
资源	0.24	0.23	0.22	0.25	0.26	0.25	0.27	0.28	0.25	0.27	0.23	0.23	0.24
平乐	0.26	0.26	0.24	0.26	0.27	0.25	0.23	0.27	0.26	0.23	0.23	0.23	0.23
恭城	0.33	0.27	0.25	0.26	0.27	0.26	0.26	0.27	0.26	0.33	0.28	0.28	0.27
荔浦	0.28	0.32	0.32	0.33	0.34	0.32	0.29	0.32	0.32	0.33	0.32	0.31	0.32
苍梧	0.32	0.32	0.33	0.31	0.37	0.35	0.35	0.40	0.36	0.26	0.29	0.29	0.29
藤县	0.33	0.33	0.35	0.37	0.36	0.38	0.34	0.38	0.39	0.38	0.37	0.38	0.40
蒙山	0.25	0.25	0.23	0.25	0.27	0.25	0.27	0.26	0.24	0.24	0.23	0.25	0.25
岑溪	0.40	0.39	0.41	0.44	0.44	0.45	0.37	0.43	0.43	0.44	0.44	0.44	0.46
合浦	0.46	0.44	0.40	0.41	0.42	0.39	0.34	0.37	0.35	0.36	0.35	0.35	0.36
上思	0.27	0.28	0.24	0.24	0.27	0.24	0.24	0.27	0.23	0.25	0.20	0.25	0.29
东兴	0.33	0.33	0.35	0.35	0.36	0.35	0.38	0.39	0.37	0.35	0.35	0.32	0.35
灵山	0.38	0.37	0.36	0.37	0.37	0.35	0.45	0.35	0.34	0.36	0.36	0.37	0.38

续表

	2006	2007	2008	2009	2010	2011	2012	2013	2014	2015	2016	2017	2018
浦北	0.35	0.35	0.32	0.34	0.34	0.31	0.30	0.33	0.32	0.33	0.35	0.39	0.41
平南	0.35	0.33	0.33	0.34	0.38	0.39	0.35	0.38	0.37	0.38	0.38	0.38	0.40
桂平	0.42	0.41	0.42	0.44	0.48	0.46	0.42	0.47	0.46	0.44	0.44	0.44	0.47
容县	0.35	0.35	0.34	0.34	0.34	0.37	0.35	0.35	0.36	0.35	0.36	0.36	0.37
陆川	0.36	0.35	0.36	0.37	0.38	0.39	0.38	0.39	0.39	0.39	0.37	0.38	0.38
博白	0.41	0.40	0.39	0.40	0.41	0.42	0.40	0.41	0.40	0.37	0.40	0.39	0.39
兴业	0.26	0.26	0.25	0.26	0.26	0.26	0.27	0.27	0.28	0.29	0.28	0.31	0.30
北流	0.48	0.47	0.45	0.45	0.47	0.48	0.44	0.47	0.47	0.46	0.46	0.45	0.47
田阳	0.30	0.27	0.25	0.26	0.26	0.25	0.25	0.30	0.30	0.32	0.29	0.33	0.34
田东	0.33	0.30	0.31	0.28	0.36	0.36	0.36	0.37	0.33	0.34	0.31	0.32	0.33
平果	0.53	0.53	0.49	0.43	0.41	0.39	0.37	0.39	0.37	0.39	0.38	0.39	0.44
德保	0.25	0.33	0.31	0.30	0.28	0.28	0.27	0.26	0.24	0.26	0.25	0.27	0.24
那坡	0.21	0.20	0.23	0.22	0.21	0.22	0.34	0.24	0.25	0.27	0.24	0.31	0.26
凌云	0.21	0.20	0.21	0.37	0.22	0.22	0.33	0.29	0.37	0.27	0.25	0.40	0.28
乐业	0.21	0.25	0.23	0.27	0.24	0.22	0.34	0.23	0.32	0.20	0.25	0.27	0.28
田林	0.21	0.21	0.22	0.25	0.25	0.22	0.28	0.25	0.22	0.30	0.25	0.28	0.26
西林	0.22	0.25	0.24	0.24	0.23	0.22	0.16	0.27	0.27	0.19	0.30	0.20	0.25
隆林	0.24	0.25	0.27	0.27	0.26	0.27	0.20	0.24	0.21	0.21	0.20	0.23	0.20
靖西	0.25	0.22	0.25	0.28	0.33	0.30	0.29	0.30	0.29	0.43	0.40	0.32	0.36
昭平	0.31	0.31	0.28	0.31	0.22	0.23	0.23	0.22	0.21	0.28	0.31	0.28	0.29
钟山	0.36	0.36	0.36	0.28	0.25	0.24	0.23	0.23	0.23	0.22	0.23	0.24	0.24
富川	0.31	0.32	0.28	0.26	0.22	0.23	0.22	0.24	0.26	0.18	0.17	0.17	0.19
宜州	0.34	0.36	0.32	0.31	0.32	0.32	0.26	0.28	0.27	0.25	0.27	0.24	0.29
南丹	0.35	0.39	0.38	0.32	0.30	0.33	0.46	0.26	0.30	0.23	0.20	0.22	0.27
天峨	0.23	0.39	0.36	0.36	0.35	0.31	0.26	0.31	0.23	0.30	0.26	0.23	0.29
凤山	0.19	0.23	0.21	0.21	0.23	0.23	0.18	0.22	0.24	0.20	0.21	0.22	0.21
东兰	0.21	0.20	0.17	0.18	0.20	0.19	0.16	0.20	0.22	0.20	0.18	0.20	0.21
罗城	0.21	0.21	0.20	0.21	0.20	0.20	0.19	0.21	0.21	0.20	0.22	0.18	0.22
环江	0.22	0.23	0.23	0.20	0.19	0.21	0.18	0.22	0.27	0.18	0.16	0.18	0.19
巴马	0.19	0.20	0.21	0.20	0.21	0.26	0.16	0.23	0.24	0.18	0.19	0.20	0.22
都安	0.22	0.19	0.22	0.20	0.22	0.22	0.18	0.21	0.22	0.21	0.19	0.21	0.24

续表

	2006	2007	2008	2009	2010	2011	2012	2013	2014	2015	2016	2017	2018
大化	0.38	0.20	0.22	0.23	0.22	0.21	0.17	0.23	0.24	0.27	0.21	0.17	0.20
忻城	0.22	0.22	0.20	0.21	0.18	0.20	0.19	0.18	0.16	0.15	0.17	0.16	0.18
象州	0.23	0.27	0.23	0.26	0.25	0.26	0.26	0.27	0.24	0.25	0.20	0.21	0.27
武宣	0.24	0.24	0.24	0.25	0.24	0.25	0.24	0.28	0.25	0.24	0.22	0.21	0.25
金秀	0.25	0.27	0.23	0.24	0.29	0.28	0.23	0.26	0.24	0.21	0.21	0.20	0.25
合山	0.41	0.39	0.33	0.30	0.32	0.29	0.28	0.24	0.24	0.21	0.17	0.17	0.20
扶绥	0.31	0.35	0.29	0.30	0.27	0.29	0.25	0.24	0.27	0.25	0.24	0.26	0.30
宁明	0.23	0.25	0.43	0.20	0.22	0.44	0.23	0.25	0.24	0.24	0.44	0.22	0.24
龙州	0.25	0.26	0.25	0.20	0.27	0.26	0.24	0.25	0.26	0.25	0.24	0.20	0.24
大新	0.28	0.26	0.28	0.25	0.27	0.24	0.27	0.25	0.26	0.24	0.23	0.22	0.25
天等	0.18	0.18	0.19	0.23	0.20	0.21	0.17	0.18	0.19	0.18	0.18	0.17	0.18
凭祥	0.31	0.31	0.31	0.27	0.30	0.28	0.27	0.30	0.32	0.31	0.31	0.29	0.33

资料来源：本报告测算结果。

第三节　广西县域创新驱动高质量发展评价与比较分析

本节应用协调模型对广西县域创新与高质量发展的相互影响进行度量。

广西县域创新驱动高质量发展协调指数中位数为 0.39，与均值 0.42 大概一致；极差为 0.59，不到均值的 1.5 倍，分布较为平衡；偏度为 0.51（如图 6—14 所示）。

平均起来看（见表 6—15），41 个县的创新驱动高质量发展协调指数在 0.4 以下，占比为 50.67%，表明协调程度低，创新能力水平和高质量水平都较低，缺乏对创新发展足够资金支持，资源配置能力不强。

13 个县的创新驱动高质量发展协调指数为 0.40 - 0.50，占比为

17.33%，表明协调程度较低，创新驱动与经济高质量发展两个子系统有一定配合，经济发展能为创新发展提供一定的资金支持，但是创新对经济高质量发展的支撑效果不显著。

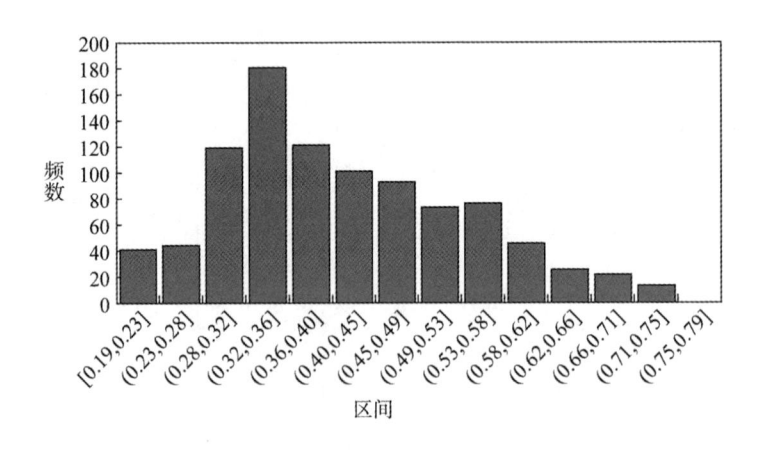

图6—14　广西县域创新驱动高质量发展协调指数分布

资料来源：本报告测算结果。

16个县的创新驱动高质量发展协调指数为0.50－0.60，占比为21.33%，创新驱动与高质量发展两个子系统有一定配合，经济发展能为创新发展提供一定的资金支持，但是创新对高质量发展的支撑效果不显著。

5个县的创新驱动高质量发展协调指数大于0.60，占比为6.67%，表明创新驱动与高质量发展两个子系统初步形成互动协调良好的局面，政府与企业均注重对创新的投入，创新产出直接带动主导产业提质增效，从而带动经济规模有较大的提升。

总体来看，广西县域创新驱动高质量发展协调指数不高，变异系数水平较低。69个县的变异系数低于0.20，占比为92%，这说明县域创新驱动高质量发展协调指数分布格局没有显著变化。

表6—15　广西县域创新驱动高质量发展协调指数（2006—2018年）

	2006	2007	2008	2009	2010	2011	2012	2013	2014	2015	2016	2017	2018
武鸣	0.52	0.43	0.72	0.64	0.64	0.64	0.54	0.54	0.70	0.73	0.69	0.77	0.78
隆安	0.34	0.33	0.21	0.37	0.31	0.30	0.32	0.32	0.29	0.43	0.44	0.33	0.41
马山	0.27	0.23	0.34	0.39	0.43	0.32	0.37	0.32	0.38	0.34	0.45	0.48	0.41
上林	0.39	0.39	0.38	0.41	0.32	0.49	0.31	0.30	0.35	0.32	0.33	0.43	0.44
宾阳	0.53	0.50	0.50	0.59	0.63	0.64	0.70	0.57	0.50	0.56	0.50	0.53	0.63
横县	0.54	0.60	0.59	0.67	0.60	0.59	0.56	0.73	0.55	0.58	0.59	0.56	0.54
柳江	0.56	0.59	0.57	0.61	0.65	0.66	0.54	0.61	0.73	0.66	0.65	0.70	0.58
柳城	0.39	0.39	0.33	0.39	0.37	0.34	0.33	0.45	0.41	0.55	0.45	0.44	0.40
鹿寨	0.55	0.52	0.53	0.48	0.51	0.52	0.51	0.45	0.45	0.50	0.59	0.50	0.57
融安	0.42	0.46	0.44	0.42	0.35	0.30	0.32	0.36	0.36	0.37	0.39	0.44	0.28
融水	0.39	0.39	0.39	0.33	0.33	0.31	0.29	0.37	0.37	0.37	0.39	0.39	0.45
三江	0.32	0.33	0.27	0.30	0.21	0.29	0.32	0.34	0.31	0.39	0.37	0.37	0.28
临桂	0.36	0.57	0.57	0.55	0.63	0.58	0.59	0.55	0.53	0.60	0.57	0.56	0.52
阳朔	0.47	0.37	0.39	0.37	0.33	0.34	0.32	0.35	0.37	0.36	0.32	0.34	0.32
灵川	0.54	0.62	0.58	0.57	0.57	0.56	0.64	0.51	0.55	0.50	0.50	0.49	0.51
全州	0.48	0.47	0.47	0.49	0.38	0.39	0.46	0.46	0.44	0.46	0.44	0.43	0.42
兴安	0.54	0.56	0.47	0.45	0.53	0.51	0.50	0.49	0.51	0.48	0.48	0.42	0.36
永福	0.53	0.45	0.45	0.57	0.45	0.48	0.48	0.50	0.56	0.45	0.48	0.49	0.41
灌阳	0.38	0.33	0.34	0.31	0.26	0.30	0.37	0.39	0.36	0.30	0.34	0.33	0.31
龙胜	0.41	0.41	0.37	0.38	0.37	0.29	0.28	0.32	0.33	0.34	0.35	0.33	0.27
资源	0.36	0.37	0.34	0.34	0.33	0.33	0.30	0.36	0.35	0.28	0.31	0.33	0.24
平乐	0.35	0.31	0.35	0.47	0.46	0.48	0.42	0.39	0.39	0.41	0.36	0.40	0.33
恭城	0.36	0.45	0.33	0.43	0.38	0.35	0.34	0.43	0.34	0.38	0.44	0.42	0.35
荔浦	0.68	0.72	0.72	0.70	0.64	0.54	0.51	0.54	0.52	0.47	0.49	0.54	0.48
苍梧	0.39	0.51	0.50	0.58	0.58	0.62	0.69	0.73	0.58	0.42	0.47	0.49	0.50
藤县	0.40	0.38	0.43	0.48	0.52	0.51	0.56	0.58	0.51	0.59	0.57	0.54	0.63
蒙山	0.46	0.41	0.33	0.34	0.31	0.31	0.33	0.34	0.32	0.33	0.36	0.36	0.35
岑溪	0.53	0.53	0.59	0.50	0.50	0.50	0.45	0.52	0.51	0.58	0.56	0.58	0.56
合浦	0.44	0.46	0.45	0.55	0.47	0.42	0.52	0.55	0.48	0.57	0.58	0.55	0.54
上思	0.37	0.42	0.31	0.26	0.43	0.37	0.41	0.48	0.47	0.43	0.44	0.41	0.37
东兴	0.64	0.47	0.33	0.28	0.35	0.42	0.54	0.47	0.46	0.50	0.45	0.41	0.40

续表

	2006	2007	2008	2009	2010	2011	2012	2013	2014	2015	2016	2017	2018
灵山	0.43	0.41	0.57	0.59	0.49	0.50	0.57	0.52	0.51	0.50	0.49	0.49	0.57
浦北	0.41	0.34	0.40	0.58	0.49	0.35	0.40	0.46	0.45	0.49	0.48	0.53	0.47
平南	0.59	0.49	0.55	0.55	0.70	0.62	0.59	0.57	0.63	0.57	0.62	0.62	0.67
桂平	0.62	0.57	0.59	0.64	0.56	0.75	0.62	0.56	0.60	0.73	0.61	0.66	0.67
容县	0.64	0.62	0.54	0.53	0.49	0.53	0.64	0.59	0.53	0.58	0.61	0.55	0.55
陆川	0.56	0.48	0.52	0.51	0.56	0.63	0.57	0.68	0.58	0.52	0.52	0.60	0.46
博白	0.58	0.54	0.59	0.49	0.50	0.49	0.56	0.59	0.67	0.65	0.57	0.56	0.64
兴业	0.38	0.44	0.44	0.50	0.45	0.37	0.40	0.43	0.46	0.54	0.50	0.44	0.47
北流	0.71	0.71	0.64	0.68	0.75	0.73	0.67	0.67	0.69	0.69	0.73	0.69	0.59
田阳	0.28	0.38	0.33	0.36	0.31	0.31	0.35	0.35	0.32	0.32	0.35	0.49	0.44
田东	0.60	0.50	0.46	0.46	0.46	0.43	0.51	0.51	0.45	0.45	0.49	0.43	0.53
平果	0.55	0.60	0.60	0.67	0.58	0.48	0.48	0.45	0.48	0.52	0.54	0.51	0.47
德保	0.33	0.34	0.39	0.41	0.34	0.29	0.28	0.33	0.30	0.33	0.35	0.35	0.34
那坡	0.24	0.29	0.19	0.22	0.21	0.25	0.23	0.24	0.28	0.28	0.28	0.30	0.28
凌云	0.28	0.20	0.28	0.24	0.21	0.21	0.36	0.31	0.40	0.33	0.29	0.29	0.31
乐业	0.24	0.38	0.21	0.22	0.21	0.19	0.27	0.24	0.21	0.22	0.23	0.27	0.24
田林	0.25	0.26	0.31	0.22	0.20	0.30	0.25	0.27	0.26	0.37	0.30	0.27	0.20
西林	0.23	0.21	0.19	0.28	0.21	0.20	0.24	0.23	0.25	0.27	0.34	0.31	0.20
隆林	0.33	0.30	0.47	0.35	0.31	0.27	0.31	0.31	0.29	0.34	0.28	0.28	0.26
靖西	0.36	0.28	0.35	0.49	0.37	0.41	0.37	0.37	0.32	0.39	0.40	0.46	0.45
昭平	0.40	0.41	0.27	0.36	0.37	0.43	0.47	0.44	0.49	0.47	0.46	0.44	0.41
钟山	0.44	0.39	0.39	0.35	0.49	0.56	0.46	0.47	0.43	0.47	0.42	0.46	0.48
富川	0.49	0.43	0.39	0.49	0.42	0.33	0.40	0.41	0.44	0.42	0.39	0.38	0.38
宜州	0.54	0.62	0.55	0.47	0.50	0.50	0.45	0.53	0.46	0.52	0.67	0.57	0.52
南丹	0.47	0.39	0.34	0.45	0.32	0.38	0.41	0.40	0.51	0.46	0.45	0.44	0.42
天峨	0.21	0.24	0.28	0.32	0.28	0.39	0.29	0.35	0.36	0.43	0.43	0.46	0.46
凤山	0.21	0.29	0.23	0.25	0.33	0.32	0.29	0.34	0.33	0.28	0.38	0.34	0.33
东兰	0.21	0.32	0.20	0.19	0.24	0.22	0.25	0.36	0.31	0.31	0.34	0.36	0.33
罗城	0.28	0.37	0.30	0.30	0.26	0.23	0.29	0.30	0.32	0.33	0.35	0.30	0.39
环江	0.53	0.45	0.35	0.39	0.43	0.41	0.30	0.33	0.34	0.35	0.32	0.32	0.35
巴马	0.29	0.34	0.28	0.36	0.32	0.37	0.31	0.36	0.33	0.35	0.31	0.33	0.27

续表

	2006	2007	2008	2009	2010	2011	2012	2013	2014	2015	2016	2017	2018
都安	0.42	0.29	0.37	0.43	0.35	0.36	0.35	0.33	0.30	0.33	0.37	0.37	0.40
大化	0.24	0.26	0.19	0.37	0.34	0.31	0.31	0.39	0.38	0.39	0.41	0.36	0.33
忻城	0.30	0.21	0.29	0.45	0.34	0.33	0.37	0.35	0.30	0.29	0.32	0.32	0.33
象州	0.37	0.36	0.28	0.28	0.41	0.41	0.36	0.41	0.35	0.41	0.38	0.38	0.43
武宣	0.30	0.41	0.41	0.35	0.30	0.34	0.37	0.38	0.35	0.47	0.42	0.32	0.37
金秀	0.32	0.35	0.31	0.34	0.27	0.28	0.31	0.35	0.32	0.31	0.36	0.42	0.30
合山	0.43	0.42	0.29	0.36	0.33	0.33	0.34	0.37	0.32	0.33	0.30	0.35	0.37
扶绥	0.38	0.47	0.33	0.41	0.37	0.34	0.32	0.34	0.37	0.38	0.39	0.54	0.47
宁明	0.26	0.20	0.32	0.30	0.29	0.26	0.23	0.29	0.27	0.32	0.40	0.33	0.27
龙州	0.30	0.20	0.28	0.41	0.36	0.36	0.32	0.31	0.37	0.40	0.40	0.35	0.34
大新	0.32	0.34	0.24	0.33	0.36	0.38	0.31	0.32	0.35	0.34	0.32	0.38	0.36
天等	0.30	0.28	0.33	0.25	0.23	0.36	0.31	0.29	0.32	0.28	0.26	0.28	0.33
凭祥	0.37	0.21	0.36	0.40	0.29	0.25	0.24	0.41	0.32	0.35	0.35	0.39	0.29

资料来源：本报告测算结果。

第四节 政策建议

一 推进广西各设区市经济高质量发展引领带动作用

充分发挥各设区市对所辖县域经济发展领军作用，辐射和带动县域经济发展，提高设区市与县域经济发展的协调性，努力缩小县市之间以及县域间的差异，实现区域经济发展一体化。充分发挥设区市经济发展帮扶功能，将技术、项目、信息、人才定向注入。整合设区市资源，加速培养创新性人才，加快区域"双创"活动，帮助创新型企业提质增效，推进传统经济转型升级。

二 抓住重大国家战略叠加的新机遇，培育县域经济发展新优势，提升县域发展优势

充分利用国家战略在广西的全覆盖的优势，围绕北部湾经济区发展规划、桂林国际旅游胜地建设规划、珠江—西江经济带发展规划、左右江革命老区振兴规划，加快构建面向东盟的国际大通道、打造西南中南地区开放发展新的战略支点，形成21世纪海上丝绸之路和丝绸之路经济带的有机衔接的重要门户，赋予广西"三大定位"新使命，因地制宜发展和提升县域经济。

三 因应东部沿海省份产业转移和设区市能级提升，做好设区市和县域产业分工，推动广西县域经济扩量提质

抓住广东等沿海发达省份传统产业转移升级和新兴产业布局调整，区域产业分工体系加速重构的机遇，加强县域与设区市之间的分工协调，为县域链接高端资源要素、引进产业项目、加快产业升级创造了条件，激发县域经济活力，以设区市提升带动县域产业升级，加速推动县域经济扩量提质。

四 着力推进城乡协调和均等化，促进城乡融合，为县域经济高质量发展创造新条件

以均衡普惠为导向，改变重城轻乡的资源分配政策，推动公共服务向农村延伸、社会事业向农村覆盖，实现城乡基本公共服务全员覆盖、标准统一、制度并轨，切实增强城乡居民获得感。促进城乡要素双向自由流动、平等交换，提高农村生产要素的可持续发展能力，为县域经济高质量发展拓展新空间，为县域经济高质量发展创造新条件，将潜在的需求激发出来并拉动供给，形成新的增长点，为县域经济高质量发展增添新动力。

五 加快培育县域创新能力，强化创新驱动

充分发挥设区市以上城市创新帮扶功能，整合设区市资源，加速培养创新性人才。加快县域创新体系建设，推动更多创新资源向县域集聚，促进创新成果在县域转移转化。

第三篇

产业篇

第七章

广西专利密集型产业与高质量发展监测分析

第一节 背景及意义

随着新一轮科技革命和产业变革蓬勃兴起，知识产权作为国家或地区发展战略性资源和国际竞争力核心要素的战略意义日益凸显。在《国家知识产权战略纲要》总体指导下，国家层面陆续发布了《关于新形势下加快知识产权强国建设的若干意见》《"十三五"国家知识产权保护和运用规划》等重要文件。通过实施《广西壮族自治区人民政府关于在全区开展全民发明创造活动的决定》《广西发明专利倍增计划》等系列举措，广西的专利等知识产权事业发展步入快车道。2016年6月，国家知识产权局批准广西为全国首批特色型知识产权强（省）区建设试点（省）区，揭开了向知识产权强区迈进的新篇章。专利等知识产权业进一步加快发展，在广西创新驱动发展进程中越来越成为不可忽视的重要力量和促进广西产业升级与新旧动能转换的有力引擎。

知识产权在促进产业发展方面的重要作用受到了发达国家和地区的密切关注。美国率先在全球发布知识产权密集型产业相关研究报告，欧盟随即也发布了类似的报告。随着广西知识产权战略的深入实施、特色型知识产权强区建设的深入推进，广西启动并逐年加强对专利密集型产业的发展研究,强化对专利密集型产业的规划指导,加快推进专利密集型产业发展,有效支撑广西经济转型升级。为进一步发挥专利密集型产业在强区建设中的重要作用,监测反映广西专利密集型产业发展现状,为广西党委、政府制定产业发展政策提供全面、科学、准确、及时的信息咨询和决策依据,本研究在2014—2016年连续跟踪监测的基础上,进一步完善广西知识产权密集型产业统计监测指标体系并采集数据进行监测,对2017年、2018年专利密集型产业发展状况进行准确描述和深入分析,在考虑存在问题及不足的基础上,对广西专利密集型产业未来发展提出有针对性的对策建议。

党的十九大报告做出了"中国特色社会主义进入新时代,我国社会主要矛盾已经转化为人民日益增长的美好生活需要和不平衡不充分的发展之间的矛盾"这一重大判断,并指出:"我国经济已由高速增长阶段转向高质量发展阶段,正处在转变发展方式、优化经济结构、转换增长动力的攻关期"。"质量第一、效益优先"的观点和"创新、协调、绿色、开放、共享"的新发展理念成为必须长期坚持的原则。因此,本研究以习近平新时代中国特色社会主义思想为指导,在前期工作基础上,进一步调整优化研究思路,着重从促进经济高质量增长的视角对广西专利密集型产业进行统计监测和分析,重点刻画了专利密集型产业在提升质量、优化效益、抵御风险、保护环境、动能转换等方面的重要作用。本研究有助于深化对专利与产业之间互动机制的理解,有利于更加准确破解阻碍产业提质升级的瓶颈,对于明确产业发展方向和路径、推动产业加快迈向中高端具有重要的意义。

第二节 国内外研究现状

一 美国、欧盟开展的研究

2012年以来,美国和欧盟相继公开发布知识产权密集型产业统计报告，从产业的角度就知识产权对经济发展的贡献进行了量化研究。

2012年4月，美国商务部与专利商标局发布《知识产权和美国经济：产业聚焦》。这一报告显示，2010年美国知识产权密集型产业创造了美国 GDP 的 34.8%、就业量的 18.8% 和出口额的 60.7%。2016年年底发布的最新研究《知识产权和美国经济：2016年更新版》显示，2014年美国知识产权密集型产业创造了美国 GDP 的 38.2%、就业量的 18.2% 和出口额的 52%。

美国发布的知识产权密集型产业统计报告（以下简称美国报告）提出了一套用于界定美国知识产权密集型产业的指标。采用"专利密集度"指标来界定美国专利密集型产业，计算北美产业分类系统下各产业的专利密集度，计算公式为：某产业专利密集度=专利总数/从业人员数，定义专利密集度高于所有产业平均水平的产业为专利密集型产业。采用"商标密集度"指标来界定美国商标密集型产业，具体通过以下三种方法。一是计算商标密集度，高于样本平均值的产业为商标密集型产业；二是2009—2013年注册商标最多的50家公司，其所处的产业为商标密集型产业；三是随机抽样，任意抽出2013年注册商标中的300件，整理出每一个产业的商标登记注册数，计算各产业商标登记注册数的均值及标准差，定义商标密集型产业为商标注册数大于均值加两个标准差的产业。基于世界知识产权组织"关于测量基于版权的产业的经济贡献"，版权密集型产业的界定为创造和生产版权相关产品的产业。

美国报告分别从就业、工资、教育、增加值、知识产权收益、对外贸易6个方面测度美国知识产权密集型产业对美国经济的贡献。统计数据显示，2014年，美国知识产权密集型产业直接创造就业机会2790万个，间接创造就业机会1760万个，共创造就业机会4550万个，占美国就业总量的30%；知识产权密集型产业平均周工资为1312美元，比非知识产权密集型产业平均周工资高出46%；

知识产权密集型产业增加值为6.6万亿美元，占美国国内生产总值的比重为38.2%；知识产权密集型产业商品出口额为8420亿美元，占美国总出口额的比重为52%。2015年，美国知识产权密集型产业中拥有本科学历的人员比重为39.8%，高于非知识产权密集型产业的38.9%。2012年，美国有28个产业拥有知识产权相关收益，知识产权相关收益为1377亿美元，其中知识产权许可收益达1152亿元。

2013年9月，欧洲专利局和欧盟市场内部协调局发布《知识产权密集型产业对欧盟经济及就业的贡献》。该报告显示，2010年，欧盟知识产权密集型产业创造了欧盟GDP的38.6%、就业量的25.9%、出口额的90.4%。2016年年底发布的最新研究《知识产权密集型产业及其在欧盟的经济表现》显示，2013年欧盟知识产权密集型产业创造了欧盟GDP的42.3%、就业量的27.8%、出口额的93.2%。

欧盟发布的知识产权密集型产业统计报告（以下简称欧盟报告）提出了一套用于界定欧盟知识产权密集型产业的指标。采用"专利相对强度"指标来界定欧盟专利密集型产业，计算欧共体经济活动分类体系下各产业的专利相对强度，专利相对强度是指分配给某个行业的授权专利数量除以该行业的总就业数量，具体表示为每1000名从业人员的专利数量，每1000名从业人员的专利数量高于总体平均值的行业即为专利密集型产业。采用"商标相对强度"指标来界定欧盟商标密集型产业，商标相对强度是指分配给某个行业的商标数量除以该行业的总就业数量，表示为每1000名从业人员的商标数量，每1000名从业人员的商标数量高于总体平均值的行业即为商标密集型行业。认定外观设计密集型产业的方法与商标密集型产业类似；版权密集型产业包括世界知识产权组织确定的三类行业：核心版权产业、相互依赖的版权产业和高于20%的部分版权产业（其增加值20%以上可归因于版权相关活动的产业）。欧盟报告还提出了地理标志密集型产业、植物品种权密集型产业的界定方法。

欧盟报告分别从就业、增加值、对外贸易、工资四个方面来测度欧盟知识产权密集型产业对欧盟经济的贡献。统计数据显示，2011—2013 年，欧盟知识产权密集型产业的直接就业人数为 6000 多万人，占总就业人数的 28%，知识产权密集型产业还创造了 2200 万个间接就业岗位，欧盟所有就业机会的 38.2% 由知识产权密集型产业直接或间接贡献；欧盟知识产权密集型产业年平均增加值为 5.66 万亿欧元，占欧盟总经济产出的 42.3%。2013 年，欧盟知识产权密集型产业的产品出口额为 1.61 万亿欧元，占欧盟贸易总额的 93.2%；欧盟知识产权密集型产业平均周工资为 776 欧元，而非知识产权密集型行业为 530 欧元，相差 46%。

从美国和欧盟的统计分析来看，知识产权密集型产业已经成为美国和欧盟经济的重要支柱。

二　中国国家层面开展的研究

为摸清区域专利密集度产业结构和分布情况，了解高专利密集度产业的经济特征和发展规律，探索其对国民经济社会发展的贡献，中国国家知识产权局自 2012 年起就启动了有关专利密集型产业的研究，通过对各年度专利密集型产业的测算分析，为专利密集型产业目录的界定提供了较好的数据和文献基础。2013 年 12 月，中国国家知识产权局发布《中国区域产业专利密集度统计报告》。该报告表明，中国高发明专利密集度产业发展具有区别于其他产业的鲜明特征。一是密集度提升较快，产业覆盖范围更广。2008—2012 年，中国三次产业平均发明专利密集度达到 13.5 件/万名就业人员，较 2007—2011 年大幅提升 45.2%。其中，高发明专利密集度产业达到 41.6 件/万名就业人员，为低发明专利密集度产业的 17 倍。201 个工业中类中，高发明专利密集度产业达 56 个，较

2007—2011 年增加 5 个，产业覆盖面进一步扩大。二是经济效益突出，拉动作用日益增强。从总资产贡献率和成本费用利润率指标来看，2012 年，高发明专利密集度产业均有提升，分别比低发明专利密集度产业高出 3.6 个和 2.4 个百分点。从产业增加值来看，2012 年，高专利密集度产业增加值总量已达 13.7 万亿元，在国内生产总值中所占比重达到 30.7%。2008—2012 年，高专利密集度产业增加值年均增长 17.3%，明显高于国内生产总值 9.2% 的年均增速。

2016 年 10 月，中国国家知识产权局发布《专利密集型产业目录（2016）》（试行）及《中国专利密集型产业主要统计数据报告（2015）》。《专利密集型产业目录（2016）》（试行）确定了以定量测度发明专利密集度、存量规模等指标为主，定性考虑政策引导性等因素为辅的界定方法。具体专利密集型产业需满足两个条件：一是产业发明专利密集度和发明专利授权规模均达到全国平均水平以上；二是产业成长性好，与创新发展的政策导向高度契合。发明专利密集度为 5 年期间平均每万名从业人员的发明专利授权数，即 5 年发明专利授权总数除以相应期间的年平均从业人员数。专利密集型产业所属大类行业发明专利密集度需高于全国三次产业大类平均水平，专利密集型产业工业中类行业发明专利密集度需高于全国工业中类平均水平。发明专利授权规模为 5 年期间产业发明专利授权量之和。《中国专利密集型产业主要统计数据报告（2015）》显示，2010—2014 年，中国专利密集型产业增加值合计 26.7 万亿元，占 GDP 的比重为 11.0%，年均实际增长 16.6%；专利密集型产业平均每年提供 2631 万个就业机会，以占全社会 3.4% 的就业人员创造了超过全国 10% 的 GDP，劳动者报酬占比为 9.4%；专利密集型产业总资产贡献率 5 年平均为 15.4%，比非专利密集型产业高出 1.2 个百分点；专利密集型产业新产品销售收入占主营业务收入的比重为 20.7%，出口交货值占销售产值的比重是 19.3%，分别是同期所有工业产业平均水平的 1.8 倍和 1.7 倍；专利密集型产业 R&D 经费内部支出占主营业务收入的比重达到 1.3%，高于所有工业产业 0.7% 的平均水平。统计数据显示，中国专利密集型产业经济拉动能力强，极具创新活力和市场竞争优势。

为科学界定知识产权（专利）密集型产业统计范围，建立知识产权（专利）密集型产业统计监测体系，更好地服务于知识产权强国建设，中国国家统计局于 2019 年 4 月发布了《知识产权（专利）密集型产业统计分类（2019）》。该分类规定的知识产权（专利）密集型产业是指发明专利密集度、规模达到规定的标准，依靠知识产权参与市场竞争，符合创新发展导向的产业集合。知识产权（专利）密集型产业的范围包括信息通信技术制造业，信息通信技术服务业，新装备制造业，新材料制造业，医药医疗产业，环保产业，研发、设计和技术服务业七大类。根据该分类方法，知识产权（专利）密集型产业至少应当具备下列条件之一：（1）行业发明专利规模和密集度均高于全国平均水平；（2）行业发明专利规模和 R&D 投入强度高于全国平均水平，且属于战略性新兴产业、高技术制造业、高技术服务业；（3）行业发明专利密集度和 R&D 投入强度高于全国平均水平，且属于战略性新兴产业、高技术制造业、高技术服务业。该分类建立了与《国民经济行业分类》（GB/T4754－2017）的对应关系，涉及国民经济行业 7 个大类和 31 个中类，共对应国民经济行业小类 188 个。

三 江苏省开展的研究

江苏省研究涉及的数据主要包括两部分，一部分是知识产权数据，主要指江苏省规模以上工业企业的专利和商标数据，分别来自国家知识产权局和江苏省统计局。另一部分是国民经济行业数据，是按照工业中类整理的工业行业增加值、从业人员数、工资总额、R&D 经费内部支出、R&D 人员数、主营业务收入、新产品销售收入、新产品产值、出口交货值、资产总额、负债总额等数据，主要来自江苏省统计局。

江苏省主要参考美国、欧盟的知识产权密集型产业统计报告，将专利密集度高于全省工业中类平均专利密集度的产业界定为专利密集型产业。同时，考虑到江苏省产业发展现实情况及数量规模的引导性，参照国家知识产权局专利密集型产业界定原则，设定专利密集型产业发明专利授权数量规模应高于全省工业中类平均值。专利密集度为某产业每5年发明专利授权总数除以该产业5年平均从业人员数，发明专利授权数量规模为该产业5年的发明专利授权总数。从GDP、就业、全员劳动生产率、平均工资、科技创新投入、科技创新产出、对外出口、经济效益8个方面构建知识产权密集型产业统计监测指标体系，用于全面监测江苏省知识产权密集型产业发展质量和对经济社会发展的贡献。

根据江苏省专利信息服务中心2018年发布的《江苏省知识产权密集型产业统计分析报告》，2017年，江苏省207个工业中类行业平均专利密集度为43.87件/万人，比上年增加7.97件/万人；平均发明专利授权数量规模为234.36件/行业，比上年增加33.25件/行业。全省工业中类行业中，专利密集度、发明专利授权数量规模均高于平均值的有33个产业（即共有33个专利密集型产业）。2017年，江苏省专利密集型产业增加值共13665.20亿元，占当期全省GDP的15.91%；从业人员数为345.43万人，占当期全省全部从业人员数的7.26%。

数据显示，2017年，江苏省专利密集型产业在平均增加值、平均从业人员数、全员劳动生产率、平均工资、平均科技创新投入和产出、平均出口交货值、平均利润总额等方面，均优于非专利密集型产业，表现出良好的市场竞争力。一是平均增加值高于非专利密集型产业。2017年，江苏省专利密集型产业平均增加值为414.10亿元，是非专利密集型产业平均增加值的3.36倍。二是平均从业人员数高于非专利密集型产业。2017年，江苏省专利密集型产业平均从业人员数为10.47万人，是非专利密集型产业平均从业人员数的2.68倍。三是全员劳动生产率高于非专利密集型产业。2017年，江苏省专利密集型产业全员劳动生产率为39.56万元/人，是非专利密集型产业的1.25倍。四是平均工资高于非专利密集型产业。2017年，江苏省专利密集型产业从业人员的平均工资为7.20万元/人，是非专利密集型产业的1.15倍。五是平均科技创新投入高于非专利密集型产业。2017年，江苏省专利密集型产业平均R&D经费内部支出为28.03亿元，平均R&D人员数为0.85万人，分别是非专利密集型产业的5.36倍和4.76倍。专利密集型产业R&D经费内部支出占主营业务收入的比重为1.61%，R&D人员数占从业人员数的比重为8.09%，分别是非专利密集型产业的1.61倍和1.77倍。六是平均科技创新产出高于非专利密集型产业。2017年，江苏省专利密集型产业平均新产品销售收入为408.51亿元，平均新产品产值为421.47亿元，分别是非专利密集型产业的4.71倍和4.74倍。专利密集型产业新产品销售收入占主营业务收入的比重为23.53%，高于非专利密集型产业6.99个百分点。七是平均出口交货值高于非专利密集型产业。2017年，江苏省专利密集型产业平均出口交货值为235.25亿元，是非专利密集型产业的2.74倍。八是平均利润总额高于非专利密集型产业。2017年，江苏省专利密集型产业平均利润总额为128.33亿元，是非专利密集型产业的3.85倍。

从年度对比来看，与2016年相比，2017年江苏省专利密集型产业增加值及占比、从业人员数及占比、出口交货值及占比均小幅下降，全员劳动生产率及平均工资、R&D经费内部支出及占主营业务收入的比重略有上升。一是专利密集型产业增加值及占比、从业人员数及占比有所下降。2017年，江苏省专利密集型产业增加值为13665.20亿元，比上年减少415.28亿元；占当期全省GDP的比重为15.91%，比上年下降2.60个百分点。江苏省专利密集型产业从业人员数为345.43万人，比上年减少28.31万人；占当期全省全部从业人员数的比重为7.26%，比上年下降0.60个百分点。二是专利密集型产业全员劳动生产率及平均工资有所提升。2017年，江苏省专利密集型产业全员劳动生产率为39.56万元/人，比上年增加1.89万元/人；产业平均工资为7.20万元/人，比上年增加0.39万元/人。三是专利密集型产业R&D经费内部支出及占主营业务收入的比重有所提升。2017年，江苏省专利密集型产业R&D经费内部支出为924.94亿元，比上年增加53.04亿元；占主营业务收入的比重为1.61%，比上年增长0.21个百分点。四是专利密集型产业出口交货值及占工业出口的比重有所下降。2017年，江苏省专利密集型产业出口交货值为7763.21亿元，比上年减少588.07亿元；占工业出口的比重为34.21%，比上年下降1.64个百分点。

第三节　研究方法与数据来源

2012年4月，美国商务部与专利商标局发布了实证研究报告《知识产权和美国经济：产业聚焦》。该报告将专利的430个技术分类与32个北美产业分类系统（NAICS）的代码进行了匹配和对应，并设计了一个反映产业中专利发展状况的指标——"专利密度"，其定义为：五年内根据NAICS分类的专利总数与该产业平均就业数之比。专利密度高于所有产业平均水平的产业被认定为专利密集型产业。该报告开创了关于知识产权密集型产业这一领域的研究，确立了基本的研究方法与规范。2013年9月30日，欧洲专利局和欧盟市场内部协调局发布了《知识产权密集型产业对欧盟经济及就业的贡献》。2013年12月和2015年12月，中国国家知识产权局分别发布了《中国区域产业专利密集度统计研究报告》和《我国专利密集型产业界定方法及产业目录研究报告》。2015年6月，江苏省知识产权局发布了《知识产权密集型产业统计指标体系及实施方案研究报告》。这些成果基本上沿用了美国报告所建立的技术路线，同时根据各地的具体情况进行了适当改进。本报告沿用国家知识产权局《我国专利密集型产业界定方法及产业目录研究报告》中的方法，依据发明专利的国际IPC分类标准，将其划分到相应的国民经济行业分类中，并且在界定发明专利密集型产业时，采用"发明专利密集度"指标定义专利密集型产业，将"发明专利密集度"高于全行业平均水平的产业定义为专利密集型产业。"发明专利密集度"的计算方法为：五年内根据国民经济行业分类标准分类的发明专利总数与该产业五年平均就业人员数之比。

现实中专利数据与经济社会发展数据来源不同，相互之间的关系并不明确。要开展专利密集型产业统计监测，首要任务是建立专利数据与经济社会发展数据之间的对应关系。而这需要处理的数据量非常大，人工处理存在效率低、差错率高的缺点。因此，必须开发自动化的数据处理和分析系统，借助现代计算机的高速处理能力，才能高效高质完成任务。该系统的主要功能是建立发明专利国际IPC分类标准与国民经济行业分类标准的对应规则库，从而按照一定的规则，将发明专利依据其国际IPC分类号分配到某个产业中。发明专利的国际IPC分类标准分为8个部，含几千个细分类别，许多发明专利同时具有两种细分分类号。国民经济行业分类（GB/T 4754—2017）共有20个门类、97个大类、473个中类、1380个小类。而且发明专利的国际IPC分类号与国民经济行业分类之间存在着多对多的对应关系。本报告采用的对应规则为国家知识产权局发布的《国际专利分类与国民经济行业分类参照关系表2018》（国知办发规字〔2018〕31号）。在对发明专利进行产业分类时，需要处理庞大的数据对比工作，且数据匹配准确度十分重要。在系统开发时，通过采用智能分词及文本相似度比对算法提升数据比对的准确度；同时运用键值缓存和内存预加载的方式，大幅度提升匹配效率，确保将专利数据准确、快速地划分到其对应的目标产业分类中。

专利密集型产业统计监测指标体系用于全面监测专利密集型产业发展质量和对经济社会发展的贡献，指标选择与体系构建遵从全面性、客观性、前瞻性和可行性原则。专利密集型产业统计监测指标体系从产业创新水平、产业经济效益和产业社会效益三个方面进行构建。其中，产业按《国民经济行业分类》（GB/T 4754-2017）标准进行划分，本报告构建的广西专利密集型产业统计监测指标体系见表7—1。

表7—1　　　　广西专利密集型产业统计监测指标体系

	指标名称	数据来源
产业创新水平	研发经费密度（%）	产业研发经费投入：《广西统计年鉴》
		产业主营业务收入：《广西统计年鉴》
	科技人员投入强度（%）	R&D人员全时当量：《广西统计年鉴》
		产业从业人员数：《广西统计年鉴》
	产业当年发明专利授权量（件）	国家知识产权局专利数据库
	创新效率（件/百万元）	产业当年发明专利授权量：国家知识产权局专利数据库
		产业上一年度研发经费投入：《广西统计年鉴》
产业经济效益	产业人均创造利润（万元/人）	产业利润总额：《广西统计年鉴》
		产业全部从业人员年平均人数：《广西统计年鉴》
	产业主营业务收入利润率（%）	产业利润总额：《广西统计年鉴》
		产业主营业务收入：《广西统计年鉴》
	企业亏损面（%）	《广西统计年鉴》
	成本费用利润率（%）	《广西统计年鉴》
	产业工业总产值（万元）	产业工业总产值：《广西统计年鉴》
	产业固定资产投资额（万元）	广西统计局提供

续表

	指标名称	数据来源
产业社会效益	产业每万元工业总产值消费能源（吨标准煤）	产业能源消费总量：《广西统计年鉴》 产业工业总产值：《广西统计年鉴》
	产业每万元工业总产值电力消费量（千瓦时）	产业电力消费总量：《广西统计年鉴》 产业工业总产值：《广西统计年鉴》
	产业每万元工业总产值废水排放量（吨）	工业废水排放总量：《广西统计年鉴》 产业工业总产值：《广西统计年鉴》
	产业每万元工业总产值废气排放量（标立方米）	工业废气排放量：《广西统计年鉴》 产业工业总产值：《广西统计年鉴》
	产业每万元工业总产值固体废物产生量（吨）	工业固体废物产生量：《广西统计年鉴》 产业工业总产值：《广西统计年鉴》
	产业利税总额（万元）	产业利税总额：《广西统计年鉴》
	产值利税率（%）	产值利税率：《广西统计年鉴》
	主营业务收入利税率（%）	主营业务收入利税率：《广西统计年鉴》
	百元固定资产原价实现利税（元）	百元固定资产原价实现利税：广西统计年鉴

相关指标说明如下。

• 研发经费密度、科技人员投入强度

类似于全社会研发投入强度，研发经费密度和科技人员投入强度描述的是该产业对创新的投入强度。这两个指标值越高，说明产业中有更多的资金和人员被用于研发活动，因此产生创新成果的可能性也就越大。

• 产业发明专利当年授权量

产业发明专利当年授权量可以用于衡量产业的技术结构和创新水平。发明专利是创新成果的重要表现形式，一般来说，发明专利中包含着较高的科技含量。这一指标值越高，说明该产业科技含量和创新水平越高。

• 创新效率

创新效率衡量的是在该产业内能否通过较少的投入获得较多的

创新产出。这一指标值越高,说明在一定的投入水平下,产业内能够产出更多的创新成果(以获授权的发明专利为代表)。

- 产业人均创造利润

与一般产业相比,高端产业在资源投入较少的情况下可以获得更多的产出。产业人均创造利润衡量在一定人力资源投入下产业在产出方面所具有的优势。这一指标值越高,说明该产业人力资源投入产出的效益越好、越高端化。

- 产业主营业务收入利润率

产业主营业务收入利润率衡量在一定的主营业务收入中,扣除成本后所获得利润额占比的大小,反映了产业主营业务的获利能力。该指标值越高,说明该产业的产品附加值越高,主营业务市场竞争力越强,实现利润的能力越强,经济效益越好。

- 企业亏损面

企业亏损面衡量产业内亏损企业的比例,这一指标值越低,说明该产业内盈利的企业越多,该产业的经济效益越好。

- 成本费用利润率

成本费用利润率表明每付出一元成本费用可获得多少利润,体现了经营耗费所带来的经营成果。该项指标值越高,利润就越高,该产业的经济效益越好。

- 产业工业总产值

产业工业总产值用于衡量产业对经济产出的贡献。专利密集型产业的工业总产值越高,对经济产出的贡献也就越大。

- 产业固定资产投资额

投资是拉动经济增长的重要力量。专利密集型产业固定资产投资用于衡量专利密集型产业在投资拉动经济方面的贡献。这一指标值越高,说明专利密集型产业实现的固定资产投资越大,对经济增长的贡献也就越大。

- 产业每万元工业总产值消费能源、产业每万元工业总产值电

力消费量

推动产业以较低能耗产出较多经济效益，是产业转型升级的一个重要方面。这两个指标用于衡量专利密集型产业在促进产业能耗降低方面的贡献。指标值越低，说明专利密集型产业在节能方面的优势越突出，对产业转型升级的促进作用越大。

- 产业每万元工业总产值废水排放量、产业每万元工业总产值废气排放量、产业每万元工业总产值固体废物产生量

这三个指标用于衡量专利密集型产业在促进产业废弃物排放降低和环境污染减少方面的贡献。相关指标值越低，说明专利密集型产业对环境污染的程度越低，对产业转型升级的促进作用越大。

- 产业利税总额、产值利税率、主营业务收入利税率、百元固定资产原价实现利税

政府税收是政府为民众提供公共服务的经济基础。利税反映产业的盈利能力和为公共服务做出的贡献。这四个指标值越高，说明专利密集型产业的盈利能力越强，税收贡献越多，为公共服务做出的贡献越大。

本报告使用的数据主要包括两部分。一部分是专利数据，来源于国家知识产权局专利数据库。另一部分是国民经济与社会发展数据，来自历年的《广西统计年鉴》《中国科技统计年鉴》《中国统计年鉴》等统计年鉴，少量数据由广西统计局提供。

第四节 2017年广西专利密集型产业发展状况

一 2017年广西工业行业专利密集度

广西工业企业发明专利授权量同比有所下降，下降幅度为13.52%；其占全区发明专利授权量比例也下降了2.06%，明显小于工业企业发明专利授权量的下降幅度。

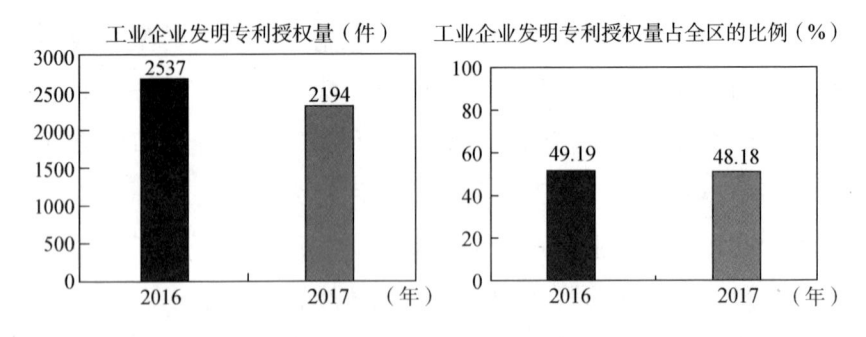

图 7—1 2016—2017 年广西工业企业发明专利授权量变化情况

资料来源：国家知识产权局专利数据库。

2013—2017 年，广西工业企业共获得发明专利授权 7689 件，同期规模以上工业企业从业人员平均为 1655.58 千人，由此测算 2017 年广西工业行业平均发明专利密集度为 4.64 件/千人，比上一年度增长 30.46%，工业行业专利密集度再上新台阶。

在广西 41 个工业大类产业中，2017 年发明专利密集度超过 3.56 件/千人的产业共有 17 个。这 17 个产业被界定为 2017 年广西专利密集型产业，见表 7—2。

表 7—2 2017 年广西专利密集型产业

序号	产业	2013—2017 年企业发明专利累计授权量（件）	2017 年专利密集度（件/千人）	2016 年专利密集度（件/千人）	专利密集度同比增长（%）
1	金属制品、机械和设备修理业	716	517.19	1589.20	-67.46
2	化学纤维制造业	31	265.87	378.79	-29.81
3	仪器仪表制造业	1220	238.78	179.85	32.77
4	专用设备制造业	2646	61.44	44.97	36.62
5	通用设备制造业	1726	53.37	35.08	52.14
6	金属制品业	559	17.89	13.13	36.22

续表

序号	产业	2013—2017年企业发明专利累计授权量（件）	2017年专利密集度（件/千人）	2016年专利密集度（件/千人）	专利密集度同比增长（%）
7	废弃资源综合利用业	85	17.63	14.12	24.88
8	化学原料和化学制品业	1342	15.2	12.06	26.05
9	电气机械和器材制造业	506	12.41	5.77	115.15
10	烟草制品业	38	10.79	9.18	17.48
11	水的生产和供应业	89	9.7	8.52	13.85
12	其他制造业	30	8.68	6.11	42.02
13	医药制造业	303	7.49	7.22	3.73
14	橡胶和塑料制品业	199	6.67	4.57	45.98
15	酒、饮料和精制茶制造业	264	6.33	5.77	9.64
16	石油加工、炼焦和核燃料加工业	31	6.23	6.83	-8.76
17	食品制造业	230	6.17	5.67	8.82

资料来源：国家知识产权局专利数据库。

2017年入选的17个专利密集型产业与2016年入选的专利密集型产业相同。其中，14个产业的专利密集度都有所增长，其中专利密集度增幅超过30%的产业有电气机械和器材制造业、通用设备制造业等7个产业。但与此同时，金属制品、机械和设备修理业，化学纤维制造业以及石油加工、炼焦和核燃料加工业的专利密集度出现了下降的情况，分别下降了67.46%、29.81%和8.76%。这反映出部分产业正加快迈向中高端，而另一部分产业则处在逆水行舟、不进则退的艰难爬坡过坎进程当中。

2017年，各设区市工业行业发明专利密集度排名与上一年相比，有7个市的排名出现了变动。其中，专利密集度排名前三的市仍然是南宁、柳州、桂林，排名后三位仍然是崇左、百色、贵港；玉林的排名前进了两位，由2016年的第六位上升到了2017年的第四位；防城港和河池的排名均前进一位，分别从2016年的第七、第十位上升到了 2017 年的第六、第九位；由于企业发明专利授权量增幅较慢，梧州和河池的排名均下降了两位，北海和来宾的排名均下降了一位。各设区市工业行业专利密集度差距有进一步扩大倾向，反映出各设区市企业在创新精神、研发能力、知识产权意识等方面的发展不均衡，部分地区依托专利抢占发展制高点、推动产业结构转型升级和新旧动能转换的步伐过慢，有可能会错失新一轮科技革命和产业变革带来的重大机遇。

表 7—3　　2016 年各设区市工业行业发明专利密集度变化情况

序号	设区市	2016 年工业行业发明专利密集度（件/千人）	比上一年增长幅度（%）	排名变化
1	南宁	8.68	31.27	—
2	柳州	8.16	35.68	—
3	桂林	5.10	14.65	—
4	玉林	3.52	30.86	↑2
5	北海	3.35	5.91	↓1
6	防城港	3.11	17.92	↑1
7	梧州	2.84	1.22	↓2
8	钦州	2.78	20.88	—
9	河池	2.72	38.96	↑1
10	来宾	2.59	64.39	↓1
11	贺州	2.54	26.66	↓2
12	崇左	2.44	72.09	—
13	百色	1.58	59.81	—
14	贵港	0.76	20.86	—

注："—"表示排名未发生变化。

资料来源：国家知识产权局专利数据库。

二　2017 年广西专利密集型产业质量效益

（一）经济效益

2017 年，广西专利密集型产业人均产值为 173.85 万元/人，是工业全行业水平的 1.09 倍，是非专利密集型产业水平的 1.12 倍，比 2016 年上升 5.5%；累计实现主营业务收入 6501.44 亿元，人均主营业务收入 157.14 万元/人，是工业全行业的 1.09 倍，是非专利密集型产业的 1.12 倍，比 2016 年上升 5.57%；累计实现利润总额 428.14 亿元；人均创造利润为 10.35 万元/人；是工业全行业水平的 1.06 倍，是非专利密集型产业水平的 1.08 倍，比 2016 年下降 0.19%（如图 7—2、图 7—3、图 7—4 所示）。由此可见，广西专利密集型产业质量效益优势明显。

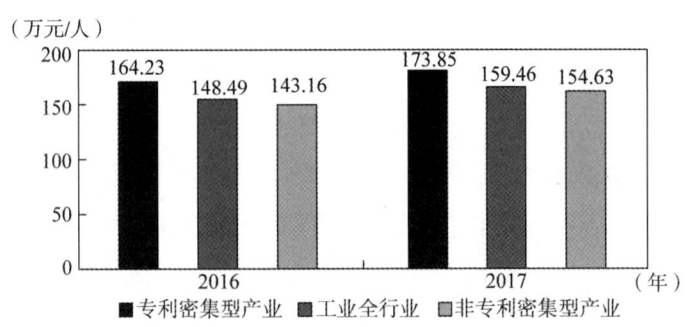

图 7—2　2016—2017 年广西工业行业人均产值变化

资料来源：国家知识产权局专利数据库。

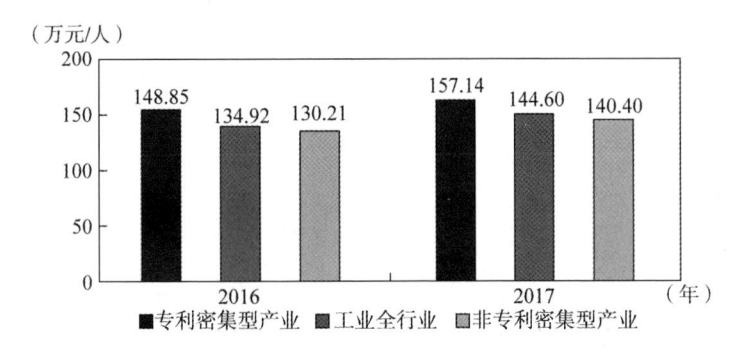

图 7—3　2016—2017 年广西工业行业人均主营业务收入变化

资料来源：国家知识产权局专利数据库。

（万元/人）

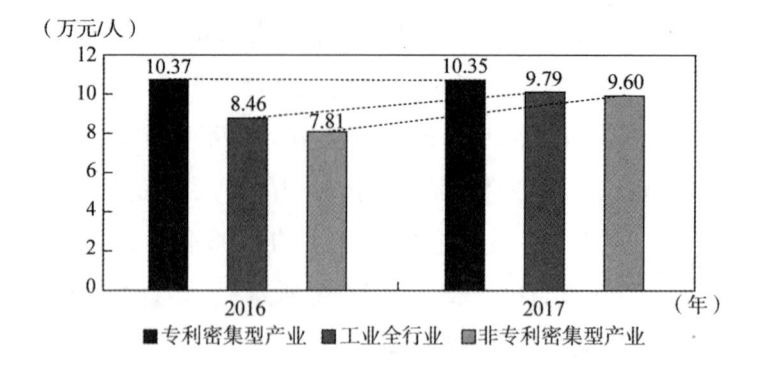

图7—4 2016—2017年广西工业行业人均创造利润变化

资料来源：本报告测算结果。

（二）抗风险能力

2017年，广西专利密集型产业的企业亏损面（亏损企业占比）为13.24%，比工业全行业低0.86个百分点，比非专利密集型产业低1.29个百分点。广西专利密集型企业资产负债率为51.08%，比工业全行业低10.49个百分点，比非专利密集型产业低13.93个百分点（如图7—5、图7—6所示）。整体而言，专利密集型产业对风险的抵御能力更强。

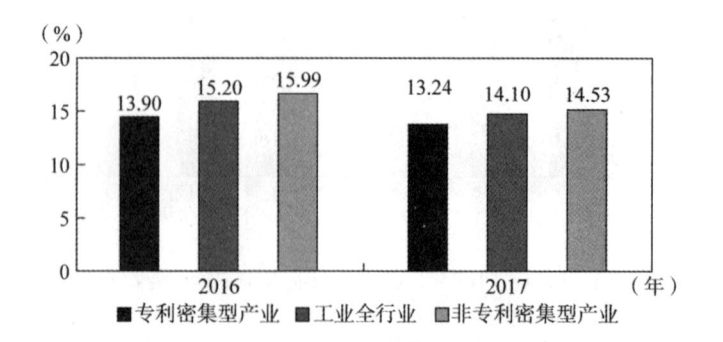

图7—5 2016—2017年广西工业行业企业亏损面

资料来源：国家知识产权局专利数据库。

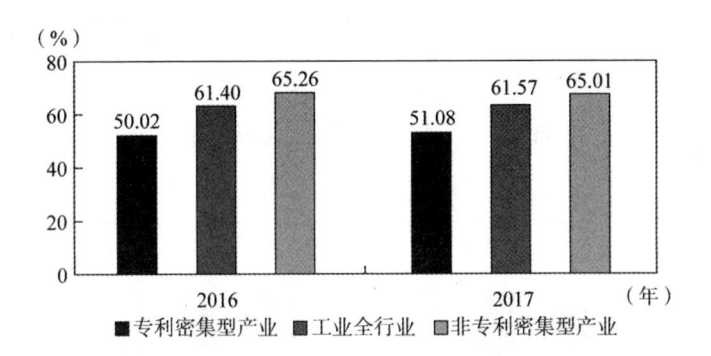

图7—6　2016—2017年广西工业行业企业资产负债率

资料来源：国家知识产权局专利数据库。

(三) 绿色环保效应

2017年，广西专利密集型产业累计消耗能源总量1188.63万吨标准煤，每万元工业总产值消耗能源为0.1650标准煤，比2016年下降0.99%；是工业全行业水平的59.94%，与2016年相比上升1.46个百分点；是非专利密集型产业水平的52.06%，与2016年相比上升1.71个百分点（如图7—7所示）。广西专利密集型产业累计消耗能源总量有小幅上升，但与工业全行业平均水平以及非专利密集型产业水平相比，领先优势仍十分明显。

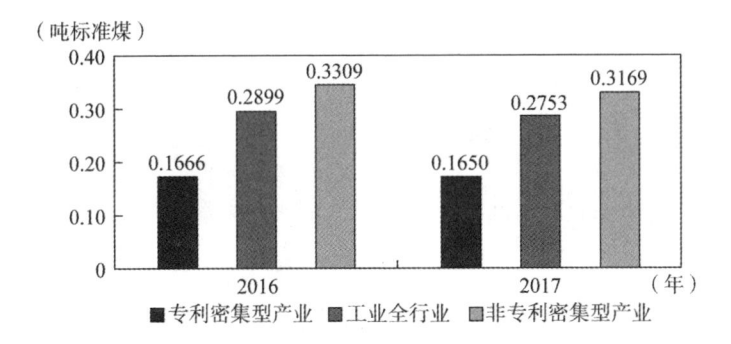

图7—7　2016—2017年工业行业能耗（每万元工业总产值能源消费总量）变化

资料来源：《广西统计年鉴》。

2017年，广西专利密集型产业累计排放工业废水7729.2万吨，每万元工业总产值废水排放量为1.07吨，是工业全行业的89.92%，是非专利密集型产业的86.29%，比2016年下降10.08%（如图7—8所示）。

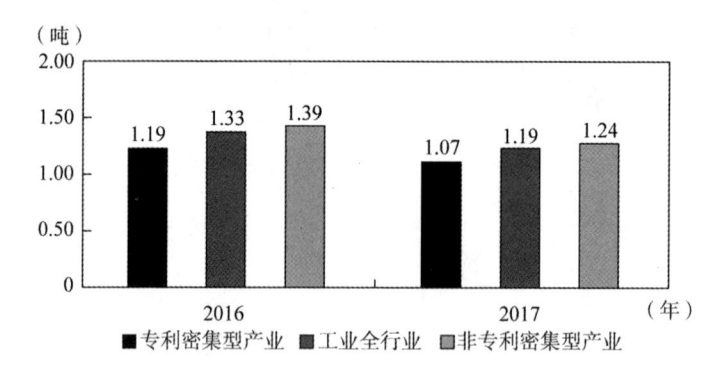

图7—8 2016—2017年工业行业废水排放
（产业每万元工业总产值废水排放量）变化

资料来源：《广西统计年鉴》。

2017年，广西专利密集型产业累计排放工业废气1032.2亿标立方米，每万元工业总产值废气排放量为1435.16标立方米，是工业全行业水平的26.61%，是非专利密集型产业水平的20.84%，比2016年上升0.42%（如图7—9所示）。

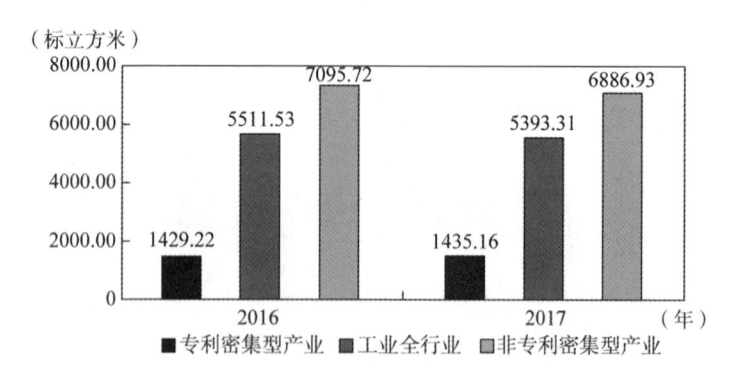

图7—9 2016—2017年工业行业废气排放
（产业每万元工业总产值废气排放量）变化

资料来源：《广西统计年鉴》。

2017年，广西专利密集型产业累计排放工业固体废物254.8万吨，每万元工业总产值固体废物产生量为0.04吨，比2016年下降70.83%；是工业全行业水平的18.20%，与2016年相比下降24.68个百分点；是非专利密集型产业水平的12.07%，与2016年相比下降25.43个百分点（如图7—10所示）。由此可见，广西专利密集型产业的固体废物产生量快速下降，专利密集度提升对固体废物产生量的降低具有明显的促进作用。

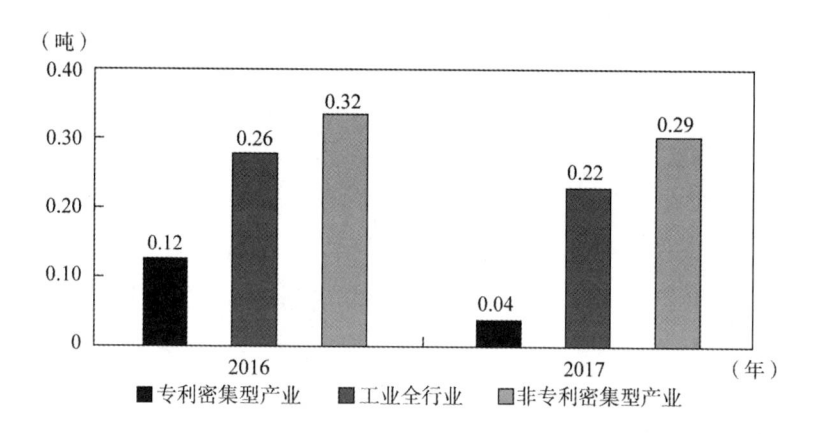

图7—10 2016—2017年工业行业固体废物排放
（产业每万元工业总产值固体废物产生量）变化

资料来源：《广西统计年鉴》。

（四）创新能力

2017年，广西专利密集型产业共获得企业发明专利授权3102件，比2016年增长70.53%，占全区工业行业企业发明专利授权量的82.52%。专利密集型产业按经费投入计算的专利投入产出效率为1.83件/百万元，比2016年增长117.86%，是工业全行业水平的5.90倍，是非专利密集型产业的15.25倍；按研发人员投入计算的专利投入产出效率为0.71件/人年，比2016年增长74.02%，是工业全行业的4.33倍，是非专利密集型产业的9.34倍（如图

7—11、图 7—12 所示）。广西专利密集型产业科技创新效率提升明显，奠定了产业转型升级的良好基础。

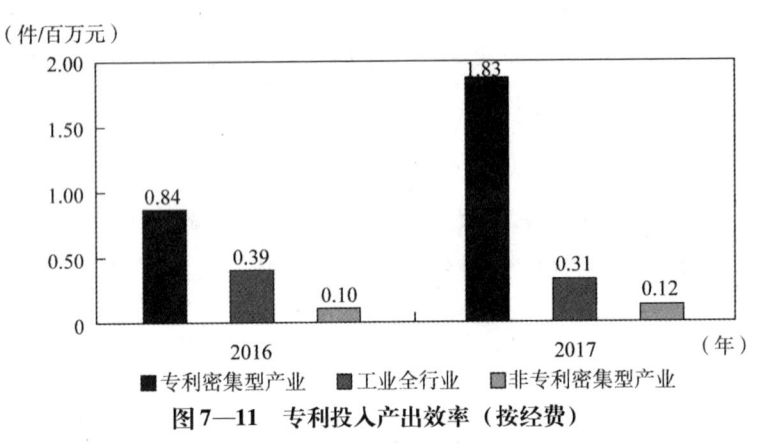

图 7—11　专利投入产出效率（按经费）

（件/百万元）

2016年：专利密集型产业 0.84，工业全行业 0.39，非专利密集型产业 0.10
2017年：专利密集型产业 1.83，工业全行业 0.31，非专利密集型产业 0.12

资料来源：广西统计年鉴。

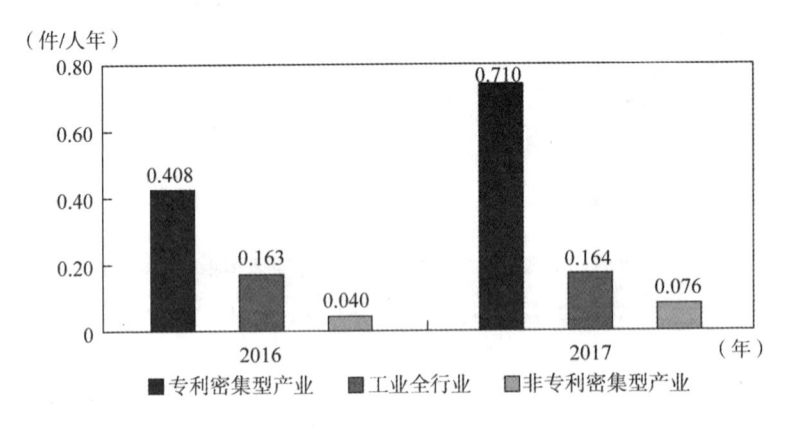

图 7—12　专利投入产出效率（按研发人员）

（件/人年）

2016年：专利密集型产业 0.408，工业全行业 0.163，非专利密集型产业 0.040
2017年：专利密集型产业 0.710，工业全行业 0.164，非专利密集型产业 0.076

资料来源：本报告测算结果。

三　2017 年广西专利密集型产业"第二梯队"发展情况

在 24 个非专利密集型产业中，选取按专利密集度由高到低排列的 10 个产业如表 2—3 所示。这 10 个产业涵盖了在《关于加快发展广西专利密集型产业（制造业）实施方案》中重点培育、但暂未成为专利密集型产业的各个产业，可以视为广西专利密集型产业的"第二梯队"。

从这 10 个产业的总体情况来看（如图 7—13 至图 7—17 所示），尽管它们在 2017 年未能进入专利密集型产业行列，且各项指标与专利密集型产业相比有一定差距，但普遍优于工业全行业平均水平。

表 7—4　　2017 年广西专利密集型产业"第二梯队"概况

	专利密集度（件/千人）	人均产值（万元/人）	人均创造利润（万元/人）	资产负债率（%）	企业亏损面（%）
专利密集型产业总体情况	≥4.64	173.85	10.35	51.08	13.24
燃气生产和供应业	2.04	227.90	29.12	58.77	19.90
黑色金属矿采选业	2.77	212.30	15.02	55.59	18.40
有色金属冶炼及压延加工业	3.74	395.77	12.29	77.42	26.70
铁路、船舶、航空航天和其他运输设备制造业	2.17	77.35	7.01	44.77	4.30
煤炭开采和洗选业	2.13	44.01	1.56	69.43	40
计算机、通信和其他电子设备制造业	2.52	193.11	19.56	54.57	6.80
纺织业	2.56	71.45	3.83	67.69	16.30
农副食品加工业	1.73	208.42	13.87	62.98	14.30
汽车制造业	2.08	192.84	8.43	72.53	20.10
非金属矿物制品业	1.59	96.56	7.66	46.98	12.70

资料来源：广西统计年鉴。

202　第三篇　产业篇

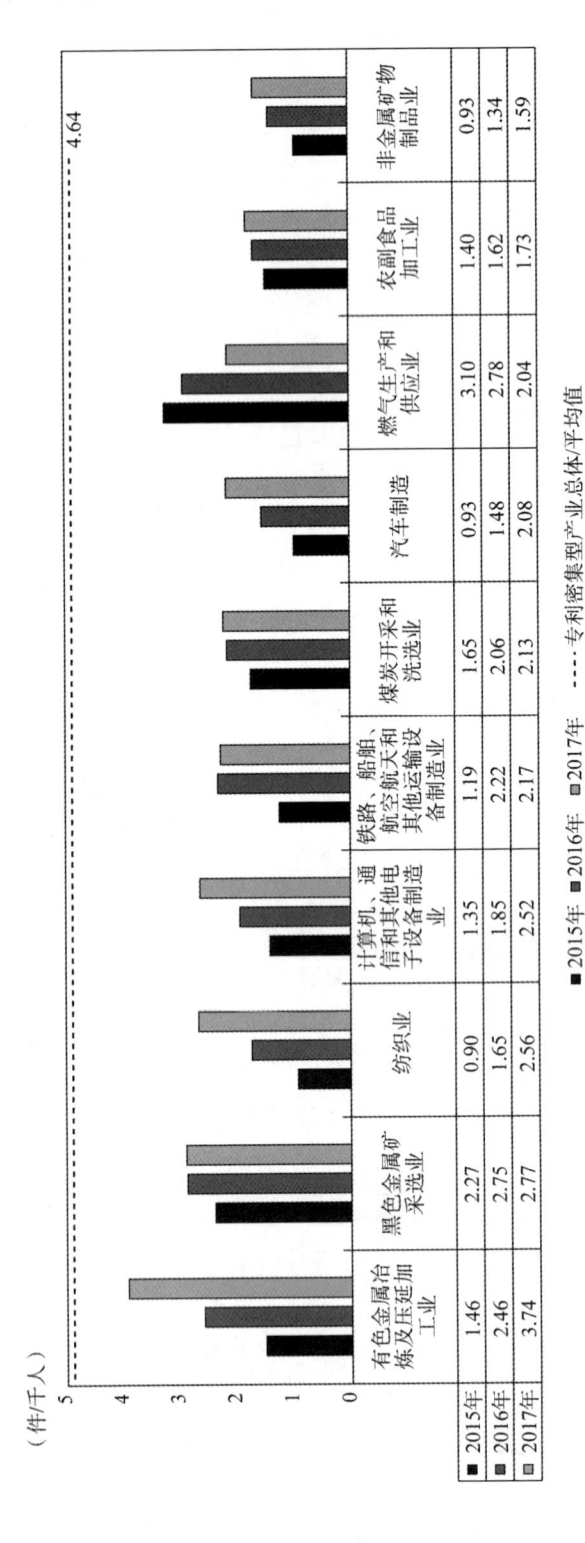

（件/千人）

	有色金属冶炼及压延加工业	黑色金属矿采选业	纺织业	计算机、通信和其他电子设备制造业	铁路、船舶、航空航天和其他运输设备制造业	煤炭开采和洗选业	汽车制造	燃气生产和供应业	农副食品加工业	非金属矿物制品业
2015年	1.46	2.27	0.90	1.35	1.19	1.65	0.93	3.10	1.40	0.93
2016年	2.46	2.75	1.65	1.85	2.22	2.06	1.48	2.78	1.62	1.34
2017年	3.74	2.77	2.56	2.52	2.17	2.13	2.08	2.04	1.73	1.59

■ 2015年　■ 2016年　■ 2017年　---- 专利密集型产业总体平均值

图7—13　2017年的"第二梯队"与专利密集型产业的专利密集度比较

资料来源：广西统计年鉴。

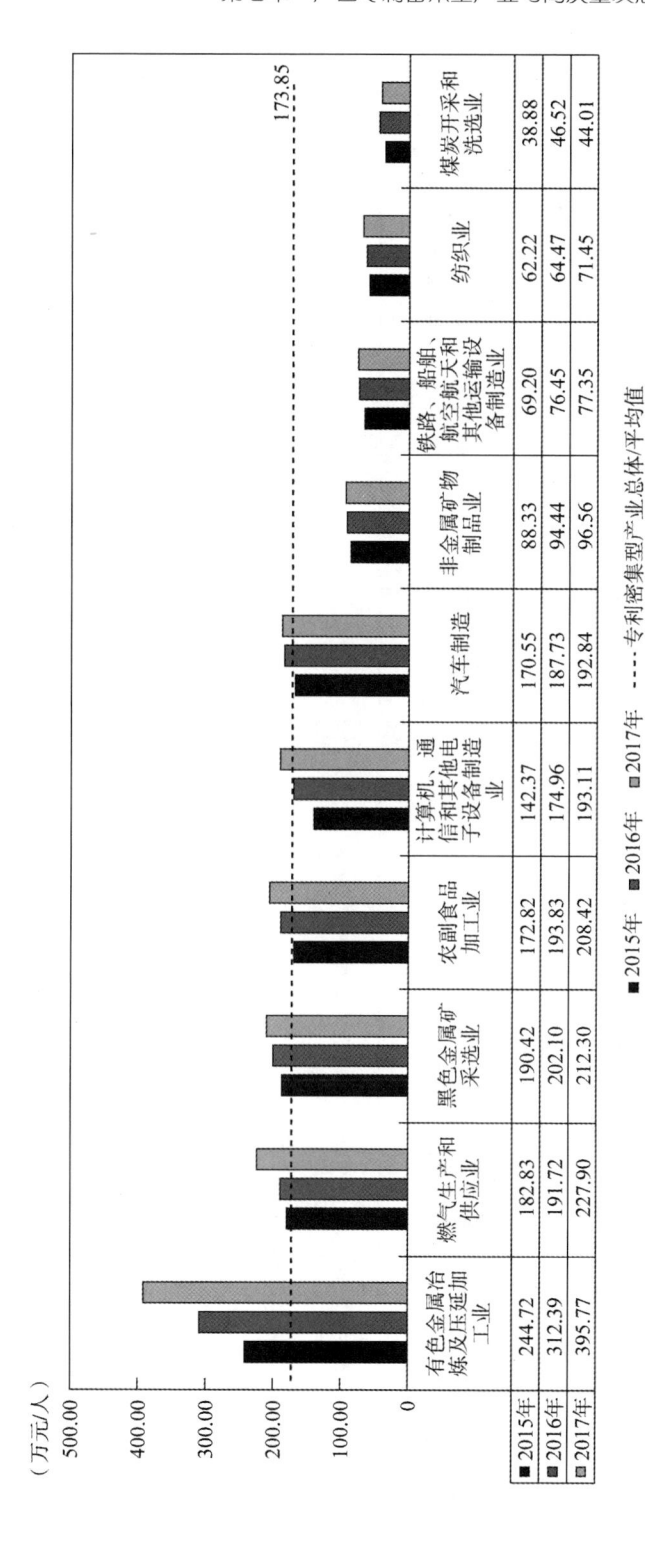

(万元/人)	有色金属冶炼及压延加工业	燃气生产和供应业	黑色金属矿采选业	农副食品加工业	计算机、通信和其他电子设备制造业	汽车制造	非金属矿物制品业	铁路、船舶、航空航天和其他运输设备制造业	纺织业	煤炭开采和洗选业
2015年	244.72	182.83	190.42	172.82	142.37	170.55	88.33	69.20	62.22	38.88
2016年	312.39	191.72	202.10	193.83	174.96	187.73	94.44	76.45	64.47	46.52
2017年	395.77	227.90	212.30	208.42	193.11	192.84	96.56	77.35	71.45	44.01

■ 2015年　■ 2016年　■ 2017年　---- 专利密集型产业总体/平均值

图7—14　2017年的"第二梯队"与专利密集型产业的人均产值比较

资料来源：广西统计年鉴。

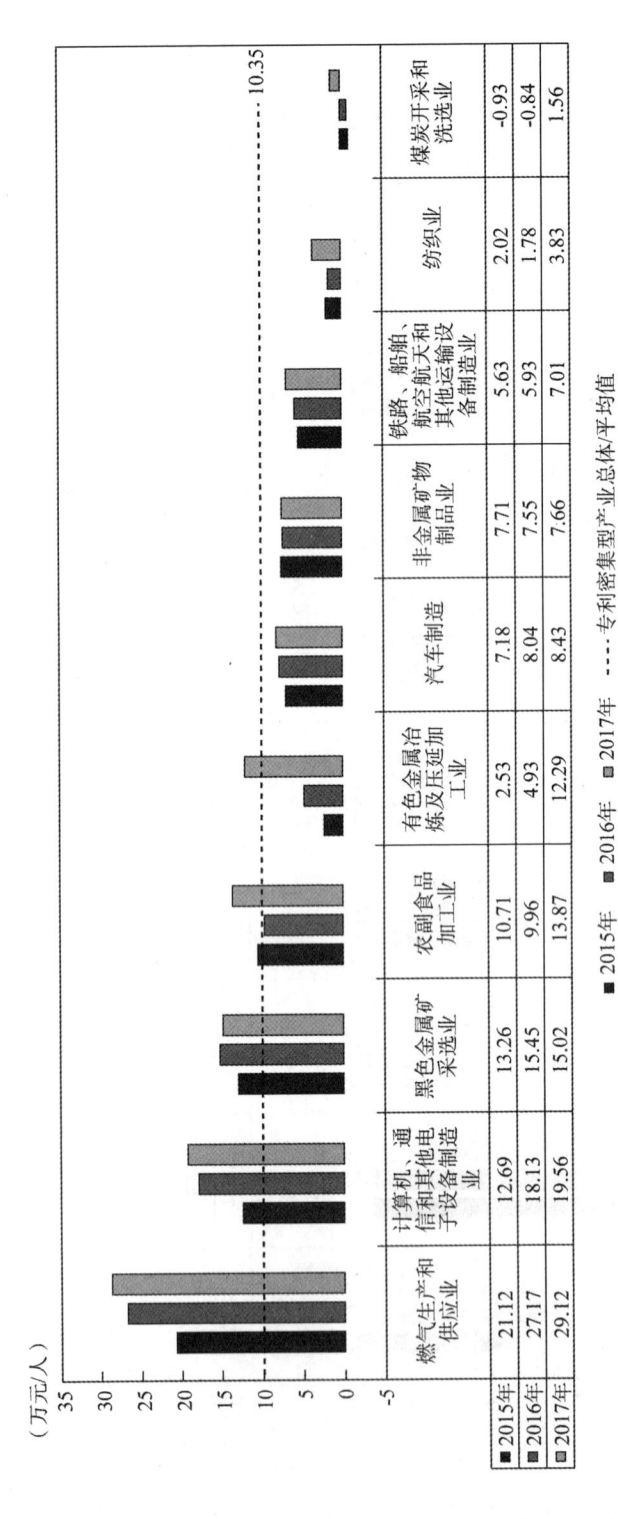

图7—15 2017年的"第二梯队"与专利密集型产业的人均创造利润比较

	燃气生产和供应业	计算机、通信和其他电子设备制造业	黑色金属矿采选业	农副食品加工业	有色金属冶炼及压延加工业	汽车制造	非金属矿物制品业	铁路、船舶、航空航天和其他运输设备制造业	纺织业	煤炭开采和洗选业
2015年	21.12	12.69	13.26	10.71	2.53	7.18	7.71	5.63	2.02	-0.93
2016年	27.17	18.13	15.45	9.96	4.93	8.04	7.55	5.93	1.78	-0.84
2017年	29.12	19.56	15.02	13.87	12.29	8.43	7.66	7.01	3.83	1.56

■ 2015年 ■ 2016年 ■ 2017年 ---- 专利密集型产业总体/平均值 (10.35)

资料来源：本报告测算结果。

	有色金属冶炼及压延加工业	汽车制造	煤炭开采和洗选业	纺织业	农副食品加工业	燃气生产和供应业	黑色金属矿采选业	计算机、通信和其他电子设备制造业	非金属矿物制品业	铁路、船舶、航空航天和其他运输设备制造业
2015年	82.39	75.87	62.04	70.57	63.03	62.52	51.31	60.80	49.94	56.14
2016年	79.74	73.87	66.85	68.93	64.10	58.48	50.95	62.06	46.75	47.93
2017年	77.42	72.53	69.43	67.69	62.98	58.77	55.59	54.57	46.98	44.77

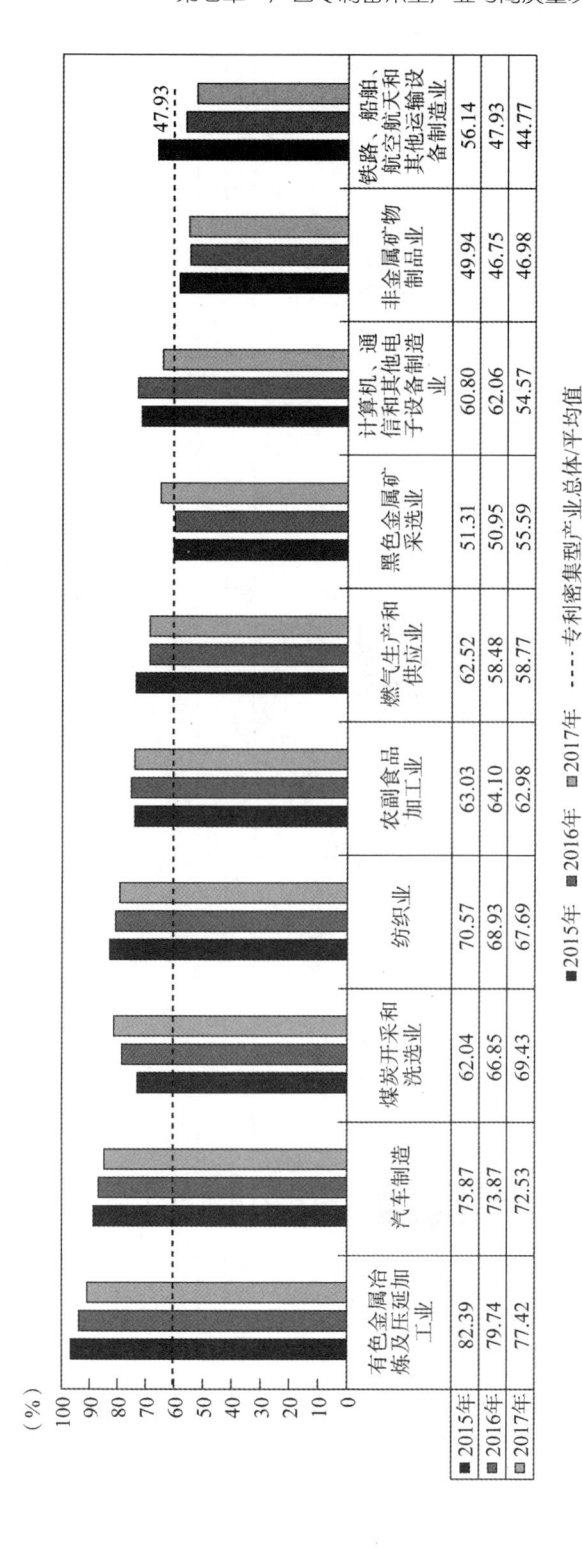

图7—16 2017年的"第二梯队"与专利密集型产业资产负债率比较

资料来源：广西统计年鉴。

第三篇 产业篇

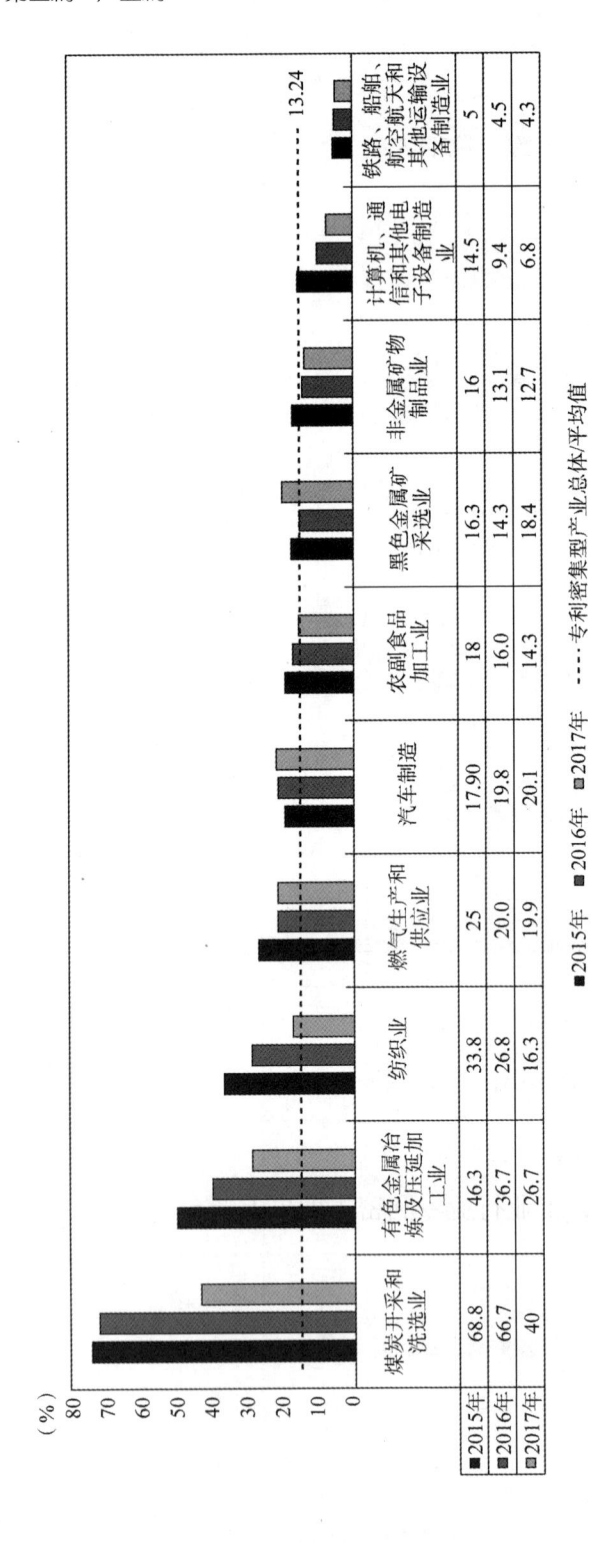

	煤炭开采和洗选业	有色金属冶炼及压延加工业	纺织业	燃气生产和供应业	汽车制造	农副食品加工业	黑色金属采选业	非金属矿物制品业	计算机、通信和其他电子设备制造业	铁路、船舶、航空航天和其他运输设备制造业
2015年	68.8	46.3	33.8	25	17.90	18	16.3	16	14.5	5
2016年	66.7	36.7	26.8	20.0	19.8	16.0	14.3	13.1	9.4	4.5
2017年	40	26.7	16.3	19.9	20.1	14.3	18.4	12.7	6.8	4.3

■2015年 ■2016年 ■2017年 ---- 专利密集型产业总体/平均值

图7—17 2017年的"第二梯队"与专利密集型产业的企业亏损面比较

资料来源：本报告测算结果。

第五节 2018年广西专利密集型产业发展状况

一 2018年广西工业行业专利密集度

2018年广西工业企业发明专利授权量为1856件，比2017年下降了15.41%；其占全区发明专利授权量比例也有较小幅度的下降，下降了1.39%，明显小于工业企业发明专利授权量的下降幅度（如图7—18所示）。

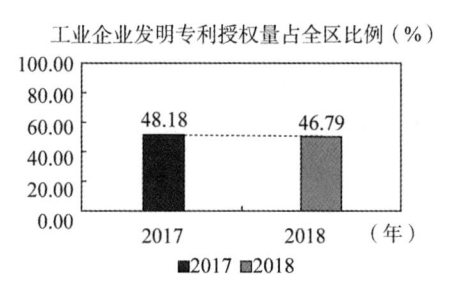

图7—18 2017—2018年广西工业企业发明专利授权量变化

资料来源：知识产权专利数据库。

2014—2018年，广西工业企业共获得发明专利授权9015件，同期规模以上工业企业从业人员平均数为1651.71千人，由此测算2018年广西工业行业平均发明专利密集度为5.46件/千人，比上一年增长17.63%，工业行业专利密集度再上新台阶。

在广西41个工业大类产业中，2018年发明专利密集度超5.46件/千人的产业共有16个。这16个产业被界定为2018年广西专利密集型产业，见表7—5。

表 7—5　　　　　　　　2018 年广西专利密集型产业

序号	产业	2014—2018 年企业发明专利累计授权量（件）	2018 年专利密集度（件/千人）	2017 年专利密集度（件/千人）	专利密集度同比增长（%）
1	金属制品、机械和设备修理业	658	307.15	517.19	-40.61
2	仪器仪表制造业	1486	273.31	238.78	14.46
3	化学纤维制造业	42	271.11	265.87	1.97
4	专用设备制造业	3108	74.93	61.44	21.96
5	通用设备制造业	2152	68.90	53.37	29.10
6	金属制品业	718	21.69	17.89	21.25
7	废弃资源综合利用业	114	21.01	17.63	19.17
8	化学原料和化学制品业	1494	17.55	15.2	15.46
9	电气机械和器材制造业	639	15.56	12.41	25.36
10	烟草制品业	38	10.69	10.79	-0.92
11	水的生产和供应业	97	10.29	9.7	6.11
12	橡胶和塑料制品业	262	8.92	6.67	33.80
13	其他制造业	30	8.83	8.68	1.78
14	医药制造业	333	8.15	7.49	8.84
15	酒、饮料和精制茶制造业	274	6.33	6.33	-0.04
16	食品制造业	217	5.98	6.17	-3.15

资料来源：广西统计年鉴。

2018 年入选的 16 个专利密集型产业与 2017 年入选的专利密集型产业一致。其中，12 个产业的专利密集度都有所增长，专用设备制造业、通用设备制造业等 6 个产业的专利密集度增幅接近或超过 20%，但金属制品、机械和设备修理业，食品制造业，烟草制品业，酒、饮料和精制茶制造业 4 个产业的专利密集度出现了下降的情况，分别下降了 40.61%、3.15%、0.92% 和 0.04%。此外，入选 2016 年、2017 年专利密集型产业的石油加工、炼焦和核燃料加工业发明专利授权量下降,其专利密度未达到 2018 年工业行业平均水平,因此未能进入当年广西专利密集型产业行列。

2018 年 8 个设区市的工业行业发明专利密集度排名与上一年相比,发生了变动(见表 7—6)。专利密集度排名前四的仍然是南宁、柳州、桂林、玉林;贺州的排名发生较大的变化,由 2017 年的第十一位上升到了 2018 年的第五位;河池从 2017 年的第 9 位上升到了 2018 年的第七位;来宾和崇左分别从 2017 年的第十、第十二位上升到了 2018 年的第九、第十一位;由于企业发明专利授权量增幅较慢,钦州、梧州、防城港和北海的排名均有所下降,分别下降了四位、三位、两位和一位。各设区市工业行业专利密集度差距有进一步扩大倾向。这反映出各设区市企业在创新精神、研发能力、知识产权意识等方面的发展不均衡,部分地区依托专利抢占发展制高点、推动产业结构转型升级和新旧动能转换的步伐过慢。

表 7—6　　各设区市工业行业发明专利密集度变化情况

序号	设区市	2018 年工业行业发明专利密集度(件/千人)	比上一年增长幅度(%)	排名变化
1	南宁	10.27	18.22	—
2	柳州	9.38	15.01	—
3	桂林	5.96	16.75	—
4	玉林	4.63	31.47	—
5	贺州	3.99	57.45	↑6
6	北海	3.85	14.95	↓1
7	河池	3.59	31.69	↑2
8	防城港	3.46	11.53	↓2
9	来宾	3.30	27.33	↑1
10	梧州	3.24	13.99	↓3
11	崇左	2.94	20.51	↑1
12	钦州	2.64	-4.84	↓4

续表

序号	设区市	2018年工业行业发明专利密集度（件/千人）	比上一年增长幅度（%）	排名变化
13	百色	2.47	56.94	—
14	贵港	0.87	14.21	—

注："—"表示排名无变化。

资料来源：国家知识产权专利数据库。

二 2018年广西专利密集型产业质量效益

（一）质量效益

2018年，广西专利密集型产业估算累计产值7149.63亿元，人均产值为173.63万元/人，与2017年基本持平；累计实现主营业务收入3748.72亿元，人均主营业务收入91.04万元/人，比2017年下降42.06%，是工业全行业水平的79.65%，是非专利密集型产业水平的74.55%；累计实现利润总额223.74亿元；人均创造利润为5.43万元/人，比2017年下降47.53%；是工业全行业水平的80.80%，是非专利密集型产业水平的75.94%（如图7—19至图7—21所示）。从以上情况来看，石油加工、炼焦和核燃料加工业的退出对专利密集型产业影响较大。

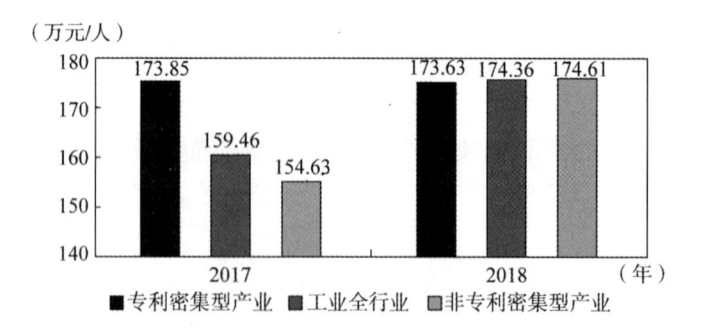

图7—19 2017—2018年广西工业行业人均产值（估算）变化

资料来源：本报告测算结果。

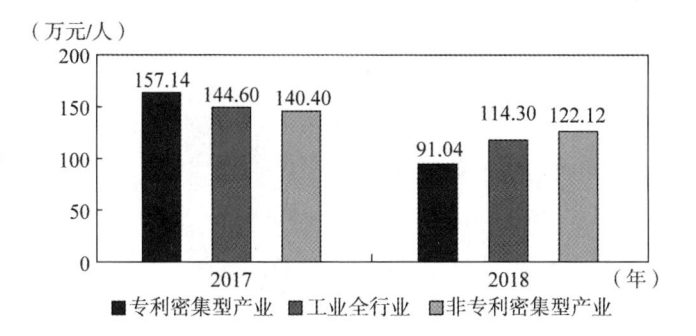

图7—20　2017—2018年广西工业行业人均主营业务收入变化

资料来源：本报告测算结果。

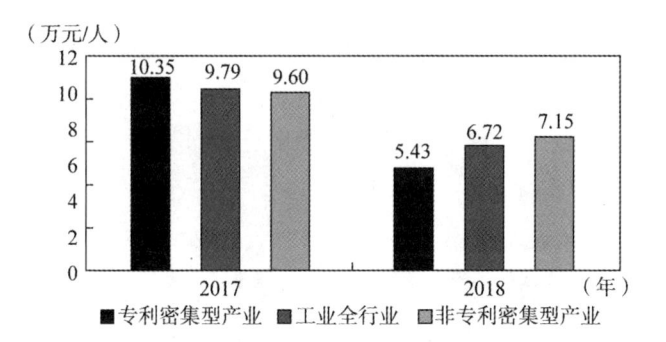

图7—21　2017—2018年广西工业行业人均创造利润变化

资料来源：本报告测算结果。

（四）抗风险能力

2018年，广西专利密集型产业的企业亏损面（亏损企业占比）为20.93%，与2017年相比上升了7.69%，比工业全行业高0.33个百分点，比非专利密集型产业高0.44个百分点。2018年，广西专利密集型产业资产负债率为54.25%，与2017年相比上升了3.17%，比工业全行业低8.77个百分点，比非专利密集型产业低11.33个百分点。

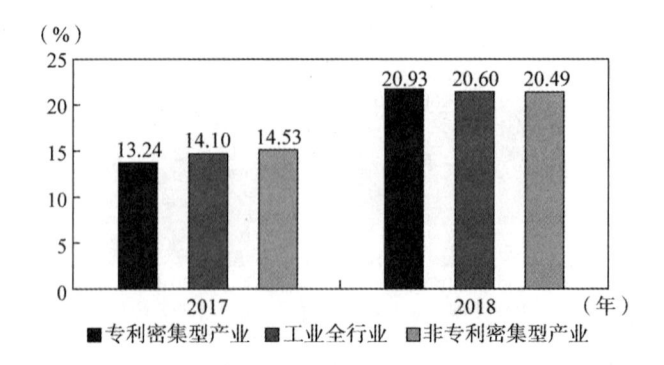

图 7—22　2017—2018 年广西工业行业企业亏损面（亏损企业占比）

资料来源：本报告测算结果。

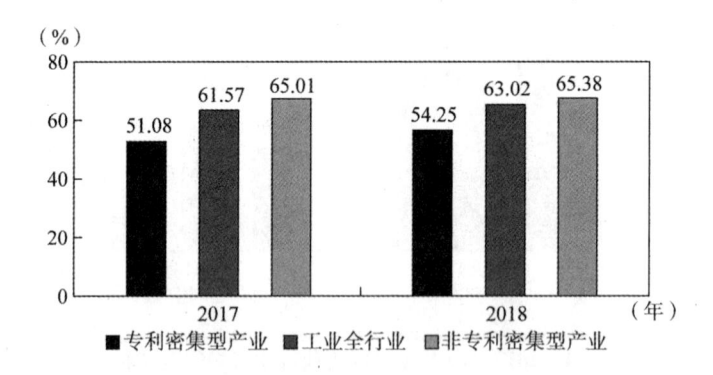

图 7—23　2017—2018 年广西工业行业企业资产负债率

资料来源：本报告测算结果。

（三）绿色环保效应

2018 年，广西专利密集型产业累计消耗能源总量 718.42 万吨标准煤，每万元工业总产值消耗能源为 0.10 吨标准煤，比 2017 年下降 41.18%；是工业全行业水平的 37.03%，是非专利密集型产业水平的 31.25%（如图 7—24 所示）。

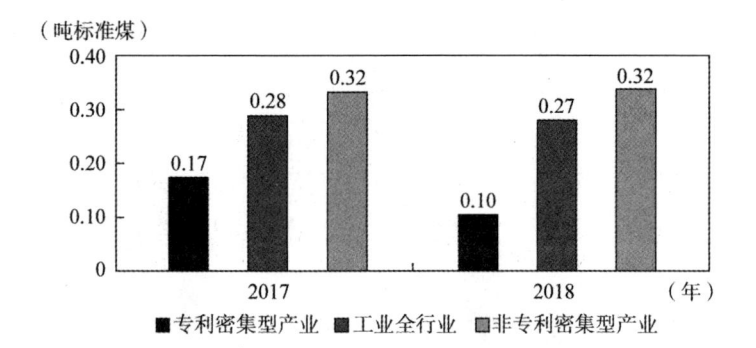

图 7—24 2017—2018 年工业行业能耗
（每万元工业总产值能源消费总量）变化

资料来源：本报告测算结果。

2018年，广西专利密集型产业累计排放工业废水6572.4吨，每万元工业总产值废水排放量为0.92吨，比2017年下降14.02%；是工业全行业的86.96%，是非专利密集型产业的84.32%（如图7—25所示）。

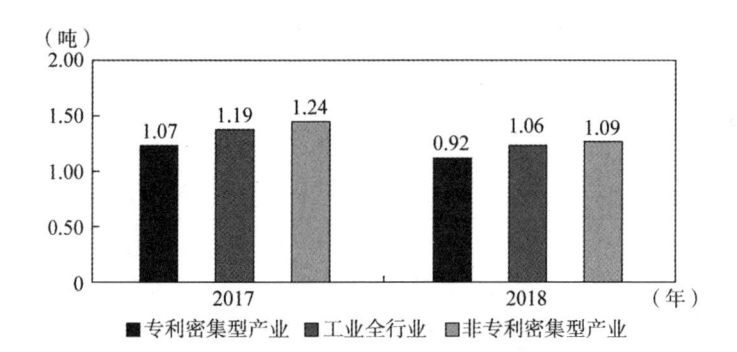

图 7—25 2017—2018 年工业行业废水排放
（产业每万元工业总产值废水排放量）变化

资料来源：本报告测算结果。

2018年，广西专利密集型产业累计排放工业废气669.9亿标立方米，每万元工业总产值废气排放量为936.97标立方米，比2017

年下降 34.71%；是工业全行业水平的 16.70%，是非专利密集型产业水平的 13.06%（如图 7—26 所示）。

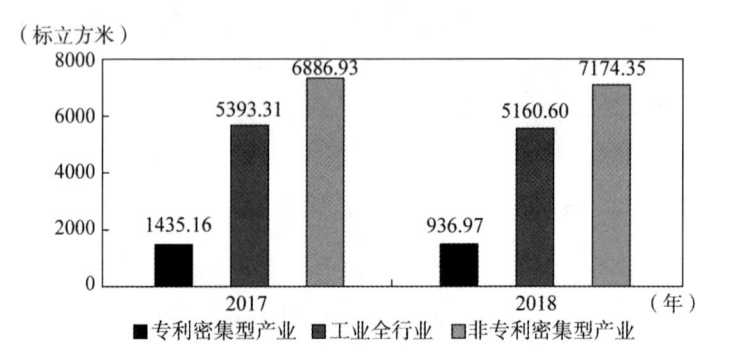

图 7—26　2017—2018 年工业行业废气排放
（产业每万元工业总产值废气排放量）变化

资料来源：本报告测算结果。

2018 年，广西专利密集型产业累计产生工业固体废物 245.5 万吨，每万元工业总产值固体废物产生量为 0.034 吨，比 2017 年下降 2.86%；是工业全行业水平的 14.17%，是非专利密集型产业水平的 10.97%。

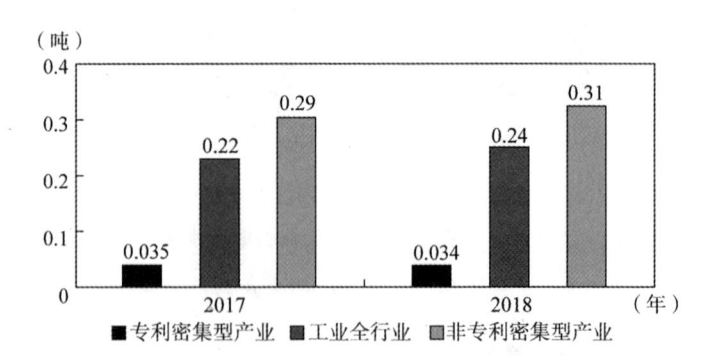

图 7—27　2016—2017 年工业行业固体废物排放
（产业每万元工业总产值固体废物产生量）变化

资料来源：本报告测算结果。

（四）创新能力

2018年，广西专利密集型产业共获得企业发明专利授权2731件，比2017年下降11.96%，占全区工业行业企业发明专利授权量的81.72%。2018年，广西专利密集型产业按经费投入计算的专利投入产出效率为1.31件/百万元，比2017年下降28.51%，是工业全行业水平的5.72倍，是非专利密集型产业的12.5倍。

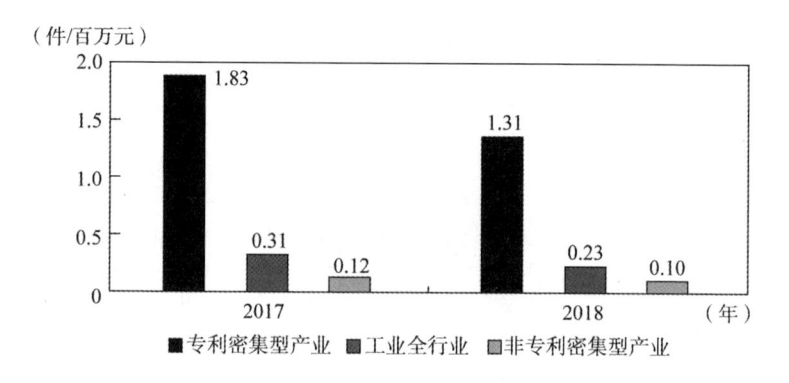

图7—28　2016—2017年专利投入产出效率（按经费）

资料来源：本报告测算结果。

三　2018年广西专利密集型产业"第二梯队"发展情况

在24个非专利密集型产业中，选取按专利密集度由高到低排列的10个产业如表3—3所示。这10个产业涵盖了在《关于加快发展广西专利密集型产业（制造业）实施方案》中重点培育、但尚未成为专利密集型产业的各个产业，可以视为广西专利密集型产业的"第二梯队"。

从这10个产业的总体情况来看，尽管它们在2018年未能进入专利密集型产业行列，且各项指标接近于专利密集型产业，且普遍优于工业全行业平均水平。

表3—3 2018年广西专利密集型产业"第二梯队"概况

	专利密集度（件/千人）	人均产值（万元/人）	人均创造利润（万元/人）	资产负债率（%）	企业亏损面（%）
专利密集型产业总体情况	≥5.46	173.63	6.72	54.25	20.6
有色金属冶炼及压延加工业	4.90	458.54	6.28	75.06	45.6
纺织业	3.53	78.96	1.01	67.29	33.6
计算机、通信和其他电子设备制造业	3.22	208.04	6.66	70.95	18.4
汽车制造业	2.56	217.89	5.79	72.15	30.8
黑色金属矿采选业	2.50	241.63	5.71	54.59	15.4
煤炭开采和洗选业	1.99	58.37	0.70	70.94	46.7
铁路、船舶、航空航天和其他运输设备制造业	1.90	85.61	5.10	41.23	9.3
农副食品加工业	1.79	228.72	7.31	66.78	25.4
非金属矿物制品业	1.77	100.83	7.42	49.16	15.1
燃气生产和供应业	1.47	238.00	24.09	56.81	14.3

资料来源：本报告测算结果。

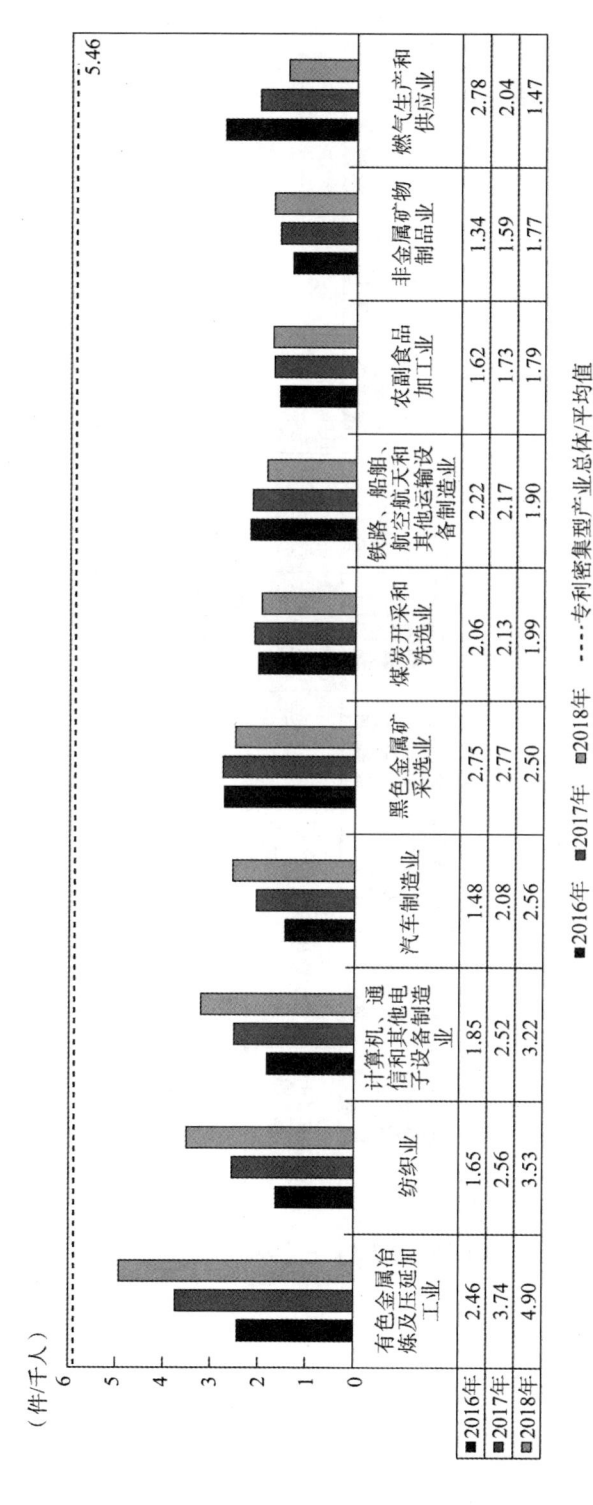

	有色金属冶炼及压延加工业	纺织业	计算机、通信和其他电子设备制造业	汽车制造业	黑色金属矿采选业	煤炭开采和洗选业	铁路、船舶、航空航天和其他运输设备制造业	农副食品加工业	非金属矿物制品业	燃气生产和供应业
2016年	2.46	1.65	1.85	1.48	2.75	2.06	2.22	1.62	1.34	2.78
2017年	3.74	2.56	2.52	2.08	2.77	2.13	2.17	1.73	1.59	2.04
2018年	4.90	3.53	3.22	2.56	2.50	1.99	1.90	1.79	1.77	1.47

图7—29 2016 2018年的"第二梯队"与专利密集型产业的专利密集度比较

资料来源：本报告测算结果。

218　第三篇　产业篇

	有色金属冶炼及压延加工业	黑色金属矿采选业	燃气生产和供应业	农副食品加工业	汽车制造业	计算机、通信和其他电子设备制造业	非金属矿物制品业	铁路、船舶、航空航天和其他运输设备制造业	纺织业	煤炭开采和洗选业
2016年	312.39	202.10	191.72	193.83	187.73	174.96	94.44	76.45	64.47	46.52
2017年	395.77	212.30	227.90	208.42	192.84	193.11	96.56	77.35	71.45	44.01
2018年	458.54	241.63	238.00	228.72	217.89	208.04	100.83	85.61	78.96	58.37

■2016年　■2017年　■2018年　----专利密集型产业总体/平均值

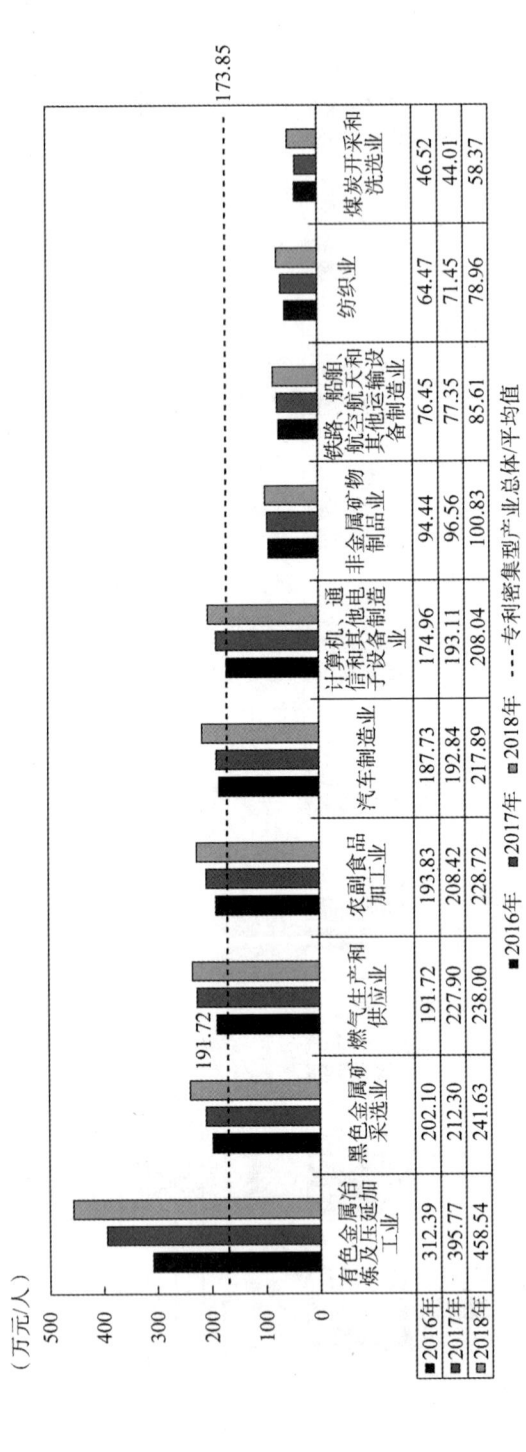

图7—30　2018年的"第二梯队"与专利密集型产业的人均产值比较

资料来源：本报告测算结果。

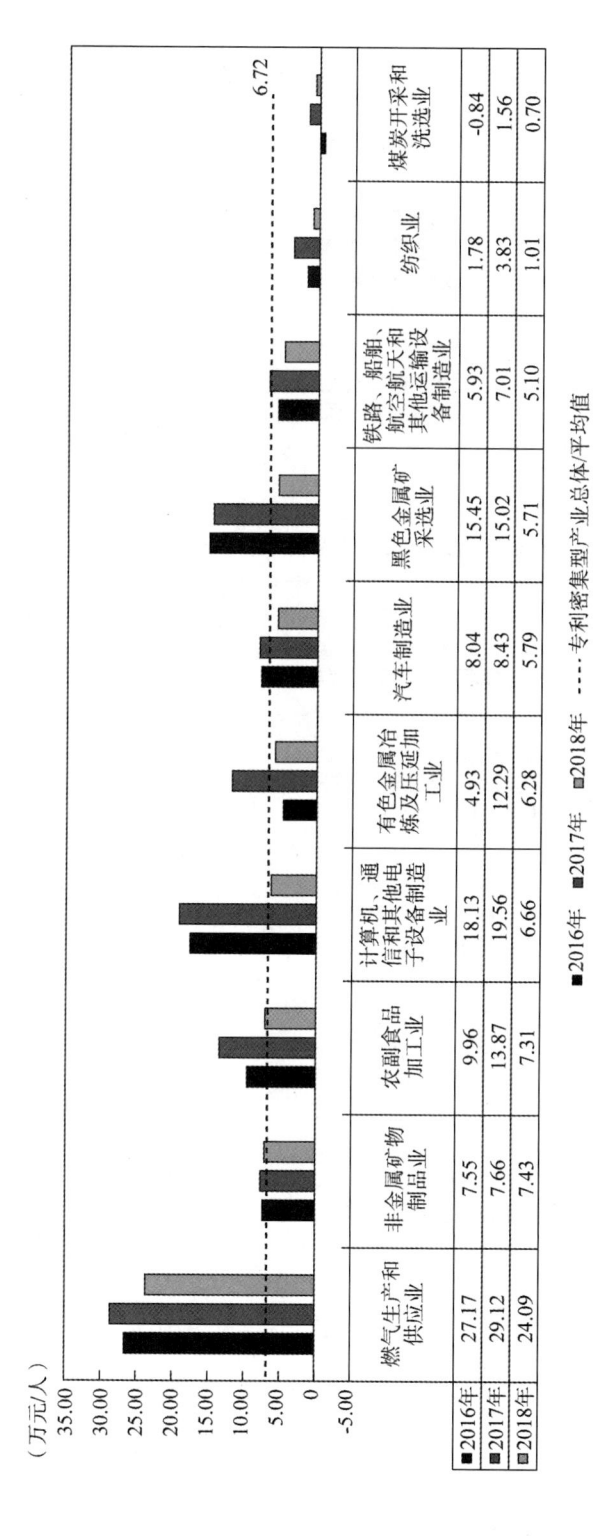

	燃气生产和供应业	非金属矿物制品业	农副食品加工业	计算机、通信和其他电子设备制造业	有色金属冶炼及压延工业	汽车制造业	黑色金属矿采选业	铁路、船舶、航空航天和其他运输设备制造业	纺织业	煤炭开采和洗选业
2016年	27.17	7.55	9.96	18.13	4.93	8.04	15.45	5.93	1.78	-0.84
2017年	29.12	7.66	13.87	19.56	12.29	8.43	15.02	7.01	3.83	1.56
2018年	24.09	7.43	7.31	6.66	6.28	5.79	5.71	5.10	1.01	0.70

图7—31 2018年的"第二梯队"与专利密集型产业的人均创造利润比较

资料来源：本报告测算结果。

第三篇 产业篇

	有色金属冶炼及压延加工业	汽车制造业	计算机、通信和其他电子设备制造业	煤炭开采和洗选业	纺织业	农副食品加工业	燃气生产和供应业	黑色金属矿采选业	非金属矿物制品业	铁路、船舶、航空航天和其他运输设备制造业
2016年	79.74	73.87	62.06	66.85	68.93	64.10	58.48	50.95	46.75	47.93
2017年	77.42	72.53	54.57	69.43	67.69	62.98	58.77	55.59	46.98	44.77
2018年	75.06	72.15	70.95	70.94	67.29	66.78	56.81	54.59	49.16	41.23

图7—32 2018年的"第二梯队"与专利密集型产业的资产负债率比较

资料来源：本报告测算结果。

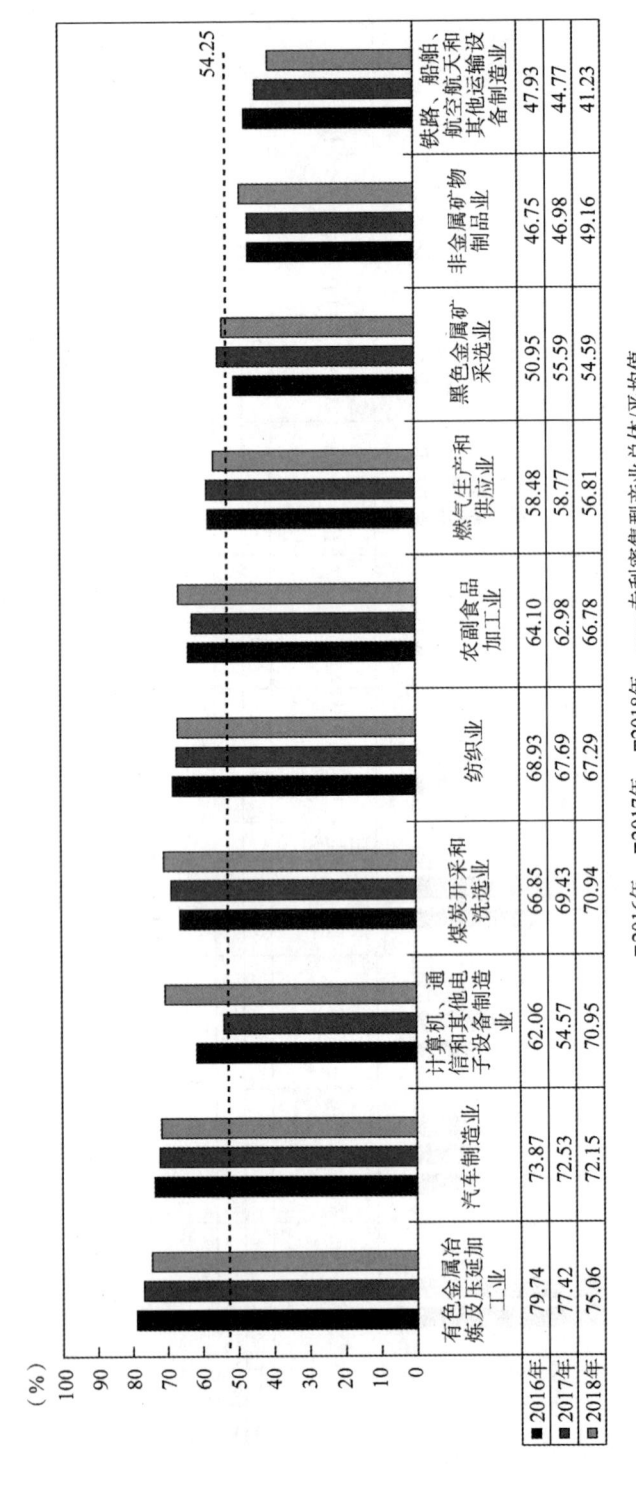

第七章 广西专利密集型产业与高质量发展监测分析

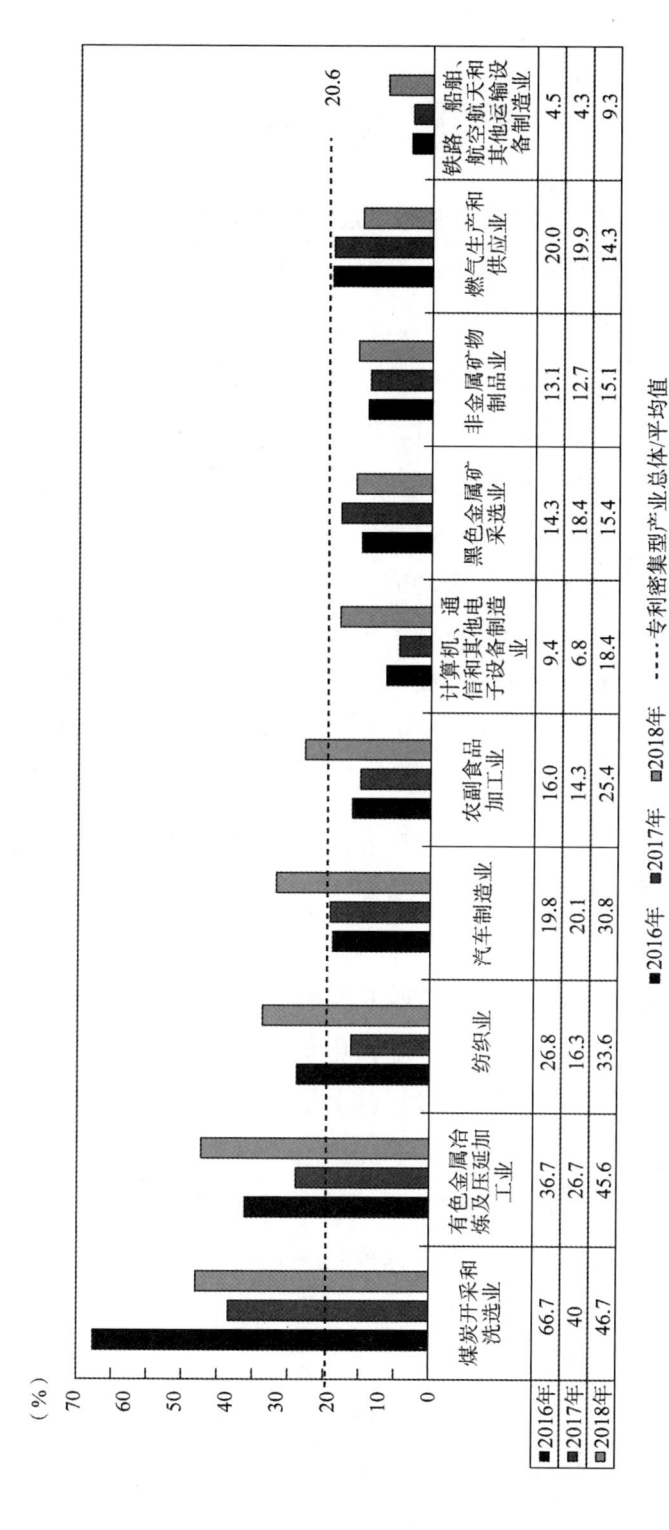

	煤炭开采和洗选业	有色金属冶炼及压延工业	纺织业	汽车制造业	农副食品加工业	计算机、通信和其他电子设备制造业	黑色金属矿采选业	非金属矿物制品业	燃气生产和供应业	铁路、船舶、航空航天和其他运输设备制造业
2016年	66.7	36.7	26.8	19.8	16.0	9.4	14.3	13.1	20.0	4.5
2017年	40	26.7	16.3	20.1	14.3	6.8	18.4	12.7	19.9	4.3
2018年	46.7	45.6	33.6	30.8	25.4	18.4	15.4	15.1	14.3	9.3

图7—33 2018年的"第二梯队"与专利密集型产业的企业亏损面比较

资料来源：本报告测算结果。

第六节　研究结论

一　专利密集型产业是创新驱动发展本质要求的体现

从历年的统计监测结果可以看出，在普遍情况下，广西专利密集型产业以较少人、财、物投入，实现了较多的产出，人均产出方面指标领先于工业全行业平均水平，而且抗风险能力较强。与此同时，能源消耗和污染物排放均明显低于工业全行业平均水平。这展示了专利密集型产业在质量效益上的优势。此外，广西专利密集型产业更注重创新投入，其创新投入产出效率更高。这些特点与《国家创新驱动发展战略纲要》推动的"以规模扩张为主导的粗放式增长向以质量效益为主导的可持续发展转变""发展要素从传统要素主导发展向创新要素主导发展转变""产业分工从价值链中低端向价值链中高端转变""创新能力从'跟踪、并行、领跑'并存、'跟踪'为主向'并行'、'领跑'为主转变"等"六大转变"高度吻合。因此，培育专利密集型产业准确反映了创新驱动发展的本质要求，是打造新增长点、获取发展新动力的有效手段。

二　发展专利密集型产业是广西工业高端化发展的必由之路

未来若干年，广西将处于产业由中低端向中高端水平提升、工业化由中期阶段向中后期阶段发展的关键时期。工业产业如何走向高端化，是迫在眉睫的重大课题。2015年2月，美国布鲁金斯学会发布了研究报告《美国高端产业：定义、布局及重要性》。该报告对美国高端产业给出了两个界定标准：一是每个产业工人的研发支出应超过450美元，或者是位于产业的前20%；二是产业队伍中获得STEM（科学、技术、工程和数学）学位的人数必须高于全国平均水平，或者在本产业中所占比重达到21%。同时符合这两个标准的产业即被认为是高端产业。值得注意的是，在美国商务部与专利商标局发布的报告《知识产权和美国经济：产业聚焦》中，筛选出了 13 个专利密集型产业。按照布鲁金斯学会提出的标准，这些产业全部属于高端产业，这充分说明了专利密集型产业鲜明的高端特质。专利是人类开展发明创造活动的结果，是人类智慧的结晶，也是深入实施供给侧结构性改革、占据产业分工有利地位和高端市场、创造超额经济价值的有力武器。发展专利密集型产业，必须加大产业的创新投入力度，并且吸纳更多高学历人才，从而将产业发展水平推上新台阶，这也必然成为推动广西工业高端化的不二之选。

三 专利密集型产业培育是复杂性高、动态性强的系统工程

现有研究表明，专利与产业之间的关系十分复杂。一方面，提高产业专利密集度有利于进一步提升产业经济效益。另一方面，一些领域密集的"专利丛林"对创新形成了一定的障碍，其内在的作用机理有待深入探究。也就是说，提升产业的发展质量和效益，应当注重专利密集度的提高，但制约和影响产业发展的因素是多种多样的，包括基础设施、人力资源、教育水平、金融状况、政策环境等，都在不同程度地影响着产业发展的方向、规模、质量和速度。因此，产业的转型升级和做大做强，并不能简单依靠扩大发明专利规模和提高专利密集度来实现，而是必须将专利密集度与各相关因素之间的相互作用综合起来考虑，避免单一化、线性化、片面化思维造成的决策失误。因此，专利密集型产业的培育应当作为一项非常复杂的系统工程来对待，需要政府不同部门、司法机关、企业、高校院所、行业协会等组织和机构多方参与、共同发力和高效协同，才能有效补齐短板，真正发挥专利在促进产业发展壮大过程中的重要作用，为产业提质增效开辟新的路径。

四 广西产业尚未进入以专利为主要利润来源的发展阶段

创新发展理论的奠基者、美国经济学家熊彼特认为完全竞争状态是动态无效率的，垄断则有利于创新，一方面，垄断利润可以为企业家提供巨大的激励；另一方面，创新是耗资不菲的活动，只有通过垄断积累足够的财富，才能支持创新持续不断地开展下去。然而，在缺乏知识产权制度保护的情况下，创新所导致的垄断地位是短暂且极不稳固的，在很大程度上削弱了创新主体的积极性。专利制度则是将发明创造成果的垄断地位予以固化，因此对于创新有着重要的促进作用。根据以上观点对广西产业发展现状进行考察，不难发现专利在促进广西产业发展方面发挥的作用还比较弱。其中最关键的一点表现为广西企业涉及的专利侵权案件极少，无论是被别人侵权还是对别人形成侵权都不多见。这说明广西企业所获得的专利并未能够有效占据产业发展的制高点和关键环节，没有对竞争对手形成"卡脖子"的优势。企业等创新主体对专利等知识产权的作用认识也不到位，只是将其作为一种企业技术实力的象征，而不是真正当作一种市场竞争的利器来磨砺。因此，可以说广西企业仅仅享受了专利作为技术创新成果产生的效益，却未能享受其作为一种垄断性权利所带来的超额利润，离构建基于专利的高水平盈利机制差距还很大。

第七节 对策建议

一 建立专利导航产业发展机制，持续提升产业专利密集度

"十二五"以来，广西通过实施发明专利倍增计划，取得了十分显著的成效，工业行业专利密集度有了很大提升。但从总体上看，与创新驱动发展战略提出的要求相比还有很大差距。因此，必须从规模和质量两个方面入手，以开拓国内其他省市及东盟国际市场为主要目的，开展重点产业专利导航工作。全面了解产业链中关键领域的核心专利分布，把握竞争者的动向与态势，找准产品和服务进入相关市场的路径与策略以及"弯道超车"时机，规避侵权风险。创新专利导航项目实施工作机制。建立"1+5+N"工作模式，即组建一支专家团队开展专利导航分析，以市场监管、发改、工信、科技、投资促进五部门为核心，吸纳财政、金融、教育、人社等其他相关部门共同参与，定期审议研讨专利导航分析成果，对专利与产业、科技、招商引资等相关政策同研究、同部署、同实施。通过高频深度交流形成多方共识和工作合力，推动相关各方在战略制定、科技攻关、资产重组、市场开拓等重大决策中充分利用专利分析结论。重点推动高新技术企业、创新型企业、知识产权试点示范企业、国有大中型企业等加大研发投入，有的放矢实现关键核心技术突破，在主要技术领域创造和储备一批具有战略意义的高价值核心专利，牢牢占据产业发展制高点。积极推动科技成果专利化，加快提升重点产业的专利密集度，推动现有专利密集型产业继续做强做优，促进汽车制造业、非金属矿物制品业、黑色金属矿采选业、有色金属冶炼及压延加工业以及计算机、通信和其他电子设备制造业等一批基础扎实、条件优越和前景广阔的产业进入专利密集型产业行列。从而深刻改变产业链国际分工和价值分配形势，使广西产业发生由大到强、由强到优的质的飞跃。

二 构建协同联动工作机制，完善专利密集型产业培育体系

一是发挥广西知识产权战略实施联席会议的统筹协调作用，加强专利密集型产业培育的组织领导，促进更多部门参与培育行动，建立协同工作机制，形成工作合力，不断加大支持力度，重点在产业规划、财政支持、项目投资、科技研发、人才培养、成果转化、统计监测等方面向专利密集型产业倾斜，使其成为创新驱动发展的标志性成果。二是布局建设专利密集型产业园区。依托南宁高新区、柳州高新区、桂林高新区、北海高新区等国家级高新园区与南宁经济技术开发区、钦州港经济技术开发区、中国—马来西亚钦州产业园区、广西—东盟经济技术开发区等国家级经济开发区，围绕广西重点产业，打造特色鲜明的园区知识产权工作体系和专利服务平台，提升园区产业专利密集度，不断推动园区产业形成知识产权集聚发展效应和良好的辐射示范作用。三是结合知识产权优势、示范企业建设，培育一批专利密集型企业。以提升企业的专利数量和专利运用能力为目标，支持企业开展《企业知识产权管理规范》认证工作并实施知识产权战略，努力打造一批专利数量较多、运用效果较好的专利密集型企业。引导企业以相关专利技术为纽带组建若干专利联盟，加快构筑和运营产业专利池，加强广西企业在产业发展中的控制力与话语权。四是加强需求型政策供给，通过为专利密集型产业中的企业培育市场需求，能够有效消除企业经营压力和财务压力，从而释放出更多创新活力。当前，应研究出台专利密集型产品认定标准，在重点产业领域开展专利密集型产品认定试点，认定一批专利密集型产品。完善政府采购等扶持政策，在同等条件下对于经认定的专利密集型产品予以优先采购，或者对购买了专利密集型产品的消费者进行补贴。同时，加快推进专利标准化工作，推动若干重要专利成为产业标准，使专利密集型产业的产品能有效占领市场。五是优化专利密集型产业空间布局。依托南宁、柳州、桂林三市丰富的科技、教育、金融和产业等资源，加快建设专利密集型产业发展核心区，辐射带动周边区域发展，横向拓展产业集群，纵向延伸产业链条。大力打造专利密集型产业培育载体，将南宁高新区、柳州高新区、桂林高新区、北海高新区等国家级高新园区建设成为专利密集型产业集聚园区。推动专利密集型产业培育工作落实到基层一线，引导各市县根据当地实际情况，遴选特色优势产业进行培育，加快专利创造和运用，发展成为专利密集型产业。六是继续完善符合广西实际的专利密集型产业统计制度，制定统计报表和调查方案，确定调查对象。建设专利密集型产业统计监测大数据系统，强化数据采集分析手段。重点加强对相关企业的报表填报辅导，提升数据质量。准确核算本地重点产业专利密集度及相关经济指标。

三　加大产学研结合力度，建立以运用为导向的高价值专利培育机制

在重点产业领域布局建设一批高价值专利培育示范中心。聚焦高价值专利创造的"研发—申请—转化/转让/许可—维权"全链条关键环节精准发力。建立产学研深度融合机制，通过"企业出题、校院解答、机构助力、政府支持"方式，以企业的市场需求为牵引配置创新资源，确保优质创新资源向市场需求大的产品和服务研发配置，从源头保障专利成果的高质量和高市场价值。引导企业面向东盟各国完善专利布局，通过拓展市场空间促进专利增值。遴选高水平服务机构协助企业提升专利申请质量。推动企业通过专利转化、转让、许可等方式创造市场价值。支持企业借助维权不断提升市场对专利价值的认知度。建设多功能、综合性的中小微企业知识产权服务托管中心，搭建知识产权全流程托管服务体系。推动中小微企业、个人、高校院所等将拥有的专利托管，使这些专利通过灵活多样的方式为产业发展做出贡献。开展培育和运用高价值专利所需的标准制度、信息化系统和专业人才团队等基础设施建设。推动企业和高校院所制定适合自身的高价值专利培育和评价标准或管理规范，建立高价值专利培育和评价相关台账。鼓励企业和高校院所建立或使用专利资产分级分类、高价值专利筛选估值以及展示交易的信息化管理系统。

四　搭建高效专利运营平台，以运营方式打造专利密集型产业

针对广西创新资源匮乏的短板，采取借力发展、借梯登高的思路，积极发展专利运营，大规模导入区外优质创新资源，加快专利密集型产业培育进程。一是搭建面向东盟的国际化知识产权运营服务平台。建设中国—东盟知识产权运营中心，推动建立与东盟国家在知识产权运营领域的协作网络，主导成立中国—东盟知识产权运营联盟。对接国家知识产权运营公共服务平台高端资源，打造面向东盟的知识产权大数据中心，该中心数据与国家级运营平台数据实现同步更新，提供专利、商标、地理标志等知识产权信息服务；发挥地缘优势，建设东盟各国知识产权、产业、科技等领域数据库，提供与东盟各国开展经贸往来所需的各种信息。建成面向东盟的知识产权跨国交易中心，依托国家级运营平台项目库，实现项目展示、对接、交易、流转、结算等服务。实施"面向东盟高价值专利布局与转化行动"，筛选、培育一批中国高价值专利（组合）经由广西向东盟国家转移输出。二是建设粤桂知识产权运营一体化市场。落实广西"东融"战略，加快对接粤港澳大湾区优质知识产权资源。推动建设粤桂知识产权运营城市联盟，以知识产权运营为纽带促进粤桂在产业发展、科技创新等领域加强互动，形成粤桂跨区域产学研用深度合作机制。实施"粤港澳大湾区高价值专利入桂转化行动"，从粤港澳大湾区引入一批高价值专利（组合）转让、许可到广西，实现转化，助力广西经济发展提质升级。三是组建一批重点产业专利联盟，集中力量突破关键技术并获取核心专利，克服"小、散、乱"的缺陷，形成整体创新优势。通过联盟全面整合产业链专利资源，围绕产业链上下游核心技术和产品，构建若干专利池，形成专利池之间相互支撑的专利集群。通过抱团发展，大幅提升广西企业在整个产业中的地位以及对产业的控制力。加大对广西龙头企业扶持力度，培养、壮大领军企业，尤其是积极推动企业的合并重组，打造"航母级"企业，使其成为领导联盟持续做大做强的核心与骨干力量。

五 创新知识产权金融服务，为专利密集型产业输入资金"血液"

拓宽创新主体融资渠道，牢牢把握广西建设面向东盟的金融开放门户战略机遇，吸引对支持创新富有经验的金融机构集聚，给予更优惠的落户政策；支持符合条件的外资银行业金融机构在广西开设分行、支行或代表处，打造东盟国家银行业金融机构集聚区。联合东盟国家银行业金融机构，加强对企业面向东盟技术转移和产能输出的金融支持，以境外知识产权作为质押物开展跨境知识产权质押融资试点。推动交通银行、桂林银行等具有良好知识产权质押融资业务基础的商业银行进一步落实单列信贷计划和放宽不良率考核等政策，扩大知识产权质押物范围和知识产权质押融资规模。出台覆盖专利、商标的统一知识产权质押政策，加大对知识产权质押贷款利息及评估、保险、担保等有关费用的财政补贴力度，切实降低中小企业融资成本。建立知识产权质押融资风险补偿资金池，构建完善以财政资金为引导，银行、保险、担保、评估等多方参与的多元化知识产权质押融资收益共享与风险分担机制，推广知识产权质押融资保证保险，提高金融机构风险容忍度，进一步扩大放贷规模。完善知识产权质物处置机制，依托国家级知识产权运营平台业务网络，及时搜寻、匹配最佳的知识产权质物潜在收购方，在必要时对质物进行快速有效处置，最大限度避免损失，维护各方利益。建立以知识产权为核心指标的科技型中小企业创新能力评价体系，评价结果作为财政资金支持的创新类项目立项的重要依据。鼓励金融机构开展金融科技创新，支持运用云计算、大数据、移动互联网、人工智能等新技术研发知识产权质押线上融资新模式。推动与东盟加强跨境保险合作，鼓励各保险机构以面向东盟的知识产权海外侵权责任险、境外展会专利纠纷法律费用险、专利执行险、专利被侵权损失险等保险业务为重点，开发更多与知识产权密切相关的保险险种。

六　强化知识产权保护，为专利密集型产业发展保驾护航

一是加快构建行政和司法优势互补、有机衔接的保护模式。建立重大事项和重大案件通报和会商制度，搭建知识产权信息共建共享平台，保障行政执法和刑事司法有效衔接。探索建立知识产权案件民事、行政和刑事审判"三审合一"机制，完善知识产权司法审理体系。加强对重点行业、重点领域侵犯知识产权刑事案件的审判工作，加大对侵权的打击力度，发挥司法保护知识产权的主导作用，形成权责一致、分工合理、决策科学、执行顺畅、监督有力的知识产权保护体系。探索建立行政执法与调解、仲裁的协作配合机制，协同促进专利纠纷快速调解仲裁，及早化解纠纷。二是加快传统优势产业知识产权快保护机构建设。推动和支持有条件的市围绕广西重点优势产业建设知识产权保护中心，建立案件快速受理、快速审查、快速确权、快速维权"一站式"纠纷解决机制。推进知识产权保护试点创新。支持有条件的地区开展知识产权试点示范城市、县和园区建设，建立完善区域、园区、产业知识产权维权援助体系，建立完善知识产权维权援助、举报投诉平台建设。三是加强海外维权援助服务。推动广西自贸区南宁、钦州、崇左片区建立知识产权快速维权援助机制，推进国家海外知识产权纠纷应对指导中心地方分中心建设，开展海外知识产权纠纷应对指导，提供维权援助。支持各类社会组织开展知识产权涉外风险预警分析，帮助企业防控风险。探索建立知识产权保险激励机制，对投保企业资助部分保费，鼓励保险机构开展知识产权侵权责任险、专利执行险、专利被侵权损失险、专利代理责任险等保险业务。建设知识产权维权援助专家顾问库，帮助权利人维护合法权益。加强国际合作，落实"一带一路"相关知识产权保护协议，推动企业利用专利等知识产权审查结果共享机制，实现"走出去"。四是建立专利保护信用体系。进一步提高市场主体信用意识，培育尊重知识产权的诚信文化

环境。加快建立信用评价信息系统和共享平台,将专利侵权违法行为信息纳入社会信用记录,向征信机构告知相关信息。加大对侵权行为的惩戒力度,在一定时间内限制知识产权失信企业的业务活动,并定期向公众和行业协会通报。建立专利代理诚信信息采集管理和信用评价制度,加强专利代理行业全程监督监管,严厉打击"挂证"、无资质代理和不正当竞争行为,重点整治代理提交非正常专利申请行为。

第四篇

专题篇

第八章

广西创新开放合作能力综合分析

第一节　广西创新开放合作情况及取得的成效

近年来，广西以习近平新时代中国特色社会主义思想为指导，全面落实习近平总书记对广西工作系列重要指示精神，以全球视野对科技开放合作体制机制建设进行谋篇布局，进一步发挥市场在创新资源配置中的决定性作用，政府"有形之手"与市场"无形之手"密切配合、共同发力，聚焦高端优质资源精准对接，着力破除阻碍要素流动和资源集聚的障碍，"南向、北联、东融、西合"科技全方位开放合作大格局初步建立，一批高层次创新平台和优秀创新创业人才相继落户广西，科技引领和支撑产业高质量发展的作用更加显著。

一　广西与区外知名高校开展创新开放合作概况

2011年以来，广西先后与清华大学、北京大学、上海交通大学、复旦大学、武汉大学、西南交通大学、中国矿业大学（北京）、厦门大学、中央民族大学、中国传媒大学、北京师范大学、中国人民大学、同济大学、北京理工大学、湖南大学等15所国内知名高校签署合作协议，开展区校科技创新合作。

（一）与武汉大学合作情况

一是武汉大学成果转化平台已落户南宁高新区。在广西科技厅的积极推动与沟通协调下，2019年5月27日，南宁高新区管委会以现金方式出资1500万元、武汉大学经第三方评估后以节能环保专利技术出资3500万元，共同在南宁高新区注册成立广西珞桂节能环保研究院有限公司（以下简称珞桂公司）。南宁高新区管委会为珞桂公司在南宁——中关村创新示范基地免费提供办公场所5000平方米，已经入驻使用2400平方米。目前，珞桂公司按照广西科技厅的部署已经启动建设武汉大学广西科技成果转化基地、武汉大学广西节能环保研究院、武汉大学节能环保工程技术研究中心（南宁）三位一体创新平台。

二是联合科技攻关取得新成效。（1）广西水利电力勘测设计研究院与武汉大学等单位联合开展西江流域水库群综合调度技术攻关，提出了多目标优化调度技术，首次建立了西江洪水应急调度及预警技术体系，技术成果已在水利部珠江水利委员会、广西防汛抗旱总指挥部办公室、广西水文水资源局、广西电网公司、大唐集团广西分公司以及西江流域各水库工程运行管理部门的水库调度中得到实际应用，取得了显著的社会与经济效益。该项目获得2018年广西科技进步二等奖。（2）南宁市国土测绘地理信息中心与武汉大学等单位联合开展北斗/GNSS实时层析空间环境监测关键技术攻关，研发了国内外首个GNSS三维实时空间环境监测系统，有效满足交通导航廉价GPS终端优于0.5米精度的实时定位需求。该项目无偿为150多家测绘单位提供高精度实时定位服务，极大地提高了测绘生产效率，降低了测绘生产成本，每年可为测绘单位节省资金超过1000万元。此外，该项目的水汽监测成果已应用于南宁市气象局，为南宁市天气预报提供了可靠基础数据。该项目获得2018年广西科技进步三等奖。（3）2018年以来，广西水利电力勘测设计研究院与武汉大学，针对广西雨水较多，土石坝在运行过程中容易出现渗漏、渗透破坏、坝坡与坝基变形等突出问题，联合开展关键技术攻关。

三是高层次人才合作取得新突破。截至目前，已有武汉大学张俐娜、张祖勋、李建成、李德仁、龚健雅、邓子新6位院士与广西大学、广西师范学院、广西地理国情监测院、桂林理工大学、广西慧宝源医药科技有限公司等单位合作建立院士工作站。依托院士工作站，双方围绕高分子材料、测绘科学与技术、医药等领域深化科技创新合作，联合开展战略决策咨询，共建创新平台，研发新技术、新产品，培养创新人才。

（二）与复旦大学合作情况

一是联合战略研究成果发挥了决策参谋作用。2016年，广西与复旦大学签约共建新型财经智库"海上丝绸之路与广西区域发展研究院"（简称海丝院）。3年来，海丝院积极向中央及广西各级政府部门提交咨政报告41篇，获国家领导人批示或参阅7篇、10余人次，被国家多个部门采纳、传阅。复旦大学发展研究院金融研究中心主任孙立坚、管理学院教授凌鸿等知名教授，积极到广西作专题报告，为广西产业高质量发展出谋划策。

二是提升了广西科技创新平台建设的水平和档次。（1）2016年，在复旦大学陈芬儿院士的指导与支持下，广西申报的省部共建"药用资源化学与药物分子工程国家重点实验室"获科技部批复同意，成为广西第一个化学与药物领域省部共建国家级创新平台。（2）广西投资集团与复旦大学签约共建的"复旦大学广西投资集团研究中心"，成为广西重点产业领域研究的重要平台。（3）广西环境保护科学研究院与复旦大学环境科学与工程系签约共建的"战略环境评价联合研究中心"平台建设逐步完善，为广西环境与生态问题研究提供了坚实的技术支撑。

三是联合科研成果支撑"美丽广西"建设。2017年，广西环境保护科学研究院与复旦大学教授团队，针对广西城市大气颗粒物

（PM10 和 PM2.5）污染较重、污染成因复杂、来源不清等难题，联合开展科技攻关，首次在广西范围内建成了大气颗粒物来源解析技术体系，突破了传统的大气监测和分析手段，应用于广西城市群大气颗粒物污染特征分析，为精准治霾提供了技术基础，有力地支持了广西2017年秋冬季"决战45天，打赢蓝天保卫战"行动，并超额完成国家"大气十条"终期考核目标。2019年，该项目技术成果荣获广西科技进步三等奖。

四是院士、专家为广西培养了大量创新人才。（1）广西师范大学、广西医科大学与陈芬儿、葛均波院士围绕药物化学、心血管内科等领域继续开展创新合作。2016年以来，陈芬儿院士多次在广西举办报告、讲座及培训会，为广西培训人才550人次，葛均波院士为广西培训人才1200人次。2018年，在陈芬儿院士指导下，广西师范大学梁宏教授团队主持开展的新型抗肿瘤活性化合物研究项目，荣获广西科学技术特别贡献奖。这是广西授予的首个自然科学类特别贡献奖，填补了基础科学研究在该奖项上的空白。（2）复旦大学环境系教授周斌、杨新、包存宽等多次到广西开展大气、规划环评等专题讲座和重大课题的技术指导工作。广西环境保护科学研究院大气中心、环境测试中心的技术骨干多次到复旦大学进行进修和学习。（3）广西与复旦大学合作打造跨国创新创业人才培养特色品牌——"澜沧江—湄公河流域治理与发展青年创新设计大赛"，在澜湄高等教育合作领域创下多个第一，是国内最早组织的跨国创新创业大赛，被教育部纳入中国—东盟教育交流年度活动。在"澜—湄"合作第二次领导人会议上，该项目列入《澜湄合作第二批项目清单》。

五是深化落实协议中创新合作内容。2019年5月，广西科技厅主要负责人主动专程率队拜访复旦大学副校长、中科院院士张人禾，双方就开展务实合作达成共识，持续推进共建复旦大学面向东盟的研究院、联合开展重大科技攻关、加强复旦大学一流科研成果向广西转移转化以及高层次创新人才交流培养等方面的合作。

（三）与同济大学合作情况

一是院士，专家积极指导和务实参与广西科技创新活动，取得显著成效。同济大学钟志华、卢耀如、项海帆、孙钧4位院士积极为广西经济社会发展和科技创新出谋划策，有力地指导和推动了广西科技创新和产业发展。2018年，4位院士为广西提供行业发展咨询23次，指导带动合作项目21个，通过举办报告、讲座及培训会等形式为广西培训人才424人次，培养自治区级以上人才3人、正高以上职称人才9人。（1）钟志华院士担任自治区主席院士顾问，与上汽通用五菱汽车股份有限公司联合开展纯电动汽车超轻量化车身技术研究，构建了具有完全自主知识产权的电动汽车车身开发平台及一系列车身研发关键技术。该技术的应用使产品具有了核心竞争力和广阔的市场前景。（2）卢耀如院士担任自治区主席院士顾问，并在广西地质环境监测总站环境与地质院士工作站指导广西地质灾害综合防治体系建设。2019年，在卢耀如院士的指导与支持下，广西获自然资源部批复同意建设"自然资源部南方石山地区矿山地质环境修复工程技术创新中心"，为治理修复矿山地质环境问题、开展关键技术攻关研究和工程化研发提供了重要平台。（3）项海帆院士在柳州欧维姆机械股份有限公司院士工作站指导风力发电相关产品研发，针对超高型混凝土塔筒用的预应力技术及检测施工等方面的关键难题进行联合攻关，开发出符合国际标准规范要求的预应力产品并将正式投入生产，每年将为公司新增千万元销售额。（4）孙钧院士在广西交通投资集团有限公司院士工作站指导桥隧工程关键技术研究。（5）同济大学教授王云才、颜文涛、象伟宁等多次到桂林理工大学举办桂工大讲堂，为广西建筑与城市规划、生态城市建设及科技创新等领域提供技术指导。

二是共商建设重大创新平台支撑广西产业发展。2018年以来，柳州市人民政府积极推进筹备与同济大学签署合作协议，计划联合建设同柳研究院，围绕智慧交通、新能源汽车、智能电网、智能制造与机器人、创意设计、新材料、节能环保、生物医药与大健康等领域设立8大研究分中心，全面支撑重点产业领域的关键技术研发。目前，该协议尚在洽谈中。

三是科技合作提升了广西科研机构的技术创新水平。（1）广西大学与同济大学等单位，针对西南地区非饱和土工程边坡稳定性评价方法与加固防护这一关键共性问题，联合开展攻关，提出评估新体系，发明加固防护新技术，部分研究成果达到国际领先水平。该项目成果已应用于南宁华润中心东写字楼基坑边坡加固控制等多个工程中，取得经济效益9510万元。该项目成果不仅解决了广西、贵州等西南地区交通及城市工程建设的需求，提高了工程建设施工安全水平，还降低了工程造价，并具有极广阔的推广应用前景。该项目于2018年获得广西科技进步二等奖。（2）桂林市农田灌溉试验中心站与同济大学等单位联合开展漓江水量水质安全保障关键技术创新与应用研究，构建了精细化河道水情预报模型，为漓江水库智能调度提供数据和技术支撑，部分研究成果达到国际领先水平。当地政府通过使用优化的补水调度方案，近三年新增销售额7352万元、利润4550万元，产生了显著的社会环境经济效益。2018年，该项目获得广西科技进步二等奖。

四是加强沟通对接，拓展区校合作新领域。2019年5月，广西科技厅主要负责人主动率队拜访同济大学党委书记方守恩，常务副校长、法国建筑科学院院士伍江，围绕同济大学到广西共建面向东盟的先进技术研究院以及参与支持桂林市国家可持续发展议程创新示范区规划研究和建设等重点领域，进行深入对接。同年6月，同济大学可持续发展以及生态农业等领域的专家团队赴桂林、南宁、河池等市开展对接指导，并确定长久支持桂林可持续发展议程创新示范区建设，开展技术培训，支持桂林举办国际论坛等活动。

（四）与湖南大学合作情况

一是联合科技攻关成果填补国内外空白。（1）广西电网有限责任公司电力科学研究院与湖南大学等单位共同开展"电能变换设备与智能配电网友好交互关键技术研究与应用项目"，研制了全球首套分布式虚拟同步发电机，在中新天津生态城打造了世界首个示范工程，并在安徽省金寨县光伏扶贫工程中推广应用；研制了国际先进水平的高压变频器，在新能源发电、轨道交通、工矿企业等多个领域规模化推广，并出口海外。该项目近三年累计销售额3.25亿元，新增利润3765.3万元，新增税收5530.5万元，强力支撑了有色冶金、制糖等传统产业的绿色节能发展。该项目成果填补了国内外多项空白，为广西智能配电装备制造产业的重点突破注入了强劲动力。该项目于2018年获得广西科技进步一等奖。（2）广西电网有限责任公司与湖南大学等家单位共同参与的"缺电地区微电网群可靠供电关键技术创新与应用"项目，研制了微电网群优化调度系统，解决了微电网群内部及与公用电网间能量不平衡和新能源利用率低、微电网群新能源发电出力多频度波动的难题，建成了世界首个由多个微电网组成的微电网群示范工程。该项目成果指导了广西923个分布式发电项目的建设，所研发产品应用于国内外多个新能源工程；近三年累计新增效益6.27亿元，带动工程投资20.82亿元。该项目于2017年获得广西科技进步二等奖。（3）近年来，上汽通用五菱汽车股份有限公司、东风柳州汽车有限公司等单位联合湖南大学，围绕新型商用车、微小型混合动力汽车、整车轻量化、车身制造自动化等领域的关键技术开展攻关，解决了广西汽车产业发展遇到的多个技术难题。（4）广西民族大学与湖南大学共同开展的"若干不确定性数学问题的研究"项目，获得了国内外同行的高度评价。该项目于2015年获得广西自然科学二等奖。

二是高层次人才合作成效逐步显现。（1）在多年的技术合作中，湖南大学团队为广西汽车行业开办了工程硕士班，培养了10

多名博士、100多名硕士；累计出版专著2部，获得专利授权3项，发表论文99篇，承担了国家、省、市级科研项目30项，已成为广西汽车技术服务行业的一支重要力量。（2）柳州东方工程橡胶制品有限公司积极与湖南大学陈政清院士团队合作，围绕大跨度桥梁和结构的非线性分析开展联合攻关。陈政清院士在该公司设立了院士工作站，共建创新平台1个、联合培训创新人才210人次。（3）上汽通用五菱博士后工作站从湖南大学引进的博士后团队，在整车设计开发、产品结构、安全CAE分析、疲劳耐久分析及轻量化分析方面取得了突出的成果，为新产品项目开发按计划进行做出了贡献。

三是深化先进制造重点产业领域创新合作。2017年6月，广西科技厅主要负责人主动率队拜访湖南大学党委书记蒋昌忠、校长段献忠，并与校领导和与会专家教授座谈交流，推动湖南大学帮助广西上汽通用五菱汽车股份有限公司、东风柳州汽车有限公司等广西汽车领域龙头企业解决整车、零部件、先进制造等方面的关键核心技术问题。

（五）与厦门大学合作情况

一是共建创新平台形成长效合作机制。广西化工研究院与厦门大学成立了"厦门大学化学化工学院－广西化工研究院联合实验室"。通过共建联合实验室，建立双方长期稳定的合作关系。

二是联合科技攻关解决行业技术难题。（1）在制糖领域，广西农垦糖业集团股份有限公司与厦门大学等单位联合开展的"制糖工业葡聚糖快速检测与清除技术开发及应用"项目，成功开发目前国际上唯一的葡聚糖定量检测单抗试剂盒和性能优异的葡聚糖酶，解决了葡聚糖快速检测与清除的行业难题。该项目整体技术达到国际先进水平，部分技术达到国际领先水平。技术成果在国内外30多家制糖企业及科研检测机构应用，累计取得新增销售额1.07亿元、新增利税0.67亿元，经济效益和社会效益显著。该项目于2017获得广西科学技术奖科学技术进步类二等奖。(2) 在环保领域, 广西博世科环保科技股份有限公司联合厦门大学等单位, 围绕广西生态文明建设、水污染控制和生态环境保护, 开展黑臭水体污染控制及水环境质量提升关键技术攻关, 开发城市污水处理厂提标改造技术和适合小城镇、农村分散污水地低成本技术, 构建广西黑臭水体治理系统技术体系及整体解决方案, 为加强流域污染治理、消除黑臭水体、促进流域水质长效改善和保持提供技术支持。(3) 在新能源领域, 广西师范大学与厦门大学共同研究设计电催化剂的表面与载体结构, 并将其应用到燃料电池和电化学传感领域。该项目于 2017 年获得广西科学技术奖自然科学类二等奖。

三是高层次人才合作引领创新发展。广西化工研究院与厦门大学万惠霖院士围绕物理化学催化领域开展院士工作站建设合作。万惠霖院士进站以来, 开展战略决策咨询 29 次、共建创新平台 5 个、研发新技术和新产品 6 项、联合培训创新人才 108 人次。

(六) 与中国矿业大学 (北京) 合作情况

一是创新合作提升了科技创新平台水平。(1) 2018 年, 贺州学院引进中国矿业大学 (北京) 高端创新资源与高层次人才团队, 共同建设广西碳酸钙资源综合利用重点实验室。同年 11 月, 该实验室经广西科技厅认定为自治区级重点实验室。(2) 广西地矿局联合中国矿业大学 (北京) 共建矿山地质环境治理和绿色修改工程中心。

二是联合开展技术攻关支撑产业发展。(1) 2018 年, 广西通过创新驱动发展专项出资 800 万元, 支持贺州市钟山县双文碳酸钙新材料有限公司、贺州学院联合中国矿业大学 (北京), 围绕广西碳酸钙高效综合利用的关键共性技术开展攻关, 为广西打造碳酸钙千亿元产业提供技术支撑。(2) 广西环境监测中心站联合中国矿业大学 (北京), 围绕广西自然保护区监管存在的技术难题开展攻关, 利用卫星与无人机遥感协同技术, 搭建广西自然保护区监测监管平台，实现自然保护区动态遥感监测。(3) 桂林电子科技大学与中国矿业大学（北京）联合攻关密码核心部件设计与分析关键技术，首次利用投影几何给出了密码设计新型方法，部分技术成果顺利转化，服务于地方安全部门。该项目于 2018 年获得广西科技进步二等奖。

（七）与西南交通大学合作情况

为支撑西部陆海新通道建设，打造交通领域重要创新平台，广西科技厅积极联合西南交通大学推动中国—东盟综合交通国际联合实验室启动建设，组织西南交通大学、同济大学、交控科技股份有限公司与南宁学院等单位联合编制了实验室建设方案，并于 2019 年 7 月 3 日组织全国交通运输工程学科首席科学家王炜、工程勘察设计大师杨秀仁、轨道交通工程信息化国家重点实验室主任王争鸣等国内一流专家召开实验室建设论证会，明确了实验室建设的方向和任务。2019 年以来，广西科技厅一直着力于组织西南交通大学、同济大学、重庆大学与南宁学院共同组建联合创新团队，共同研究部署中国—东盟综合交通国际联合实验室建设和开展面向东盟的技术转移工作，2019 年已开展联合申报广西科研项目和自治区级重点实验室培育工作并联合东盟国家代表出席 2019 年 9 月在南宁举办的中国—东盟博览会，在东博会期间展示了支撑西部陆海新通道的先进科技成果。下一步，将在广西与西南交通大学合作的"中国—东盟综合交通国际联合实验室"成功建设模式的基础上，适时启动双方协议约定的西南交通大学国际老龄科学研究院广西分院、西南交通大学前沿科学技术研究院广西分院两个平台建设。

（八）与北京理工大学合作情况

一是人才交流培养往来密切。(1) 校领导高度重视双方交流，自 2018 年以来，北京理工大学书记赵长禄、校长张军等 3 次率队赴广西开展合作交流，为广西提供战略决策咨询服务。(2) 北京理工大学积极支持优秀毕业生到广西创新创业，截至目前已向广西定向输送优秀毕业生30余人。(3) 北京理工大学依托雄厚的师资力量和人才优势，定期安排该校干部到广西挂职锻炼，例如计算学院副院长陈杰浩挂任广西大数据发展局党组成员、局长助理。(4) 广西借助人才小高地、八桂学者、特聘专家、博士后"两站"等高层次人才建设平台，积极推动与北京理工大学合作交流，目前正与北京理工大学沟通对接，策划建设北京理工大学广西分校。

二是共同推进广西重点优势产业和战略性新兴产业创新发展。发挥北京理工大学在云计算、人工智能、大数据等领域的技术创新优势，支持广西在信息领域的产业发展，加快培育广西新的经济增长点。2019年9月9日，北京理工大学在第一届中国—东盟人工智能峰会上与广西相关单位进行签约。发挥北京理工大学在新材料、机电一体化等领域学科优势，重点支持广西投资集团银行铝业有限公司等重点企业开展合作。积极推动北京理工大学与广西共建科技创新平台和产业协同创新公共服务平台，加强在基础研究、应用技术研究、申报承担国家重大科技计划等方面的合作。推动北京理工大学与广西重点企业、科研机构开展技术咨询、技术对接洽谈等活动。

(九) 与中央民族大学合作情况

在广西壮族自治区人民政府与中央民族大学签署的战略合作协议框架下，广西教育厅积极推动中央民族大学支援帮扶广西高校特别是广西民族大学建设。中央民族大学与广西民族大学签署合作共建框架协议，在人才培养、科学研究和学科建设等方面开展深入合作。中央民族大学教师深度参与广西民族大学学科建设和科学研究，指导协助广西民族大学开展新增博士点建设相关工作。

二 对接粤港澳大湾区科技创新资源，实施开放"东融"发展战略

(一) 与广东科新开放合作工作进展

加强体制机制建设，统筹推进区域创新合作。一是2018年，广西科技厅与广东科技厅签署了融入大湾区科技合作协议，统筹推进两省区创新合作，共同构建区域科技创新体系，促进粤港澳大湾区科技创新资源向广西辐射延伸。二是广西科技厅推动广西药用植物园、广西农科院、广西慧宝源医药科技有限公司与深圳华大基因、广州医药集团、华南理工大学等一流创新主体合作，谋划签署合作协议，建立可持续的常态化合作机制，借力广东快速提升广西科技创新能力。

共建创新合作平台，优化创新资源配置。广西科技厅以共同打造"一带一路"背景下面向东盟的中医药大健康产业国际创新合作圈为切入点，推动广西与广东共建一批中医药、现代农业等领域的重大创新平台。推动广西药用植物园联合深圳华大基因等单位共同建设全球最大的药用植物大数据中心。推动华南农业大学与广西大学共建"亚热带农业生物资源保护与利用重点实验室"。推动桂粤重大科研基础设施和大型科研仪器共享，提高科研设施与仪器利用效率。

加大投入，引导广西创新主体与广东联合实施重大科技项目。2016年以来，广西科技厅通过科技项目出资3亿余元，支持广西企业、高校、科研院所与广东相关单位围绕广西九张创新发展名片，共同开展重大关键技术攻关与重点新产品研发。围绕广西特色水产产业，开展广西优势特色水产良种现代繁育关键技术研究与示范，生态养殖模式与技术创新、重大疾病生态综合防控技术创新示范研究。围绕信息与互联网技术，开展广西科技大数据平台关键技术研究与应用集成、智慧旅游服务及应用示范研究。

加强人才交流，推动高层次人才引进和培养。一是通过创建院士工作站等方式，面向广东引进高层次人才团队。2017年，广西科技厅支持桂林电器科学研究院有限公司与华南理工大学瞿金平院士团队合作，开发出我国首条3.5米双向拉伸光学聚酯薄膜生产线，填补了我国自主知识产权3.5米光学薄膜生产线的空白。二是依托广东科技创新先进示范单位，举办科技管理人才培训班，推动广西创新人才培养。2018年，广西科技厅依托深圳市产业园区发展促进会在深圳举办"创新讲习—广西创业孵化载体中高级管理人员研修班"，为广西学员进行了专题培训。

开展科技招商活动，对接广东高端创新资源。2019年3月，广西科技厅党组书记、厅长曹坤华率队赴广州举办了"2019桂粤科技创新合作推介会"。广东政府部门、高校、企业以及行业协会等200多家机构300多人出席会议，两省区就140多项合作需求进行了现场对接，有效建立了合作联系，现场达成合作意向50余项，签约6项，为广西科技创新全面对接粤港澳大湾区奠定了重要基础。广西科技厅还瞄准广东政府部门、高校、企业、科研机构四类主体，开展靶向精准对接，从顶层设计上推动广西与粤港澳大湾区创新联动。

发挥广西区位优势，整合粤港澳大湾区资源开展面向东盟的技术转移。利用广西牵头建设的中国—东盟技术转移中心平台，促进粤港澳大湾区辐射功能以广西作为桥头堡面向东盟合作功能的融合。发挥中国—东盟技术转移与创新合作大会等展会平台作用，推动面向东盟的技术转移合作。在第5届中国—东盟技术转移与创新合作大会上，广西相关单位联合深圳华大基因以及国内中医药顶尖科研机构联合启动了"药用植物4.0计划"，共同建设全球最大的药用植物大数据中心和首个生物合成中试生产基地，带动粤港澳大湾区、东盟地区乃至全球的药用植物研究和产业发展。广西专家学者联合粤港澳大湾区及东盟国家的专家学者发布了《共同推进"一带一路"背景下桂港澳与东盟中医药大健康产业国际创新合作圈建设南宁倡议》，得到了社会各界的广泛认可。近年来，两广技术交易总量急剧增加，仅2018年，两广技术交易就达380项，交易金额超过14亿元。

（二）与香港特别行政区创新开放合作工作进展

围绕国家建设粤港澳大湾区发展规划，积极开展香港科技招商活动。2019年3月上旬，在《粤港澳大湾区发展规划纲要》出台后，广西科技厅在全国首个组织赴香港开展科技创新合作专题对接活动。3月6日，在香港成功举办"2019桂港科技创新合作推介会"，香港政府部门、高校、企业以及香港工业总会、香港总商会、香港中华总商会、香港中华厂商联合会等100多家机构140余名代表参加会议，就80多项合作需求进行了现场对接，有效建立了合作联系，现场达成合作意向50余项，签约4项。广西科技厅瞄准政府部门、高校、企业、科研机构四类主体开展靶向精准对接，得到香港创新主体的积极回应，为桂港创新合作奠定了重要基础。

围绕桂港科技创新合作战略布局，加强合作机制建设。推动广西质检院与香港标准及检定中心签署合作协议，实现双方检验检测认证一体化；推动广西知识产权局与香港知识产权部门签署《"一带一路"背景下泛珠三角区域知识产权合作协议》，共同加强知识产权合作。

围绕桂港创新资源优化配置，共建科技创新平台。广西科技厅牵头与香港浸会大学、广西药用植物园等单位合作，签署五方合作协议，共建药用植物资源库。

围绕广西科技、产业发展重大需求，联合实施科技计划项目。从创新驱动发展专项资金中下达经费960万元，支持广西中医药大学与香港大学等单位联合开展广西特色药用资源金花茶产业发展关键技术与应用示范研究。从科技计划项目中资金下达经费500余万元，支持广西有关企业、高校、科研院所与香港相关单位联合开展特色药用植物种植关键技术研究与产业化、大宗道地药材规范化种植和绿色加工技术体系研究。

围绕香港科技成果转移转化，加强技术对接。发挥中国—东盟技术转移与创新合作大会平台作用，举办"中医药大健康产业国际创新合作对接会",推进桂港澳与东盟中医药大健康产业的科技创新合作。发挥"2018年全国科技活动周广西活动暨第二十七届广西科技活动周创新驱动发展成就展、第八届广西发明创造成果展览交易会"平台作用,举办广西粤港澳大湾区专利技术投融资对接会,推动桂港专利、技术对接。

围绕高层次人才引进和培养,加强桂港人才交流合作。启动实施"港澳台英才聚桂计划",拓展自治区层面招才引智的平台与渠道,丰富和充实广西科技创新人才队伍,强化桂港科技创新合作。举办第二届中国—东盟传统技术培训班,邀请香港浸会大学等单位专家学者做主题报告,扩大桂港科技交流。

围绕CEPA先行先试政策实施,支持CEPA示范基地建设。对广西产品质量检验研究院、桂林溢达纺织有限公司等CEPA示范基地参与申报的科技计划项目继续给予大力支持,鼓励CEPA示范基地辖区内企业加强与香港对接,引进高端创新资源,积极开展科技创新活动。

(三)与澳门特别行政区创新开放合作工作进展

围绕国家建设粤港澳大湾区发展规划,积极开展澳门科技招商活动。2019年3月8日,广西科技厅与澳门特区政府科学技术发展基金在澳门共同主办2019桂澳中医药科技创新合作座谈会,邀请了澳门大学、澳门科技大学、澳门文化创意产业人才发展协会、澳门青年工商联合会、澳门医学养生学会、澳门中医药学会、澳门中医药保健康复学会等多家澳门机构参加。会议就推动桂澳强强联手,共同致力于中医药前端课题的创新研究和产品研发,推动中医药大健康产业更好地融入共同毗邻的东盟等国际大市场,真正形成桂港澳与东盟中医药大健康产业国际创新合作达成了一致。广西科技厅还先后对澳门科学技术发展基金、澳门基金会进行考察并座谈,就加强澳门与广西的创新合作,优化整合配置两地间的创新资源进行深入交流,达成共识。

围绕桂澳科技创新合作战略布局，加强合作机制建设。2017年，广西科技厅推动广西药用植物园与澳门大学中药质量研究国家重点实验室签署合作协议，加强科技创新合作。目前，广西科技厅正在推动与澳门科学技术发展基金、澳门大学分别签署合作协议，深化桂澳科技合作，共同推动桂澳中医药科技产业发展。

共建科研平台，联合开展科学研究。2017年，广西科技厅推动广西药用植物园与澳门大学联合组建"桂澳道地药材联合创新研究中心"，重点围绕广西道地药材开发关键技术研究与产业化示范，开展以"桂八味"的健康产品研发和国际标准制定为核心的研究。推动广西中医药研究院与澳门科技大学共同建设"桂澳中药质量研究联合实验室"，建设代谢组学分析技术平台、分子生物学技术平台，形成突破广西中药民族药药效物质基础等重大技术瓶颈的有效方案，为加快广西中药壮瑶药开发和产业技术升级提供支撑。推动广西药用植物园、深圳华大基因与澳门大学等单位共同发起成立广西"药用植物4.0计划"，完成1000种潜在药用植物资源的收集、5000种药用植物遗传资源的多组学解析，建立世界最庞大和最丰富的药用植物多组学数据库和世界最高通量的药用植物基因组辅助育种平台。

加强创新人才交流，推动高层次人才培养。广西科技厅连续多年从广西中医药企业、高校、科研院所选拔中医药领域的青年创新人才、专业技术人员，参加中国科学技术交流中心与澳门科学技术发展基金共同举办的澳门中药质量鉴定技术研修班培训，有力地促进了广西中医药领域创新人才培养。

三 联合各省，助推创新开放合作向区外辐射发展

（一）与福建创新开放合作工作进展

加强桂闽两省区在海洋资源和农业环保等领域的科研项目合作，联合开展重大科技攻关。2010年以来，广西农科院水稻所等单

位与福建厦门大学、福建农科院水稻所等单位，联合开展科技创新合作项目14项，广西科技厅从创新驱动发展专项资金和科技计划项目资金中给予经费支持3188万元。广西农科院水稻所、广西海洋环境监测中心站、广西博世科环保科技股份有限公司等单位与厦门大学、福建农科院水稻所等单位，围绕超级稻新品种选育、广西贝类资源综合开发、广西海洋放射性监测预警、黑臭水体污染控制等领域，联合开展了重大科技攻关，为两省区的科技创新合作与发展奠定了重要基础。

通过科技项目合作，解决广西产业发展中的重大科技难题，促进广西经济社会发展。在桂闽企业、高校、科研机构的共同努力下，两省区科技合作项目获得国家科学技术奖3项、广西科学技术奖11项，有效地解决了桂闽引象草选育与生产、高效加工金刚石工具开发、燃料电池等领域的关键技术问题。

大力引进福建院士团队，带领广西科技创新，为广西培养高层次创新人才。近年来，广西大力引进福建企业、高校、科研院所的院士到广西担任主席顾问和建立院士工作站。福建农科院谢华安院士与广西农业技术推广总站联合开展了"超级稻新品种选育及一年双超栽培模式研究"等重大项目研究。厦门大学化学化工学院万惠霖院士与广西化工研究院联合开展了物理化学催化方面的科研和教学研究工作。国家海洋局第三海洋研究所徐洵院士与广西水产科学研究院开展了海洋资源综合开发与海洋安全的基础研究。3位院士为广西提供行业发展咨询及指导50余次；开展合作项目研发新产品、新技术43项；支持建设自治区级以上创新平台20个；举办报告、讲座及培训会700多人次。

(二) 与江西创新开放合作工作进展

加强桂赣两省区在现代农业等领域的科研项目合作，联合开展重大科技攻关。2010以来，广西科技厅积极推动广西农科院等单位联合江西农业大学等单位开展重大科技攻关，支持科研项目4个，经费为 160 万元。广西农科院、北海恒兴水产科技有限公司等单位与江西南大中德食品工程中心、岭南师范学院、江西农业大学等单位围绕广西香蕉茎叶青贮饲料加工、金鲳鱼寿司片加工、虎斑乌贼人工育苗等领域联合开展科技攻关。

通过科技项目合作，解决广西产业发展中的重大科技难题，促进广西经济社会发展。2010 以来，广西农科院水稻所与江西农科院水稻所等单位联合开展的 1 个项目获得国家科技进步奖特等奖，2 个项目获得国家科技进步奖二等奖，6 个项目获得广西科技进步奖，有效解决了国家以及广西在杂交水稻、野生稻种质资源、燃煤工业、金属冶炼等领域的关键技术难题。

深化科技管理交流，学习江西先进经验。2018 年 7 月，广西科技厅党组书记、厅长曹坤华率广西科技厅、发改委、工信委、农业厅和税务局等有关部门组成的广西科技支撑产业高质量发展调研组赴江西调研学习，了解了江西在科技创新支撑产业发展、强化企业创新主体作用、建设创新平台载体、激发人才活力、深化开放合作等方面的成功做法和经验。

共同开展面向东盟的技术转移与创新合作。2016 年，广西科技厅与江西科技厅共同推动在江西联合办组织举办"一带一路"科技合作推进会，共同赴越南举办"2016 年中国—越南技术及投资对接会"。

共同推进"一带一路"背景下面向东盟的中医药大健康产业国际创新合作圈建设，推动中医药大健康领域科技创新合作。广西科技厅推动广西中医药大学与江西中医药大学深化科技创新合作，聘任中药固体制剂制造技术国家工程研究中心主任、创新药物与高效节能降耗制药设备国家重点实验室主任、江西中医药大学首席教授杨世林为广西中医药大学名誉校长，在团队建设、平台建设、科研项目、人才培养等方面进行合作，提升广西中医药大学中药学科能力，建设高水平中医药大学。

（三）与湖南创新开放合作工作进展

加强桂湘两省区在有色金属、新能源汽车等领域的科研项目合作，联合开展重大科技攻关。2010年以来，广西科技厅积极推动广西大学等单位联合湖南大学、湖南农业大学等单位开展重大科技攻关，支持科研项目49个，经费达6232万元。广西南南铝加工有限公司、上汽通用五菱汽车股份有限公司、桂林医学院、广西农科院等单位，联合湖南中车株洲电力机车有限公司、长沙理工大学、湖南有色金属研究院等单位，围绕广西传统农业、现代特色农业、生态环保、矿山开采、新材料、新能源汽车等领域中的关键技术开展了一系列重大攻关。2016年9月，广西科技厅推动崇左市人民政府与中南大学签署了关于材料冶金领域合作框架协议，并与中南大学冶金与环境学院签订了专项合作协议，就崇左市材料与冶金产业规划编制、项目策划与招商、新材料开发、有色金属冶炼、废物回收及其过程污染治理、人才培养等领域开展深入合作，破解崇左市矿产加工业发展瓶颈问题，提升崇左市的产业竞争力。

通过科技项目合作，解决广西产业发展中的重大科技难题，促进广西经济社会发展。2010年以来，桂林电力电容器有限责任公司与湖南特变电工衡阳变压器有限公司等单位联合开展的1个项目获得国家科技进步奖特等奖，10个项目获得国家科技进步奖二等奖，35个项目获得广西科学技术奖，有效解决了国家以及广西特高压交流输电、山区拱桥建设与维护、混凝土桥梁服役性能、杂交水稻、生物农药等领域的关键技术难题。

大力引进湖南院士团队，带领广西科技创新，为广西培养高层次创新人才。近年来，广西大力引进湖南大学、中南大学、湖南农科院、中科院亚热带农业生态研究所、国家杂交水稻工程技术研究中心等单位的袁隆平、印遇龙、钟掘等10位院士担任主席顾问和建立院士工作站，围绕蔬菜育种、现代农业、动物营养与饲料、药用植物、大跨度桥梁、采矿等领域，带领广西农科院、药用植物园、柳州钢铁集团有限公司等单位开展重大科技攻关，为广西开展战略决策咨询60余次，共建创新平台26个，研发新技术、新产品31项，联合培养创新人才3379人次。

加强科技交流，推动广西与湖南高端创新主体合作。2017年6月，广西科技厅党组书记、厅长曹坤华专程率队拜访中南大学、湖南大学、中科院亚热带农业生态研究所，与3个单位的主要领导进行了深入交流，推动广西与3个单位开展创新合作。考察了中南大学国家高性能铝材与构件制造工程化中心、粉末冶金研究院，湖南大学汽车车身先进设计制造国家重点实验室，中国科学院亚热带农业生态研究所实验室，推动湖南的国家级创新平台到广西建立分支机构。

（四）与海南创新开放合作工作进展

加强桂琼两省区在现代农业等领域的科研项目合作，联合开展重大科技攻关。2010年以来，广西与海南省各单位联合开展科技创新合作项目4项，广西科技厅从科技计划项目资金中给予经费支持270万元。其中，广西百色市现代农业技术研究推广中心、广西百色国家农业科技园区管理委员会、北海市铁山港区石头埠丰顺养殖有限公司等单位与海南大学、中国热带农业科学院热带作物品种资源研究所等单位，围绕芒果质量安全贮运保鲜、深水抗风浪网箱、金鲳鱼养殖技术、树棉（牛角瓜）强心苷提取工艺等领域，开展了联合攻关。

通过科技项目合作，解决广西产业发展中的重大科技难题，促进广西经济社会发展。在桂琼企业、高校、科研机构的共同努力下，两省区科技合作项目荣获国家科学技术奖2项，广西科学技术奖3项。有效解决了中国野生稻种质资源保护与创新利用、特色热带作物种质资源收集与创新利用、广西香蕉新品种选育、重要入侵害虫预警等领域的关键技术难题。

大力引进海南院士团队，带领广西科技创新，为广西培养高层次创新人才。广西引进海南省科研院所的院士担任主席顾问和建立院士工作站,其中,中国医学科学院药用植物研究所海南分所肖培根院士与广西药用植物园联合开展了南药用植物学方面的研究。从开展合作以来,共提供行业发展咨询及指导11次,合作建设自治区级以上创新平台6个,举办报告、讲座及培训会,加强人才联合培养300人次。

加强科技管理交流,学习海南科技体制机制改革新经验。2016年12月,广西科技厅党组书记、厅长曹坤华率队拜访海南科技厅,学习和借鉴海南在科技改革创新、海洋产业发展、海洋产业园区建设等方面的先进理念和实践经验,积极推动广西与海南在海洋科技、热带高效农业等领域进一步加强合作。

(五)与四川科技创新开放合作工作进展

加强体制机制建设,推动共建创新平台。2019年4月,广西科技厅牵头推动广西壮族自治区人民政府与西南交通大学签署了战略合作协议,明确围绕加强战略决策咨询、共同建设科技创新平台、联合开展产业重大关键技术攻关、共同推动科技成果转移转化、加强人才交流与培养、共同参与"一带一路"西部陆海新通道建设六个方向开展合作。广西科技厅积极组织南宁学院、西南交通大学、同济大学、重庆大学等交通领域的高端创新主体,组建一流专家团队,启动中国—东盟综合交通国际联合实验室建设工作。

加强桂川两省区在生物医药大健康和新材料等领域的科研项目合作,联合开展重大科技攻关。2010年以来,广西与四川联合开展科技创新合作项目9项,广西科技厅从创新驱动发展专项资金和科技计划项目资金中给予经费支持超过3700万元。其中,广西医科大学、中信大锰矿业有限公司等单位与四川大学、成都普思生物科技股份有限公司等单位,围绕广西大宗海洋生物废弃物综合利用、大健康系列产品开发与产业化、重钙产业固废资源化利用、重钙高填充聚合物基复合材料等领域,联合开展重大科技攻关。

通过科技项目合作，解决广西产业发展中的重大科技难题，促进广西经济社会发展。在桂川企业、高校、科研机构的共同努力下，两省区科技合作项目获得国家科学技术奖 9 项、广西科学技术奖 9 项。广西公路桥梁工程总公司与四川公路规划勘察设计研究院等单位，围绕四川省泸州市境内的合江长江一桥建设，联合开展了"500 米级钢管混凝土拱桥建造核心技术"攻关并获得成功，研究成果为四川建成当时世界上跨度最大的钢管拱桥提供了有效支撑，同时也应用于广西桥梁建设，其中大型钢管混凝土结构管内混凝土真空辅助灌注方法等成果达到了国际领先水平。桂川科研人员针对桂川矿产资源的高效开发利用，联合开展沸石矿、硅藻土综合利用技术攻关，研发出可以规模化生产并可广泛应用于化工、农业、建材等领域的硅藻土基础矿物功能材料，为矿产资源开发、高效利用提供了新路径。

大力引进四川院士团队，带领广西科技创新，为广西培养高层次创新人才。自 2010 年以来，广西大力引进四川企业、高校、科研院所的院士担任主席顾问和建立院士工作站。其中，四川大学魏于全院士与广西医科大学联合开展了肿瘤生物治疗的基础研究，与北海银河生物产业投资股份有限公司开展了靶向抗肿瘤项目研究；四川大学张兴栋院士与广西医科大学联合开展了"广西大宗海洋生物废弃物综合利用及大健康系列产品开发与产业化"等重大项目研究；四川农业大学荣廷昭院士与广西青青农业科技有限公司联合开展了玉米新品种选育研究工作。3 位院士为广西提供了行业发展咨询及指导 120 余次，其中书面咨询指导 6 次；开展合作项目 10 个；研发新产品、新技术 9 项；支持建设自治区级以上创新平台 13 个；举办报告、讲座及培训会 33 场次，培训 3000 多人次。

利用现有合作机制和创新平台开展科技成果转移转化。近年来，桂川两省区以"泛珠三角区域"合作机制和中国—东盟技术转移中心为平台，围绕科技人文交流、创新平台共建、重大科技攻关、科技成果转移转化开展了广泛的合作。2018年9月，四川科技厅副厅长陈学华亲自率队参加在南宁举办的第6届中国—东盟技术转移与创新合作大会，充分利用中国—东盟技术转移中心各项资源，积极服务于四川与东盟国家产学研机构间的合作与交流对接，切实推进区域技术转移与创新合作。

(六) 与贵州创新开放合作工作进展

加强桂黔两省区在农业和环保等领域的科研项目合作，联合开展重大科技攻关。自2010年以来，广西与贵州联合开展科技创新合作项目3项，广西科技厅从创新驱动发展专项资金和科技计划项目资金中给予经费支持超过6900万元。其中，广西林科院、广西大学等单位与贵州大学、中科院地球化学研究所等单位，围绕广西主要用材林高效培育与利用、集约化农区面源污染综合防控等领域，联合开展重大科技攻关。

通过科技项目合作，解决广西产业发展中的重大科技难题，促进广西经济社会发展。在桂黔企业、高校、科研机构的共同努力下，两省区科技合作项目获得国家科学技术奖3项、广西科学技术奖2项，有效解决了防治农作物病毒病及媒介昆虫新农药研制、湘黔桂三角区铅锌金矿产三维精细勘查等领域的关键技术难题。

大力引进贵州院士团队，带领广西科技创新，为广西培养高层次创新人才。广西引进贵州科研院所的院士担任主席顾问和建立院士工作站，其中，中科院地球化学研究所欧阳自远院士与桂林理工大学联合开展了南极陨石基础分类鉴定及南极陨石样品分类研究、行星冲击产生的高温高压相变反应研究。从开展合作以来，共提供行业发展咨询及指导10次，合作项目4个，合作建设自治区级以上创新平台2个，举办报告、讲座及培训会15场次，培训1000人次。

(七) 与云南创新开放合作工作进展

加强桂滇两省区在现代农业等领域的科研项目合作，联合开展重大科技攻关。自2010年以来，广西与云南联合开展科技创新合作项目3项，广西科技厅从科技计划项目资金中给予经费支持220万元。其中，广西植物研究所、广西亚热带作物研究所与中科院昆明植物研究所、文山春之兰生物科技有限公司等单位，围绕岩溶特有植物地枫皮抗风湿作用、莲瓣兰的香型兰花优良新品种选育等领域，联合开展科技攻关。广西化工研究院与云南化工研究院等单位，围绕高聚合度聚磷酸铵阻燃剂等内容，开展了联合研发。

通过科技项目合作，解决广西产业发展中的重大科技难题，促进广西经济社会发展。在桂滇企业、高校、科研机构的共同努力下，两省区科技合作项目获得国家科学技术奖4项、广西科学技术奖4项，有效解决了广西高产、高糖、抗逆性强甘蔗新品种引进、荔枝种质资源评价及新品种选育等领域的关键技术难题。

大力引进云南院士团队，带领广西科技创新，为广西培养高层次创新人才。广西引进云南省科研院所的院士担任主席顾问和建立院士工作站，其中，云南农业大学朱有勇院士与广西大学开创性展开了"作物多样性控制病害的效应和机理及推广应用"的联合研究。从开展合作以来，多次提供行业发展咨询及指导，合作建设自治区级以上创新平台2个，研发新技术及新产品3项，加强人才联合培养100人次。

四 围绕国家"一带一路"建设总体部署，深化与东盟合作

（一）广西国际科技合作模式获得广泛认同

广西认真践行习近平总书记在"一带一路"国际合作高峰论坛上指出要将"一带一路"建成创新之路的指示精神，以中国—东盟技术转移中心为主要载体，把科技创新与国家周边外交战略相结合，充分发挥区位优势，突出区域特色，深度参与"一带一路"合作，国际合作模式及成效获科技部认可，并得到同行广泛关注。2018年1月9日，广西科技厅在全国科技工作会议上作了题为"广西积极发挥区域特色优势深化'一带一路'科技创新合作"的经验交流发言。广西是此次会议上作典型发言的4个省份之一，这也是广西多年来首次在全国科技工作会议上作经验介绍。

(二) 高标准绘制广西国际创新合作发展路线图

加快落实中央赋予广西开放发展"三大定位"新使命，推动广西各类创新主体在更高层次上参与国际合作与竞争，形成广西创新发展新优势，广西科技厅研究制定了《广西参与"一带一路"科技创新行动计划实施方案（2018—2020年)》（桂科外字〔2018〕102号），提出"六个一百"工作目标和"五大行动"计划，这是继天津之后全国第二个制定"一带一路"科技创新行动计划并正式对外发布的省市。"六个一百"工作目标具体是：引进东盟及"一带一路"相关国家100名杰出青年科学家进入广西参与科研工作；在境内和境外合作建设100家创新载体；引进广西亟须的100项创新技术成果；输出100项先进适用技术成果；发展100家中国—东盟技术转移网络核心成员；遴选培育100个高层次科技合作专家团队。"五大行动"计划分别是：实施"一带一路"科技人文交流行动、实施"一带一路"创新载体共建行动、实施"一带一路"科技园区合作行动、实施"一带一路"技术转移推进行动和实施"一带一路"科技合作专家团队培育行动。

(三) 推动中国—东盟创新共同体构建

2018年是中国—东盟创新年，广西积极响应国家战略，深入参与、组织创新年各项活动，助推中国与东盟科技创新合作提质升级。一是2018年4月广西科技厅受邀在"中国—东盟创新年"开幕大会论坛代表发言。作为论坛唯一受邀作大会发言的地方科技管理部门，广西科技厅作了题为"推进中国—东盟技术转移与创新合作的实践与探索"的大会发言，专题介绍广西推动中国—东盟技术转移与创新合作的模式。广西建设中国—东盟技术转移中心，成功构建了覆盖中国和东盟10国的创新网络，其经验与做法得到东盟国家的高度认可。二是高标准、高层次、高频率组织参加多个境外展览。先后组织广西企业、科研院所及高校赴柬埔寨、老挝、印尼及波黑参加了2018年中国—东盟博览会柬埔寨展、2018年老挝科技博览会、2018印尼科学展以及第三届中国—中东欧国家创新合作大会，展示了100余项先进技术和成果，共同促成北海众邦金宇投资有限公司与柬埔寨国际商会就共建中草药种植基地与技术交流平台合作项目、南宁农业科学研究所与柬埔寨绿色农业生态科技有限公司等重点合作项目进行了现场签约，意向合作金额5000多万美元。

（四）成功举办多届中国—东盟技术转移与创新合作大会

作为中国—东盟博览会框架下常态化举办的重要高层论坛，中国—东盟技术转移与创新合作大会坚持常办常新，已成为推动中国与东盟科技合作、集中展览展示中国突出科技成就的重要平台。第六届中国—东盟技术转移与创新合作大会（以下简称创新大会）及先进技术展共邀请到10位部级领导以及5位中国科学院和工程院院士参会，参会参展人达2800多人，创大会报名人数历史新高。先进技术展参展企业173家，参展项目432项，参展企业中有12个企业来自东盟国家。中央电视台、凤凰卫视等境内外知名媒体对创新大会和先进技术展内容进行了专题报道。创新大会成果丰硕，在第15届中国—东盟博览会开幕大会启动了"东盟国家青年科学家创新中国行"主题仪式，展示了"百名东盟杰出青年科学家来华入桂计划"工作成果，首次举办中国—东盟科技园区创新合作论坛，发布中国首个与东盟国家在中医药领域的标准化合作倡议——《传统中医药区域标准化合作倡议》和首部由中国专家联合东盟7国专家共同完成的传统药物研究学术专著《中国—东盟传统药物志》。同时签署了中泰创新合作的谅解备忘录、《共建华东师范大学中国—东盟首席技术官（CTO）学院框架协议》以及《融入粤港澳大湾区科技创新合作战略协议》等，其中广西科技厅与华东师范大学提出的共建 CTO 培训学院，属全国首创。

五　紧贴产业高质量发展需求，积极面向全球招才引智

2019 年上半年，广西组织实施 2019 年度"外专聚桂"项目计划，获批列入计划的项目达 40 项，计划引进国外高层次专家 180 人次；共办理外国人来华工作许可证件 555 份，签发《外国高端人才确认函》2 份；资助实施高层次急需紧缺人才国外培训项目 11 个，计划派出学员约 200 人次。主要工作亮点有：一是实现广西优秀国（境）外专家人才表彰奖励工作新突破。2019 年 3 月，广西壮族自治区人民政府印发了《广西"金绣球友谊奖"管理办法的通知》和《关于表彰 2018 年度广西"金绣球友谊奖"获奖者的决定》，首次明确了"金绣球友谊奖"获奖者每人 10 万元人民币的奖金标准，实现了广西优秀国（境）外专家人才表彰奖励工作在制定配套政策、设立奖金、优化评选管理的三个历史性"新突破"，提高了海外人才奖励工作的权威性、奖励项目的含金量和奖励设置的科学性。二是积极对接国家顶级国际化人才平台，着力聚智入桂。2019 年 4 月 14—15 日，广西科技厅率领由 70 家单位、近 140 人组成的代表团，携带 600 多个招才引智项目应邀赴深圳参加第十七届中国国际人才交流大会。大会期间共发放人才政策、项目和人才需求等资料 5000 余份，4000 余人次到展位咨询，与近 200 家机构或组织进行对接或洽谈，达成初步意向 200 多项。其中，百色市与 55 位高层次人才和 10 个创新创业团队达成招引合作意向。三是积极推进广西海外人才资源库建设。截至目前，广西海外人才资源库作为西部地区首个省级海外引才引智线上平台已收集海外人才信息 450 条，其中博士学位人才占比达 86.5%。广西海外人才资源库新增注册单位 18 家，入库专家人数 121 人，岗位需求 58 个，与澳大利亚联邦国际合作协会、俄中新丝路（柳州）技术转移研究院等 4 家机构洽谈并达成初步的合作意向。通过做好海外人才大数据收集与整理，提升广西引才引智精准需求对接，从而提升引智工作质量和效率。

第二节 广西创新开放合作中存在的问题及不足

一 创新投入与发达地区相比存在巨大差距

目前，广西R&D（研发）投入占GDP的比重很低。2017年，全国研发投入超过1.76万亿元，占GDP的比重达2.13%。而当年广西研发经费仅为142.20亿元，占GDP的比重不到0.7%，远远低于全国平均水平，与粤港澳大湾区等发达地区相比更是差距巨大。以广东为例，2017年，全省研发经费支出超过2300亿元，位居全国首位，占GDP的比重为2.65%。更多的支出意味着更优厚的待遇和更优越的科研环境及条件，自然能够产生更强的吸引力。而广西由于投入规模小、结构欠优，对高层次人才和高水平团队吸引力较弱，不利于优质创新资源的导入，还存在人才不断外流的危险。

二 落实创新驱动的多部门协同联动体系仍不够健全

广西科技部门积极推动科技招商，形成了大量的前期意向性成果，亟待进一步对接落实。但这些成果要在广西落地生根、开花结果，仅靠科技部门自身的力量难以实现，必须得到其他部门的大力支持和配合。目前由于部门与部门、政府与市场主体之间缺少常态化、深入式的沟通交流机制，对彼此的发展战略和现实需求等缺乏共同认知。科技部门的认识很难进入其他部门的发展思路和决策程序当中，导致许多创新资源在引入过程中遇到重重困难且难以解决。例如，一些战略性新兴产业项目因解决不好项目用地及水电路等基础设施问题而无法落地。又如对港澳的科研合作资金未能实现跨境拨付的问题，科技部、财政部已经在相关文件中明确，由港澳机构与内地单位联合承担的项目，项目经费可支付至港澳机构；但广西与港澳科研合作项目经费仍然不能实现跨境拨付港澳机构使用，严重制约了广西与香港、澳门的创新合作。

三 对外科技合作与交流水平亟待提高

从整体上看，广西各高校、科研院所和企业的科技创新国际化程度不够高，普遍缺乏对外科技合作与交流的渠道，国际科技合作创新平台、人才和项目不多，且科技合作集中在科研院所、高等院校和少数重点企业。其根本原因在于目前广西多数产业在技术上仍处于跟跑、模仿阶段，企业普遍缺乏关键核心技术，主要关注的是中低端产品的开发和生产，规模不大，实力有限，缺乏科研人才，追求创新动力不足，在科技交流与合作方面处于被动地位，与国外、区外合作研发的项目不多，其科技需求形式以技术和设备引进居多，联合研究与开发性质的需求很少。大多数企业向外部借力借势加快发展的意识和能力都不足，基本是依靠自身力量开展创新，创新水平很难向更高层级跃升，产品和技术很难进入国际市场，只能在较小的市场范围内开展业务，制约了规模进一步做大，对经济发展也产生了不利影响。对外科技合作中介服务机构发展缓慢，区内尚没有水平高、专业性强、能够顺畅与发达国家和地区接洽科技合作事务的中介服务机构，这在很大程度上制约了科技交流与合作的发展。

四 招才引智的视野、渠道、机制急需进一步完善

广西多数单位招才引智工作存在着视野偏窄、渠道较为传统单一、机制不够灵活的缺点。一是招才引智以国内尤其是周边省份为主，缺乏国际视野，未能准确定位全球范围内最适合的人才。二是单位缺乏主动性和多渠道的信息收集体系，一般只是通过政府组织或推动的招商招聘等活动来开展相关工作。三是没有充分发挥市场

手段和现代网络化的协同工作优势进行柔性引进，"不求所有，但求所用"的理念贯彻不到位。未能综合运用各种现代化手段引才聚智资源，引才引智渠道得不到更进一步的完善发展。四是对引进人才的后续服务较为欠缺，对其到位后的生活、工作等关心和帮助不够，对其住房、子女教育、医疗等问题还缺乏高效统一的解决途径。"引进来"之后是否"留得住"成为一个需要认真对待和解决的问题。

第三节 加强广西创新开放合作的对策建议

一 持续加大科研投入，营造良好创新环境

广西应对标发达地区，不断加大研发经费投入，保持财政科技投入持续增长。同时要优化支出结构和投入模式，发挥好财政资金的杠杆作用，进一步强化各研发主体自身投入因素，引导促进全社会特别是企业加大研发投入。2020年全社会研发投入应力争达到2%以上，并在此基础上继续增加。还要进一步理顺体制机制，发挥市场在配置资源中的决定性作用，维护和规范市场秩序，支持和帮助企业从创新活动中获得更多利润，营造良好的创新环境，从而坚定企业扎扎实实搞创新的信心，吸引更多大企业和高端人才扎根广西创新创业。

二 强化部门协同联动，构建高效开放创新合作体系

充分发挥科技创新厅际联席会议制度的作用，将科技招商形成的初步成果提交联席会议进行审议。对于符合广西发展重大需求、创新驱动力强的项目，推动各相关部门达成共识与合力，共同为相关高校、科研院所和企业排忧解难，支持其尽快落地并开展业务。探索建立创新驱动发展考核机制，贯彻落实"科学技术是第一生产力""创新是引领发展的第一动力"科学论断精神，将创新作为高

质量发展评价的第一准则。由科技部门牵头，对政府各部门及各市进行考核，使创新驱动成为各级政府及相关部门常抓不懈的工作。针对与港澳科研合作的资金跨境拨付问题，参照科技部、财政部已经出台的政策，出台自治区本级科研资金跨境拨付有关规定，全面提升桂港澳科技创新合作水平。

三 积极搭建各类平台，拓宽交流合作渠道

继续高标准组织办好面向东盟的技术转移与创新合作大会及系列活动。进一步发挥中国—东盟技术转移中心的平台作用，集聚全国科技创新资源，全面链接东盟国家科技创新合作需求，深挖合作潜力，创新合作方式，打造集技术供需、知识产权保护、中介服务、专业人才培育等多种技术转移服务为一体的离岸创新合作新模式。加大科技招商力度，推动一流科技创新资源向广西快速集聚。重点围绕大健康、大数据（数字经济）、大物流、新制造、新材料、新能源等领域开展科技招引；积极对接国内外知名高校、企业、大院大所，推动广西壮族自治区人民政府与国内外一流创新主体签署合作协议，建立合作机制；加快推动自治区政府、科技厅已经签署合作协议的落实，加快引进高端创新资源，提升广西科技创新能力。

四 优化招才引智模式与机制，促进创新资源要素集聚

继续以服务"三百二千"科技创新工程为首要任务和切入点，主动优化科技工作框架下的招才引智项目管理模式，探索建立更多引才引智平台和渠道，不断探索建立和完善引才引智制度体系建设，通过更加柔性的机制汇聚人才、利用好人才的知识和智慧。加强对人才引进后的跟踪服务，激发其创新积极性，确保人才引得进、留得住。聚焦粤港澳大湾区等发达地区引入创新资源，共建新型研发机构，加快人才、知识、技术、资本等创新要素向广西集

聚。发挥中国—东盟技术转移中心大平台作用，建设链接发达地区的技术专利交易网络，加快发达地区科技成果向广西转移转化。着力打造中国—东盟科技城，将其打造成为中国—东盟科技创新合作升级版的核心载体和旗舰项目，成为中国—东盟创新要素融合发展的重要引擎。

第九章

广西专利事业发展综合分析

"十二五"和"十三五"期间，广西专利事业进入高速发展时期，发明专利申请量增速连续多年排名全国前列，每万人有效发明专利拥有量增长10倍以上，多项专利获得中国专利优秀奖，专利质押融资规模持续增长，专利成果转化运用效益不断提升，特色型知识产权强区建设启动实施，知识产权区域布局取得重要阶段性成果，知识产权试点示范成效显著，专利保护更加严格，多项重要政策出台，管理体系不断健全，服务能力大幅提升，人才队伍进一步发展壮大，全社会专利意识明显增强。从总体上看，广西系列专利政策的颁布激发了广西全社会创新活力，实施取得了良好的成效。但未来仍需不断优化制度设计，完善贯彻落实手段，以促进广西专利事业实现更高质量发展。

第一节 广西专利事业发展整体状况

一 专利创造成效

（一）专利数量快速增长

2012年，广西壮族自治区人民政府出台《关于在全区开展全民发明创造活动的决定》，提出要大幅度增加全社会发明创造经费投入、加强专利保护、创新企业知识产权评估与投融资机制、强化发明创造的人才支撑、加强知识产权宣传教育、加强对发明创造工作的领导等六方面的保障措施。为推动全民发明创造，广西壮族自治区人民政府提出实施《发明专利倍增计划》。这项计划通过"三工程两行动"来体现，即科技项目发明专利倍增工程、创新平台发明专利倍增工程、知识产权优势企业发明专利倍增工程、全民参与发明创造大行动和创新成果专利化引导行动。在政策有力推动下，广西实现了专利快速增长的目标。在《广西壮族自治区专利条例》颁布实施前的2011年，广西每万人发明专利拥有量只有0.40件。到2019年，广西每万人发明专利拥有量达4.6件，8年间增长超过10倍，从全国平均值的1/6提高到1/3以上。与2011年相比，2012—2019年是广西专利规模迅速扩大的黄金时期，广西三种专利的申请量和授权量都有了极大增长，具体情况如表9—1所示。

表9—1　　2011—2019年广西三种专利申请量及授权量

年度	申请量（件）				授权量（件）			
	合计	发明	实用新型	外观设计	合计	发明	实用新型	外观设计
2011	8106	2757	3614	1735	4401	634	2563	1204
2012	13605	6507	5017	2081	5902	901	3421	1580
2013	23249	14380	6755	2114	7884	1295	5044	1545
2014	32293	22234	7910	2149	9663	1932	6138	1593
2015	43680	30807	9737	3136	13571	4018	7090	2463
2016	59231	43078	11596	4557	14852	5158	6532	3162
2017	56957	37968	14574	4415	15263	4552	7752	2959
2018	44220	20299	18105	5816	20545	4328	12066	4151
2019	41974	12460	22024	7490	22682	3413	14129	5140

资料来源：广西统计年鉴。

值得注意的是，由于相关政策调整，广西发明专利的申请量和授权量在2017年开始出现了逐年下降的趋势。这一点应当引起足够重视。因为广西发明专利规模尚小，社会整体意识不强，在市场竞争中处于劣势，仍然需要政策的强力扶持，才能进一步发展壮大。因此，在政策调整方面，应当力度不减甚至是加大力度，同时着重提升政策的靶向性，通过精准发力取得更佳成效。

（二）专利质量与结构进一步优化

2012—2019年，广西总共申请专利315209件，其中发明专利、实用新型专利和外观设计专利分别为187733、95718、31758件；获得专利授权110362件，其中发明专利、实用新型专利和外观设计专利分别为25597、62172、22593件。从申请结构来看，这8年广西发明专利、实用新型专利和外观设计专利申请的构成是59.6∶30.4∶10.0，发明专利比例明显上升，结构明显优于2011年的结构（34.0∶44.6∶21.4）。

在中国专利奖获奖方面，广西获奖项目数再上新台阶。2012—2019年8届中国专利奖评选中，广西共有40项专利获奖，是《广西壮族自治区专利条例》颁布之前13届获奖总数的1.9倍以上，其中2018年获得8项，创下历史新高。这说明在规模不断扩大的同时，广西专利质量也有了较为明显的提升。

（三）各设区市发展普遍提速

2012—2019年，广西各设区市专利规模增长均呈现明显的加速发展态势。这一时期各设区市发明专利申请和授权的情况分别如表9—2和表9—3所示。

表9—2　　　2012—2019年广西各设区市发明专利申请情况　　　单位：件

	2012	2013	2014	2015	2016	2017	2018	2019
南宁	1784	3482	6132	8318	13217	10882	5156	5011
桂林	1236	2440	3670	5523	6002	6562	3132	2455
柳州	1022	3541	4786	6828	8181	6855	3360	2012
玉林	497	1244	1785	739	2274	2159	1669	794
梧州	276	427	697	927	1525	1230	814	256

续表

	2012	2013	2014	2015	2016	2017	2018	2019
贵港	121	233	460	775	1128	1220	721	235
河池	151	353	525	742	1633	1516	649	130
北海	363	838	664	1113	2079	1306	989	376
百色	284	391	596	1061	1309	1267	789	183
防城港	145	339	687	975	1691	852	325	113
钦州	149	339	878	687	1566	1758	696	248
来宾	119	160	293	431	732	479	615	219
崇左	66	169	348	71	650	674	377	180
贺州	294	423	713	684	1091	1208	1007	248

资料来源：广西统计年鉴。

表9—3　　2012—2019年广西各设区市市发明专利授权情况　　单位：件

	2012	2013	2014	2015	2016	2017	2018	2019
南宁	339	520	754	1338	1711	1657	1513	1439
桂林	306	325	395	806	968	785	854	585
柳州	113	180	302	749	1172	903	700	542
玉林	35	41	68	179	348	282	288	159
梧州	11	31	73	165	205	154	155	94
贵港	6	5	20	55	51	58	46	51
河池	10	16	36	76	88	81	103	76
北海	31	33	51	129	120	189	212	94
百色	10	33	27	39	75	87	131	76
防城港	8	3	52	37	50	22	23	69
钦州	8	44	55	118	125	111	96	71
来宾	6	8	27	72	56	67	65	26
崇左	3	8	24	13	114	113	77	58
贺州	15	48	48	117	72	43	65	73

资料来源：广西统计年鉴。

（四）激励专利创造的政策得到较好落实

《广西壮族自治区专利申请资助和奖励暂行办法》（桂财教〔2012〕319号）明确对申请专利过程中所发生的申请费、实质审查费、专利代理费及有效发明专利年费等进行全额或部分资助；对获授权的发明专利、获中国专利奖的项目、专利申请排位前列的企业、高等学校及科研机构、发明专利申请排位前列的设区市专利行政管理部门以及发明专利授权量排位前列的发明人等进行奖励。同时，《广西发明专利倍增计划》（桂政办发〔2012〕9号）明确要求"强化对各级人民政府领导发明创造工作的考核，建立专利工作目标责任制，完善政府专利绩效考核，明确'一把手'专利工作责任"。在政策推动下，各市县均出台了专利资助和奖励办法，极大促进了当地的专利申请活动。广西科技厅也将发明专利申请及授权作为广西科技计划项目的重要考核指标，优先支持发明专利产出高的项目。

二 专利运用成效

（一）专利质押融资取得新突破

"十二五"期间，广西共引导金融机构开展专利质押贷款总额近6.5亿元，是"十一五"时期的5倍。进入"十三五"时期，专利质押贷款规模持续扩大。2016年，广西共促成专利（申请）权转让1729件，18家企业以专利权出质，质押金额达2.65亿元。同年，桂林市成为广西首个国家级专利质押融资试点城市。2017年，广西17家企业以专利权出质，实现专利质押融资金额达1.30亿元。2018年，广西登记质押专利项目184件，专利权质押融资金额达到15.25亿元，其中广西电网以1件核心专利质押与中国建设银行股份有限公司签订了4亿元的最高额度质押合同。桂林银行"纯"知识产权质押贷款成功落地广西巨星医疗器械有限公司，7项专利权质押，给予企业综合授信5000万元，并成功发放首笔

3000万元"科创融智贷"。2019年,广西质押专利项目259件,比2018年提高了40.8%,64家企业获得专利权质押融资金额5.5674亿元。

在各设区市中,南宁市专利质押融资工作走在前列。自2014年起,南宁市就开展了专利质押融资贴息工作。2017年,《南宁市企业专利权质押融资项目贴息和补助资金管理办法》印发,有效引导和扶持南宁市企业采取专利权质押方式实现市场价值,促进专利商用化及产业化,拓宽企业融资渠道,提高了财政资金使用效率。每年设立专利质押贷款贴息专项资金500万元,用于支持企业开展专利质押贷款业务。2014—2019年,南宁市专利质押融资情况如表9—4所示。

表9—4　　　　2014—2019年南宁市专利质押融资情况

年度	2014	2015	2016	2017	2018	2019	合计
融资金额（万元）	6727	7640	9400	12025	13077	14430	63299
专利质押额（万元）	1933.40	1408	2800	3240	8948.83	14784.56	33114.79
获贷款企业数（家）	11	12	10	8	21	32	94

资料来源：南宁市统计年鉴。

2017年,桂林市人民政府印发《桂林市促进科技创新发展实施办法》（市政〔2017〕10号）,其中包含了支持开展专利质押贷款业务的条款,包括对专利质押贷款坏账本金损失给予补助、对企业获得专利权质押贷款并按期正常还贷的贷款利息给予贴息等内容。2019年,桂林市共发放贴息111.36万元。

(二) 专利运营和转化运用初见成效

2015年7月,广西知识产权交易中心正式成立,实现了广西知识产权运营领域自治区级专业平台零的突破。一年后，广西知识产权交易中心柳州、北海、桂林工作站相继成立，形成了一个紧靠一线、资源汇聚、开放联动的知识产权服务网络，为推动知识产权运营工作的有效开展提供更多服务支撑。自成立以来，交易中心累计挂牌专利项目已超过1万项，项目主要来源于区内高校、科研院所、企业、中介机构、发明人等；共促成100余项项目达成交易，金额累计超过8亿元，项目类型包括专利技术转让、专利许可、知识产权作价入股、拥有核心自主知识产权的企业融资等。

除交易中心之外，在政府的大力推动下，广西知识产权市场逐渐活跃。"十二五"期间，广西共许可实施569件专利，许可合同金额3910多万元，转让专利（申请）权1797件，其中发明专利974件。2016年，广西转让专利（申请）权700件，其中发明343件，实用新型322件，外观设计35件；专利实施许可合同备案14项，涉及31件专利，合同金额83.5万元。2017年，广西专利实施许可合同备案33项，涉及53件专利，合同金额1664万元。2019年，广西专利实施许可合同备案65项，涉及73件专利，合同金额4447.585万元。

截至2019年年底，企业有效发明专利占广西有效发明总量的55.64%，同比增长10.73%，企业专利创造主体地位进一步显现。广西玉柴机器股份有限公司、上汽通用五菱汽车股份有限公司、广西柳工机械股份有限公司、广西电网有限责任公司电力科学研究院的专利拥有量突破千件，分别达到3785件、3563件、1176件、1085件。

（三）知识产权试点示范迈上新台阶

南宁成为国家知识产权示范城市，桂林、柳州、玉林入选国家知识产权试点城市，柳州高新技术产业开发区、南宁高新技术产业开发区入选国家知识产权示范园区（如表9—5、表9—6所示）。目前，广西拥有国家知识产权强县工程示范/试点县（区）24个、全国中小学知识产权教育示范/试点学校 7 所（见表 9—7、表 9—8）。截至 2019 年年底，广西拥有的国家知识产权示范企业、国家知识产权优势企业分别达到 10 家和 131 家（见表 9—9、表 9—10）。此外，截至 2019 年年底，广西还认定了广西中小学生发明创造示范单位 42 家、广西中小学生发明创造示范单位（试点）100 家、广西知识产权示范园区（含试点）10 个、广西知识产权示范县（区）34 个、广西知识产权试点县（区）37 个、广西知识产权优势企业培育单位 325 家、广西高价值专利培育示范中心 9 个。

表 9—5　　　　广西入选的国家知识产权示范/试点城市

设区市	称号	认定年份
南宁	国家知识产权示范城市	2019 年
桂林	国家知识产权试点城市	2011 年
柳州	国家知识产权试点城市	2017 年
玉林	国家知识产权试点城市	2019 年

资料来源：国家知识产权局网站。

表 9—6　　　　广西入选的国家知识产权示范园区

园区	称号	认定年份
柳州高新技术产业开发区	国家知识产权示范园区	2017 年
南宁高新技术产业开发区	国家知识产权示范园区	2019 年

资料来源：国家知识产权局网站。

表 9—7　　广西拥有的国家知识产权强县工程示范/试点县（区）

县（区）	称号	认定年份	合计
荔浦县	国家知识产权强县工程示范县（区）	2017 年	1
横县、玉林市玉州区	国家知识产权强县工程试点县（区）	2009 年	2

续表

县（区）	称号	认定年份	合计
桂林市七星区、临桂县、陆川县、博白县、田东县	国家知识产权强县工程试点县（区）	2013年	5
灵川县、永福县、容县、柳州市城中区、上思县、平果县	国家知识产权强县工程试点县（区）	2014年	6
桂林市兴安县、防城港市港口区、防城港市防城区、防城港市东兴市、百色市右江区、贺州市八步区、贺州市富川瑶族自治县、贺州市平桂区、贺州市钟山县	国家知识产权强县工程试点县（区）	2017年	9
贺州市昭平县	国家知识产权强县工程试点县（区）	2019年	1
合计			24

资料来源：国家知识产权局网站。

表9—8　广西拥有的全国中小学知识产权教育示范/试点学校

全国中小学知识产权教育示范学校	授予年份	合计
南宁市滨湖路小学	2019年	1
全国中小学知识产权教育试点学校	授予年份	合计
南宁市第二中学	2015年	6
柳州市文惠小学	2016年	
广西师范大学附属中学、南宁市第三十一中学	2017年	
广西壮族自治区南宁市第一中学、广西壮族自治区柳州市景行小学	2019年	

资料来源：国家知识产权局网站。

表9—9　广西拥有的国家知识产权示范企业

设区市	国家知识产权示范企业	授予年份	合计
柳州	上汽通用五菱汽车股份有限公司、柳州欧维姆机械股份有限公司	2016年	2
玉林	广西玉柴机器股份有限公司	2016年	1

续表

设区市	国家知识产权示范企业	授予年份	合计
柳州	广西柳工机械股份有限公司	2017年	1
南宁	广西田园生化股份有限公司	2017年	1
南宁	广西金雨伞防水装饰有限公司、广西壮族自治区化工研究院	2018年	2
桂林	桂林电器科学研究院有限公司	2018年	1
合计			8

资料来源：国家知识产权局网站。

表9—10　　广西拥有的国家知识产权优势企业

设区市	国家知识产权优势企业	合计
南宁	广西化工研究院、广西田园生化股份有限公司、广西博世科环保科技股份有限公司、广西农垦明阳生化集团股份有限公司、广西力源宝科技有限公司、广西博科药业有限公司、广西南南铝加工有限公司、广西新方向化学工业有限公司、广西华锑科技有限公司、横县桂华茧丝绸有限责任公司、横县南方茶厂、南宁天亮精细化工有限责任公司、广西金雨伞防水装饰有限公司、广西宏发重工机械有限公司、广西吉宽太阳能设备有限公司、广西万寿堂药业有限公司、广西麦克健丰制药有限公司、广西福美耀节能门窗有限公司、广西恒日科技股份有限公司、广西华纳新材料科技有限公司、广西云燕特种水泥建材有限公司、广西圣保堂健康产业股份有限公司、南宁燎旺车灯股份有限公司、广西万德药业有限公司、广西立盛茧丝绸有限公司、广西农垦糖业集团良圻制糖有限公司、南南铝业股份有限公司、广西南宁灵康赛诺科生物科技有限公司、广西易多收生物科技有限公司、广西吉顺能源科技有限公司、广西勤德科技股份有限公司、南宁钛银科技有限公司、广西超星太阳能科技有限公司、南宁可煜能源科技有限公司、广西宾阳县荣良农业科技有限公司、广西特飞云天航空动力科技有限公司、广西乐土生物科技有限公司、广西山水牛畜牧业有限责任公司、广西横县恒丰建材有限责任公司、广西大海阳光药业有限公司	40

续表

设区市	国家知识产权优势企业	合计
柳州	广西花红药业股份有限公司、柳州百韧特先进材料有限公司、柳州市金元机械制造有限公司、广西七色珠光材料股份有限公司、柳州科路测量仪器有限责任公司、广西天涌节能科技股份有限公司、柳州市海达新型材料科技有限公司、柳州日高过滤器有限责任公司、柳州市惠农化工有限公司、柳州达迪通信技术股份有限公司、柳州豪祥特科技有限公司、柳州海格电气股份有限公司、柳州凯通新材料科技有限公司	13
桂林	桂林橡胶机械厂、中国化工橡胶桂林有限公司、中国有色桂林矿产地质研究院有限公司、广西瀚特信息产业股份有限公司、桂林海威科技股份有限公司、桂林市华力重工机械有限责任公司、桂林莱茵生物科技股份有限公司、桂林电器科学研究院有限公司、桂林华越环保科技有限公司、桂林三金药业股份有限公司、桂林南药股份有限公司、桂林丰润莱生物科技股份有限公司、桂林新竹大自然生物材料有限公司、桂林桂开生物科技股份有限公司	14
梧州	梧州神冠蛋白肠衣有限公司、广西梧州茶厂、广西梧州制药（集团）股份有限公司、梧州市天誉茶业有限公司	4
北海	广西启利新材料科技股份有限公司、广西喷施宝股份有限公司、合浦果香园食品有限公司、北海银河开关设备有限公司、北海生巴达生物科技有限公司	5
防城港	广西桂人堂金花茶产业集团股份有限公司	1
玉林	广西三环企业集团股份有限公司、广西凯纵机械制造有限公司、广西五丰机械有限公司、广西玉林市大智生物科技有限公司、广西玉林制药集团有限责任公司、广西玉林卓越动力发电设备有限公司、广西北流市智诚陶瓷自动化科技有限公司	7
贵港	广西源安堂药业有限公司、广西信业生物技术有限公司、史丹利化肥贵港有限公司	3
百色	广西八桂凌云茶业有限公司、广西平果铝合金精密铸件有限公司	2
贺州	广西贺州市桂东电子科技有限责任公司、广西灵峰药业有限公司、广西杨氏鲜果有限公司、贺州市恒达板业有限公司、广西长城机械股份有限公司、中铝广西有色金源稀土有限公司、广西吉光电子科技有限公司、广西贺州市科隆粉体有限公司、中铝广西国盛稀土开发有限公司、贺州市创伟冶金耐材有限公司	10

续表

设区市	国家知识产权优势企业	合计
钦州	广西灵山县宇峰保健食品有限公司、广西明利化工有限公司、广西万山香料有限责任公司、广西健美乐食品有限公司、广西凯兴创新科技有限公司	5
崇左	中信大锰矿业有限责任公司、广西广拓新能源科技有限公司、广西大新县雷平永鑫糖业有限公司	3
来宾	广西有色金属集团汇元锰业有限公司	1
合计		108

资料来源：国家知识产权局网站。

三 专利保护成效

（一）专利保护制度及政策措施不断完善

广西知识产权主管部门组织起草了《关于强化知识产权保护的实施意见》；组织制定《广西壮族自治区知识产权局系统关于加强专利行政执法与刑事司法衔接工作的实施意见》《广西知识产权（专利）领域社会信用体系建设实施方案》等5项专利行政执法相关制度；组织制定《"十三五"广西知识产权（专利）系统执法维权"护航"专项行动实施方案》，提出了"十三五"时期广西知识产权（专利）系统执法维权"护航"专项行动的主要目标和八大重点任务；组织制定《广西优化营商环境攻坚突破年知识产权创造、保护和运用指标实施方案》，推动知识产权保护社会满意度、知识产权纠纷非诉讼解决机构覆盖面等知识产权保护指标首次列入设区市绩效考核。

（二）知识产权保护体系初步建成

广西知识产权主管部门统筹推进知识产权保护体系建设，组织培养专利行政执法人员达472人，专利行政执法队伍建设实现区、市、县全覆盖；推动广西知识产权维权援助体系不断建立完善，在加强中国（广西）知识产权维权援助中心建设的基础上，知识产权维权援助体系建设实现14个设区市全覆盖；创新重点行业和重点企业知识产权维权援助工作，在碳酸钙产业等6个行业建立知识产权维权援助工作机制，在广西南南铝加工有限公司等77家重点企业建立知识产权维权援助工作站。建立广西专利侵权判定咨询专家库，遴选首批专利侵权判定咨询专家51名。组织建立广西知识产权（专利）社会信用体系，将专利侵权行为信息、假冒专利行政处罚信息纳入社会信用记录。

（三）法治化营商环境逐步形成

广西知识产权主管部门统筹推进开展以食品药品、医疗器械等重点民生领域，汽车及机械零配件等优势产业领域，中国—东盟跨境贸易及电子商务新兴领域产（商）品为主要内容的知识产权"护航""雷霆"执法保护专项行动。近三年组织专利行政执法系统出动执法人员1949人次，检查各类商业场所793次，检查各类商品14万余件，查处假冒专利案件1993起，受理专利侵权纠纷案件144起；受理维权援助与举报投诉近800人次，处理维权援助案件659起，营造了广西良好的创新环境和营商环境。

表9—11　　　　2012—2019年广西专利执法统计　　　　单位：件

年份	侵权纠纷结案数	其他纠纷结案数	查处假冒专利案件结案数
2012	0	0	21
2013	4	0	49
2014	11	1	254
2015	21	0	415
2016	32	0	522
2017	41	0	628
2018	66	0	843
2019	70	1	57

资料来源：国家知识产权局网站。

同时，广西专利司法保护也不断得到增强，2013—2019年部分年度司法保护情况如表9—12所示。

表9—12　　2013—2019年部分年度广西专利司法保护情况

年度	主要开展的专利司法保护工作
2013	全区法院系统一审审结专利权案件76件
2017	全区法院系统审结专利权纠纷案件150件
2018	全区法院审结专利权纠纷案件148件
2019	全区法院系统审结专利权纠纷案件145件

资料来源：国家知识产权局网站。

广西高度重视并加强流通领域和各类展会防范假冒专利的指导。在第九届中国—东盟博览会期间，广西知识产权局和南宁知识产权局执法人员进驻展会设立联合执法督查组，开展知识产权联合执法，重点检查带有专利标识的产品，查处假冒专利行为，并现场为参展商提供知识产权法律咨询，受理、协调和处理有关知识产权侵权纠纷的投诉。2013年，广西知识产权局制定《广西发明创造成果展览交易会知识产权保护若干规定》，联合相关部门开展展会执法活动。通过在第二、第三届广西发明创造成果展览交易会，第十届中国—东盟博览会、广西科技活动周新产品新技术展示交易会等大型展会开展驻会执法工作，规范参展商品专利标识，查处假冒专利行为，现场为参展商提供知识产权法律咨询，受理、协调和处理有关知识产权侵权纠纷，有效地维护了各大展会正常秩序。2014年，广西知识产权局加大展会知识产权保护力度，入驻第十一届中国—东盟博览会、第四届广西发明创造成果展览交易会、第二十三届广西科技活动周等重要展会开展专利执法维权，在第十一届中国—东盟博览会上调处展会专利侵权纠纷3件、查处假冒专利案件10件。2015年，广西知识产权局入驻第十二届中国—东盟博览会、第二十四届广西科技活动周新技术新产品展示交流会、第五届广西发明创造成果展览交易会等重点展会开展执法维权，共检查展会参展商品6500件，纠正不规范专利标注行为100件，处理各类展会专利案件10件。2016年、2017年两年，广西知识产权局分别入驻第十三、第十四届中国—东盟博览会开展打假专项整治。2018年，广西知识产权局组织相关部门进驻第十五届中国—东盟博览会现场开展联合执法，共检查展位2400多个，查处假冒专利案件2件，纠正专利标识标注不规范行为14起。

（四）专利领域"放管服"改革向前推进

广西知识产权主管部门统筹推进广西专利领域"双随机一公开"监管。推进建立广西知识产权领域"双随机一公开"工作机制，组织开展专利真实性和专利标识标注规范性、专利代理行为"双随机一公开"行政执法检查。组织开展专利代理行业"蓝天"专项整治行动，针对无资质专利代理行为、代理非正常专利申请行为、专利代理"挂证"行为、以不正当手段招揽业务行为等行业乱象开展整治。

（五）知识产权保护服务民营企业发展取得实效

广西知识产权主管部门组织开展广西知识产权保护服务行动，制定《广西市场监管系统重点企业知识产权保护直通车工作实施方案（2019—2021年）》，建立企业知识产权保护直通车工作机制，面向各类重点企业开展知识产权保护服务。完成广西知识产权保护直通车各项基础性建设工作，首批入库重点企业达291家，收集入库企业有关知识产权侵权纠纷、维权援助、风险防控等知识产权保护服务需求100多项。根据企业需求，组织开展知识产权保护服务活动近70场次，服务企业150余家，有效提高企业知识产权维权保护及知识产权风险防控的意识和能力。

广西从2013年起逐步推动建立知识产权维权援助体系，为专利权人解除维权方面的后顾之忧，2013—2019年开展的维权援助工作情况如表9—13所示。

表 9—13　　　　　　　　2013—2019 年广西维权援助工作情况

年份	主要开展的维权援助工作
2013	各地各部门通过门户网站、媒体、"12330"知识产权维权援助与举报投诉热线电话，接受公众举报投诉，强化社会监督
2014	受理知识产权举报投诉 12 起，办理知识产权维权援助案件 13 件
2015	推动维权援助中心出台《中国（广西）知识产权维权援助中心知识产权违法行为举报奖励办法（试行）》；完善"12330"知识产权举报投诉平台，接受专利违法行为举报投诉，推动南宁、柳州、桂林等 7 个设区市建设维权援助分中心，受理知识产权举报投诉 18 件，办理知识产权维权援助案件 17 件
2016	推动广西知识产权维权援助体系建设，在 12 个设区市建立知识产权维权援助分中心，受理维权援助案件 52 件，出具知识产权维权援助意见 49 份，接收电商平台假冒专利投诉 42 件，开展企业维权援助服务 15 次
2017	推动广西知识产权维权援助体系建设，14 个设区市知识产权维权援助分中心建设实现全覆盖，在 5 个行业建立了知识产权维权援助工作机制，在 76 家企业建立知识产权维权援助工作站，受理维权援助案件 65 件
2018	进一步建立健全知识产权维权援助体系，推进重点行业和重点企业知识产权维权援助工作站建设，成立中国（广西）知识产权维权援助中心广西电力行业知识产权维权援助工作总站，重点行业、重点企业知识产权维权援助工作站达 77 家，各级维权援助中心受理维权援助与举报投诉案件 261 件
2019	知识产权维权援助机构接收知识产权举报投诉案件 17 件，受理知识产权维权援助案件 56 件，办理电子商务领域专利侵权纠纷案件 120 件；建立重点企业知识产权保护直通车工作机制，为 209 家企业提供服务，解决企业服务需求 100 多项；建立健全多元化纠纷解决机制，14 个设区市在市本级实现了知识产权纠纷仲裁机构、调解机构和维权援助机构全覆盖；建立知识产权维权取证快速响应机制，设立专门的知识产权公证部门，办理知识产权公证 193 件

资料来源：广西政务信息网站。

四 专利管理成效

(一) 政策体系更加严密完善

2012—2018 年,广西颁布实施了多项与专利相关的政策(如表9—14所示)。这些政策相互支撑,形成更为严密和完善的体系,为广西专利事业发展提供了可靠保障。

表9—14　　　　2012—2018年广西出台的主要专利政策

序号	文号	文件名称	颁布部门	颁布时间
1	桂政发〔2011〕81号	《关于在全区开展全民发明创造活动的决定》	广西壮族自治区人民政府	2012年1月
2	桂政办发〔2012〕9号	《关于印发广西发明专利倍增计划的通知》	广西壮族自治区人民政府办公厅	2012年1月
3	桂知管函〔2012〕8号	《2012年广西壮族自治区专利事业发展战略推进计划》	广西壮族自治区知识产权局	2012年2月
4	桂政发〔2012〕35号	《广西壮族自治区人民政府转发国务院关于进一步做好打击侵犯知识产权和制售假冒伪劣商品工作意见的通知》	广西壮族自治区人民政府	2012年5月
5	桂政办发〔2012〕162号	《关于印发广西发明创造成果展览交易会工作方案的通知》	广西壮族自治区人民政府办公厅	2012年6月
6	桂政办发〔2012〕262号	《关于加强专利服务机构建设的实施方案》	广西壮族自治区人民政府办公厅	2012年10月
7	桂财教〔2012〕276号	《关于印发广西壮族自治区发明专利技术引进经费管理暂行办法的通知》	广西壮族自治区财政厅、科技厅	2012年12月

续表

序号	文号	文件名称	颁布部门	颁布时间
8	桂财教〔2012〕277号	《关于印发广西壮族自治区专利服务发展专项经费管理暂行办法的通知》	广西壮族自治区财政厅、科技厅	2012年12月
9	桂财教〔2012〕319号	《关于印发广西壮族自治区专利申请资助和奖励暂行办法的通知》	广西壮族自治区财政厅、科技厅、知识产权局	2012年12月
10	桂专展组〔2013〕12号	《关于印发广西发明创造成果展览交易会知识产权保护若干规定的通知》	广西发明创造成果展览交易会组委会	2013年5月
11	桂知规字〔2013〕19号	《2013年广西壮族自治区专利事业发展战略推进计划组织实施方案》	广西壮族自治区知识产权局	2013年5月
12	桂知综〔2013〕16号	《关于印发〈2013—2015年广西"十百千"知识产权（专利）人才培养方案〉的通知》	广西壮族自治区知识产权局	2013年5月
13	桂知管字〔2013〕36号	《关于印发〈广西壮族自治区知识产权优势企业工作指导意见〉的通知》	广西壮族自治区知识产权局	2013年8月
14	桂知规函字〔2014〕7号	《2014年广西壮族自治区专利事业发展战略推进计划组织实施方案》	广西壮族自治区知识产权局	2014年2月
15	桂知综字〔2014〕10号	《关于印发广西知识产权培训基地管理办法的通知》	广西壮族自治区知识产权局、教育厅	2014年4月
16	桂知规函字〔2015〕6号	《2015年广西壮族自治区专利事业发展战略推进计划组织实施方案》	广西壮族自治区知识产权局	2015年1月
17	桂知规字〔2015〕29号	《关于印发〈广西知识产权服务业集聚发展区培育工作方案（2015—2020年）〉的通知》	广西壮族自治区知识产权局	2015年5月
18	桂知管字〔2015〕24号	《关于加强企业知识产权贯标工作的实施方案》	广西壮族自治区知识产权局	2015年7月

续表

序号	文号	文件名称	颁布部门	颁布时间
19	桂政办发〔2015〕77号	《广西壮族自治区人民政府办公厅转发自治区知识产权局关于广西深入实施知识产权战略行动计划（2015—2020年）的通知》	广西壮族自治区人民政府办公厅	2015年7月
20	桂政办发〔2015〕123号	《关于印发广西实施发明专利双倍增计划（2016—2020年）的通知》	广西壮族自治区人民政府办公厅	2015年12月
21	桂知规字〔2016〕2号	《印发〈关于加快发展广西专利密集型产业（制造业）实施方案〉的通知》	广西壮族自治区知识产权局、科技厅、发改委、统计局	2016年1月
22	桂政办发〔2016〕35号	《关于印发广西知识产权区域布局试点实施方案的通知》	广西壮族自治区人民政府办公厅	2016年3月
23	桂政办发〔2016〕139号	《广西壮族自治区人民政府办公厅关于印发广西特色型知识产权强区建设试点工作实施方案的通知》	广西壮族自治区人民政府办公厅	2016年11月
24	桂知规字〔2016〕159号	《广西壮族自治区专利事业发展"十三五"规划》	广西壮族自治区知识产权局	2016年9月
25	—	《"十三五"广西知识产权（专利）系统执法维权"护航"专项行动实施方案》	广西壮族自治区知识产权局	2016年2月
26	桂政发〔2016〕61号	《广西壮族自治区人民政府关于加快知识产权体制机制改革的若干意见》	广西壮族自治区人民政府	2016年11月
27	桂政办发〔2017〕60号	《广西贯彻落实〈"十三五"国家知识产权保护和运用规划〉任务分解表》	广西壮族自治区人民政府办公厅	2017年4月

续表

序号	文号	文件名称	颁布部门	颁布时间
28	桂知规字〔2017〕5号	《关于印发〈广西壮族自治区知识产权事业发展"十三五"规划〉的通知》	广西壮族自治区知识产权局	2017年1月
29	桂财教〔2017〕55号	《关于印发广西壮族自治区专利资助和奖励办法（试行）的通知》	广西壮族自治区财政厅、科技厅、知识产权局	2017年5月
30	—	《广西2017年地方知识产权战略实施工作要点》	广西壮族自治区知识产权局	2017年
31	—	《2017年广西特色型知识产权强区建设试点工作要点》	广西壮族自治区知识产权局	2017年
32	—	《2017年全国专利事业发展战略推进计划（广西方案）》	广西壮族自治区知识产权局	2017年
33	—	《2017年广西知识产权（专利）系统执法维权"护航"专项行动工作要点》	广西壮族自治区知识产权局	2017年
34	—	《南宁海关知识产权海关保护工作规程》	南宁海关	2017年
35	—	《2018—2020年广西"十百千"知识产权（专利）人才培养方案》	广西壮族自治区知识产权局	2018年
36	桂知规字〔2018〕43号	关于印发《广西壮族自治区知识产权对外转让审查细则（试行）》的通知	广西壮族自治区科学技术厅、知识产权局、商务厅	2018年10月
37	—	《广西2018年地方知识产权战略实施工作要点》	广西壮族自治区知识产权局	2018年
38	—	《2018年全国专利事业发展战略推进计划（广西方案）》	广西壮族自治区知识产权局	2018年
39	—	《自治区知识产权服务业三年行动计划（2018—2020年）》	广西壮族自治区知识产权局	2018年

续表

序号	文号	文件名称	颁布部门	颁布时间
40	—	《2018年广西知识产权（专利）执法维权"护航"专项行动要点》	广西壮族自治区知识产权局	2018年
41	—	《外观设计专利侵权纠纷裁判指引》	广西壮族自治区高级人民法院民三庭	2018年
42	—	《南宁市中级人民法院关于开展知识产权民事、行政和刑事案件审判"三合一"试点工作的实施意见》	南宁市中级人民法院	2018年

注："—"表示无文号。

资料来源：广西壮族自治区人民政府网站。

（二）知识产权管理体系改革持续深化

构建自治区、市、县三级知识产权行政管理体系，同时大力促进园区、企业、高等院校、科研院所知识产权管理体系的建立与完善。在行政管理方面，广西不断加强各级知识产权管理机构建设，优化配置知识产权行政管理职能，落实人员编制和经费，造就了一支精干高效的知识产权行政管理队伍。广西壮族自治区知识产权局人员编制由11名增加到17名，增幅近55%。新设立广西知识产权发展研究中心，增挂国家知识产权局专利局南宁代办处、中国（广西）知识产权维权援助中心、广西知识产权信息中心三个牌子。专利管理职能进一步增强，有效履行了专利战略规划政策制定、专利实施和产业化等职能。到2018年，广西已基本形成自治区、市、县三级知识产权行政管理体系，80个县（市、区）设立知识产权局，占广西县（市、区）总数的73%，并配备了专职管理人员。市级知识产权事业单位达到4个，基本做到机构、编制、人员、经费四落实。2018年年底，新一轮机构改革启动，政府的知识产权管理职能被划入市场监管部门。目前，在广西壮族自治区市场监管局中涉及专利管理的有知识产权保护处、知识产权促进处、知识产权规划协调处三个处室。全区各设区市知识产权部门机构设置情况如表9—15所示。

表9—15　　新一轮机构改革后广西知识产权管理部门及专利相关内设机构

设区市	知识产权管理部门	专利相关内设机构
南宁	市场监管局	知识产权促进科、知识产权保护科、知识产权分局
柳州	市场监管局（知识产权局）	知识产权保护和促进科
桂林	市场监管局	知识产权科
北海	市场监管局（知识产权局）	知识产权促进和保护科
钦州	市场监管局	商标广告知识产权监管科
防城港	市场监管局	商标广告和知识产权科
玉林	市场监管局	知识产权保护与管理科
梧州	市场监管局	知识产权保护科
百色	市场监管局	知识产权促进科、知识产权保护科
河池	市场监管局（知识产权局）	知识产权监督管理科
贵港	市场监管局	知识产权促进和保护科
崇左	市场监管局	知识产权和科技监督管理科
来宾	市场监管局	知识产权和商标监督管理科
贺州	市场监管局	商标监督管理和知识产权促进保护科

资料来源：广西壮族自治区人民政府网站。

（三）统筹协调机制进一步健全

2016年，为进一步促进知识产权战略的深入实施，加强组织领导和统筹协调配合，经广西壮族自治区人民政府同意，广西知识产权战略实施工作厅际联席会议（以下简称厅际联席会议）制度正式建立。参照国务院知识产权战略实施工作部际联席会议制度做法，厅际联席会议成员单位由2008年广西壮族自治区知识产权办公会议的28个成员单位调整为31个部门和单位。其中，厅际联席会议以广西壮族自治区科技厅、知识产权局为牵头单位。广西壮族自治区分管知识产权工作的领导同志担任厅际联席会议召集人，协助分管知识产权工作的广西壮族自治区人民政府副秘书长和科技厅、知识产权局主要负责同志担任副召集人，各成员单位有关负责同志为厅际联席会议成员。厅际联席会议的主要职责是在广西壮族自治区人民政府领导下，统筹协调广西壮族自治区知识产权战略实施和知识产权强区建设工作；加强对知识产权战略实施和知识产权强区建设工作的宏观指导；研究深入实施知识产权战略和加强知识产权强区建设的重大方针政策，制订知识产权战略实施和全民发明创造活动的计划；指导、督促、检查有关政策措施的落实；协调解决知识产权战略实施、全民发明创造活动、知识产权强区建设、知识产权区域布局试点中的重大问题；完成广西壮族自治区人民政府交办的其他事项。在设区市层面上，共有 12 个市建立健全了知识产权办公会议或联席会议制度，并每年召开知识产权办公会议或联席会议，部署知识产权战略实施的工作任务，有效确保知识产权战略的顺利推进。部门间统筹协调已成为广西知识产权战略实施的重要保障，进一步优化了创新软环境。

（四）知识产权区域布局试点顺利完成

2015 年 8 月 31 日，国家知识产权局办公室印发了《关于确定知识产权区域布局第一批试点地区的通知》，广西被列入全国知识产权区域布局第一批 7 个试点地区之一。2016 年 4 月，广西壮族自治区知识产权办公会议暨广西壮族自治区知识产权区域布局试点工作启动会在南宁召开。广西壮族自治区成为全国第一个正式启动知识产权区域布局试点工作的地区，并且是全国 7 个试点省区市中唯一一个从专利、商标、版权、地理标志和植物新品种 5 个模块进行知识产权区域布局的创新试点，开创全国先例。国家知识产权局副局长贺化、广西壮族自治区人民政府副主席黄日波出席会议并作了重要讲话。会上明确由广西壮族自治区内外的高水平服务机构联合组成技术支撑单位，与各知识产权相关部门一起共同推进知识产权区域布局试点工作，确定了专利、商标、版权、地理标志和植物新品种、区域布局评价模型、导向目录、信息平台、政策建议8个课题组。经过近三年的研究，相关单位按要求完成了任务，广西壮族自治区知识产权数据资源已基本摸清；知识产权与产业、科技、教育的匹配关系基本明确；导向目录框架基本形成；可视化平台基本完成，顺利通过国家知识产权局组织的验收。在导向目录的完整性上，广西严格按照国家知识产权局指定资料中的技术方法，进行了区域资源静态分析、系统动态耦合分析等系列分析，编制依据及论证过程全面、深入，形成研究报告10余份，编制综合发展导向目录8份。通过识别专利与科技、产业之间的关系，确定区域的评价质量分布情况，为政府分级分类管理提供支持，并初步形成了以南宁为中心，柳州、桂林为副中心的知识产权区域布局态势。

（五）经费保障力度明显增强

自2012年以来，从自治区到各市再到各县区，专利专项经费都有充分保障。自治区层面设立了2.2亿元专利专项资金，各市县区也相应安排了专项资金，有效保障了专利事业快速发展。但在原专利专项资金使用完之后，自治区财政部门不再同意用专项资金的形式来安排经费，而是要求除专利资助奖励经费外，其余各项在自治区本级财政科技经费中统一安排。当时广西科技厅加挂知识产权局牌子，在经费上仍有保障。情况在2018年发生了较为明显的变化，专利相关指标不再纳入政府绩效考核，各市县区随即取消或大幅降低了专利资助奖励力度，减少了专利经费。同年，新一轮机构改革实施，广西知识产权局相关业务处室转隶广西市场监管局，但只有专利资助奖励经费转入新部门，导致实际上用于专利工作的经费有较大幅度下降。而且经费的使用机制也不顺畅，一方面大量经费未能使用，另一方面需要经费支持的导航、预警、质押融资、优势企业培育等重要工作进展缓慢。同样的情形也发生在市县区一级,除南宁等少数几个市外,大部分市县区专利经费均出现不足的情况。但总体而言,较之 10 年前的情况,专利事业发展的经费保障仍然得到了较大幅度的增强。

五 专利服务成效

(一) 知识产权服务机构规模层次不断扩大提升

广西以知识产权服务业集聚发展试验区建设为主要抓手,大力引进区外高端知识产权服务机构落户广西,并积极培养本土服务机构,为广西知识产权事业发展提供优质的服务,取得了丰硕的成果。截至 2019 年年底,广西共有全国知识产权服务品牌机构 1 家,全国知识产权服务品牌机构培育单位 2 家,全国知识产权分析评议服务示范创建机构 3 家,自治区及知识产权分析评议服务机构 19 家,自治区及知识产权贯标服务机构 26 家,专利代理机构 57 家(见表 9—16 至表 9—19);在南宁高新技术产业开发区、柳州高新技术产业开发区两个国家级高新区建立了自治区级知识产权服务业集聚发展试验区;在南宁、桂林、玉林、北海、贺州、柳州、防城港和梧州建立 8 个广西专利信息服务站。2016 年 11 月,广西知识产权"一站式"综合服务联盟正式成立,由广西知识产权交易中心联合各类知识产权服务机构、投资机构、金融机构联合组建。2017 年,国家知识产权局开展了全国专利文献服务网点的选拔工作。通过各单位自主申报,广西知识产权局评审后推荐,经国家知识产权局复核后批准,认定了广西壮族自治区知识产权发展研究中心、广西大学图书馆、桂林电器科学研究院有限公司、广西曙光知识产权服务有限公司 4 家单位为全国专利文献服务网点。全国专利文献服务网点是全国专利信息传播利用工作体系的基础节点,是服务创新驱动和经济发展的专利文献支持中心、专利信息咨询中心和知识产权公共教育中心。专利文献服务网点为社会公众、创新主体提供专利文献支持、专利信息咨询、公共教育等基础性公益服务,对于知识产权事业的发展、助力创新创业、服务地方经济发展具有重要的推动作用。目前，广西聚集了大量的优质知识产权服务资源，各服务机构为广西区域内的创新主体提供了专利挖掘与申请、专利信息分析利用、评估、交易、托管、投融资、贯标、诉讼维权等知识产权运营全系列综合服务，有效促进了广西知识产权事业的快速发展。

表9—16　广西拥有的全国知识产权服务机构（含创建、培育）

序号	机构名称	称号	认定年份
1	桂林市持衡专利商标事务所有限公司	全国知识产权服务品牌机构	2016
2	广西南宁汇博专利代理有限公司	全国知识产权服务品牌机构培育单位	2016
3	广西南宁新创之友知识产权代理有限公司	全国知识产权服务品牌机构培育单位	2018
4	广西壮族自治区科学技术情报研究所	全国知识产权分析评议服务示范创建机构	2014
5	广西壮族自治区知识产权发展研究中心	全国知识产权分析评议服务示范创建机构	2017
6	广西曙光知识产权服务有限公司	全国知识产权分析评议服务示范创建机构	2018

资料来源：广西科技厅网站。

表9—17　　　　　　广西知识产权分析评议服务机构　　　　　单位：家

认定年份	机构名称	合计
2015	广西壮族自治区科学技术情报研究所、北京中誉威圣知识产权代理有限公司南宁分公司、深圳市科吉华烽知识产权事务所柳州分所、柳州市生产力促进中心	4
2016	广西曙光知识产权服务有限公司、广西南宁汇博专利代理有限公司、柳州市集智专利商标事务所、桂林市持衡专利商标事务所有限公司、南宁广智知识产权信息咨询有限公司、广西博士海意信息科技有限公司	6

续表

认定年份	机构名称	合计
2018	广西南宁派腾科技有限公司、广西知识产权发展研究中心、南宁九思致成信息技术有限公司、广西奥凯知识产权服务有限公司、广西南宁新创之友知识产权代理有限公司、广西中知科创知识产权代理有限公司、广西南宁公平专利事务所有限责任公司、南宁东智知识产权代理事务所、广州市越秀区海心联合专利代理事务所梧州分所	9

资料来源：广西科技厅网站。

表9—18　　　　　　　广西知识产权贯标服务机构　　　　　　　单位：家

认定年份	机构名称	合计
2016年	广西壮族自治区生产力促进中心、广西奥凯知识产权服务有限公司、北京远大卓悦知识产权代理事务所（普通合伙）、广西南宁派腾科技有限公司、北京轻创知识产权代理有限公司、广西博士海意信息科技有限公司、南宁九思致成信息技术有限公司、北京中恒高博知识产权代理有限公司、广西南宁国咨知识产权代理有限公司、广西曙光知识产权服务有限公司、广西南宁合享信息科技有限公司、广西壮族自治区知识产权发展研究中心、桂林市华杰专利商标事务所有限责任公司、广西南宁新创之友知识产权代理有限公司、桂林市持衡专利商标事务所有限公司、南宁恒成智道信息科技有限公司、北京中誉威圣知识产权代理有限公司、南宁东智知识产权代理事务所（特殊普通合伙）、柳州市集智专利商标事务所、长沙正奇专利事务所有限责任公司、广州市越秀区海心联合专利代理事务所（普通合伙）、深圳市科吉华烽知识产权事务所（普通合伙）、广西南宁汇博专利代理有限公司、北京路浩科特科技发展有限公司、柳州市荣久专利商标事务所（普通合伙）、广西南宁公平专利事务所有限责任公司	26

资料来源：广西科技厅网站。

表 9—19　　　　广西各市专利代理机构一览　　　　单位：家

设区市	区内代理机构		区外代理机构分支机构		合计
	机构名称	合计	机构名称	合计	
南宁	广西南宁公平专利事务所有限责任公司、广西南宁明智专利商标代理有限责任公司、广西南宁汇博专利代理有限公司、广西慧拓律师事务所、南宁东智知识产权代理事务所、南宁市来来专利代理事务所（普通合伙）、桂林市持衡专利商标事务所有限公司南宁分公司、南宁新途专利代理事务所、南宁指北针知识产权代理事务所（特殊普通合伙）、南宁曙华知识产权代理事务所（特殊普通合伙）、南宁启创知识产权代理事务所（特殊普通合伙）、南宁深之意专利代理事务所（特殊普通合伙）、南宁市吉昌知识产权代理事务所、南宁胜荣专利代理事务所、南宁图耀专利代理事务所、南宁东之智专利代理有限公司广西中知科创知识产权代理有限公司、广西曙光知识产权代理有限公司、南宁众权专利代理事务所	19	北京中誉威圣知识产权代理有限公司南宁分公司、北京远大卓悦知识产权代理事务所（普通合伙）南宁分所、北京科亿知识产权代理事务所（普通合伙）南宁分所、广州市红荔专利代理有限公司南宁分公司、深圳市兴科达知识产权代理有限公司南宁分公司、深圳市科吉华烽知识产权事务所南宁分所、北京天奇智新知识产权代理有限公司南宁分公司、广州市华学知识产权代理有限公司南宁分公司、北京同辉知识产权代理事务所（普通合伙）南宁分所、重庆为信知识产权代理事务所（普通合伙）南宁分所、上海精晟知识产权代理有限公司（驻南宁办事处）、北京君恒知识产权代理事务所（普通合伙）南宁分所、北京元本知识产权代理事务所南宁分所、北京卓岚智财知识产权代理事务所南宁分所	14	33

续表

设区市	区内代理机构 机构名称	合计	区外代理机构分支机构 机构名称	合计	合计
柳州	柳州市集智专利商标事务所、柳州市荣久专利商标事务所（普通合伙）、柳州市荣久专利商标事务所柳东新区分所、广西中知国华知识产权代理有限公司	4	北京中恒高博知识产权代理有限公司柳州分公司、广州三环专利代理有限公司柳州分公司、北京众合诚成知识产权代理有限公司柳州分公司、北京风雅颂专利代理有限公司柳州分公司、北京中济玮天专利代理有限公司柳州分公司、南京禹为知识产权代理事务所（特殊普通合伙）柳州分所	6	10
桂林	桂林市持衡专利商标事务所有限公司、桂林市华杰专利商标事务所有限责任公司	2	北京轻创知识产权代理有限公司桂林分公司、广州市一新专利商标事务所有限公司桂林分公司、北京中济纬天专利代理有限公司广西分公司	3	5
梧州	梧州市万达专利事务所（普通合伙）	1	广州市越秀区海心联合专利代理事务所梧州分所	1	2
北海	北海市海城区佳旺专利代理事务所（普通合伙）	1	—		1
防城港	桂林市持衡专利商标事务所有限公司防城港分公司	1	—		1
钦州	桂林市持衡专利商标事务所有限公司钦州分公司	1	—		1
玉林	玉林市振盛专利商标代理事务所	1	广州市越秀区海心联合专利代理事务所玉林分所	1	2
贺州	贺州市鸿瑞知识产权代理事务所（特殊普通合伙）	1	广州市越秀区海心联合专利代理事务所贺州分所	1	2
合计		31		26	57

注："—"表示没有机构。

资料来源：广西科技厅网站。

(二)专利导航和预警逐步铺开

广西知识产权局不断加大对服务机构的培育指导力度。多家服务机构建立了专利分析业务部门及相应业务流程及管理制度，制定了操作规范，组建了专业结构合理、高素质的人才队伍，并积极承担广西专利专项资金项目，为政府部门提供专利信息分析及专利决策咨询服务，培育工作初见成效。其中，广西壮族自治区科学技术情报研究所承担了"广西朗姆酒重点项目专利预警风险分析""新能源汽车关键部件—节能环保发动机制造产业专利导航及应用""纯电动小型客车开发知识产权评议分析及应用示范"和"上汽通用五菱MPV（多用途）汽车海外专利预警评价应用示范"等多个广西专利专项资金项目。"广西朗姆酒重点项目专利预警风险分析"项目所形成的《广西朗姆酒专利预警风险分析报告》为政府和企业制定和调整发展战略提出了有创见的建议，获得了政府和企业的好评。北京合享新创信息科技有限公司承担的"新材料产业专利导航及应用"项目，分别从全球、中国和广西的稀土产业专利布局、全球诉讼、中国专利运营等方面进行趋势分析，在此基础上提出广西稀土产业发展布局规划建议，为广西实施专利布局、资源调配、招商引资和政策整合提供参考。桂林电器科学研究院有限公司和北京合享新创信息科技有限公司共同承担了"动力锂电池用隔膜专利预警评价及示范"项目。该项目通过专利信息检索和专利预警，分析了动力锂电池用隔膜领域的国内外专利布局、发展趋势和竞争态势，揭示动力锂电池用隔膜产品研发面临的专利侵权风险并提出了相应的对策建议。"航空用大规格高性能铝合金中厚板制造技术专利预警评价示范"项目由广西科技信息网、北京国之专利预警咨询中心及广西南南铝加工有限公司共同承担。该项目的专利预警分析显示，目前全球航空用铝合金技术趋于成熟，美国、日本、俄罗斯等国家在成分和热处理领域专利优势明显，在中国市场的专利布局重点也集中在这两个方面，而中国的铝合金专利主要分布在传统的冶炼和铸造领域。该项目建议广西南南铝加工有限公司采用新的技术方案，实时跟踪有侵权风险专利权的变更和法律状态，合理利用专利规则，采取"扫雷"措施，排除风险点；同时注重将创新成果进行专利深入和纵向挖掘，通过专利布局对产业制高点形成保护。相关研究成果对广西研发机构、企业开展专利预警分析具有指导意义和示范带动作用。

从总体上看，专利导航和预警机制试点已经展开，但离普遍实施还有很大差距，在政府、企事业单位相关管理和决策中发挥的作用还很小，尚未引起广泛的关注和重视。

（三）专利（知识产权）高端人才的引进、培养力度不断增强

广西大力实施人才强区战略，加大对急需的高层次人才特别是专利（知识产权）领域高端人才的引进和培育力度，为知识产权战略实施提供了强大的智力支持。截至 2018 年年底，广西共建立自治区级知识产权培训基地 10 个（见表9—20）；拥有全国知识产权领军人才 2 人、全国专利信息领军人才 1 人、全国专利信息师资人才 7 人、国家"百千万"知识产权人才工程第一层次培养人选 11 人、国家知识产权专家库专家 4 人；认定 5 批广西"十百千"知识产权（专利）人才共 787 人，其中领军人才 54 人、中青年专家 228 人、实用人才 505 人（见表9—21）。2012—2019 年，广西获得专利代理人资格证书人数达 511 人（见表9—22）。

表9—20　　　　　广西知识产权培训基地（自治区级）　　　　　单位：个

序号	培训基地依托单位	认定年份	合计
1	广西民族大学	2015	1
2	广西大学、广西师范大学、桂林理工大学	2016	3
3	桂林电子科技大学、广西科技大学	2017	2

续表

序号	培训基地依托单位	认定年份	合计
4	广西财经学院、南宁职业技术学院、广西科技馆（广西青少年科技中心）、广西科学活动中心	2018	4
合计			10

资料来源：广西科技厅网站。

表9—21　　广西"十百千"知识产权（专利）人才　　单位：人

		人才类别	人数	合计
第一批 （2014年）	广西知识产权领军人才	高等院校及科研机构知识产权领军人才	10	18
		企业知识产权领军人才	3	
		专利服务业领军人才	2	
		知识产权行政管理与执法领军人才	3	
	广西知识产权中青年专家	高等院校及科研机构知识产权中青年专家	12	32
		企业知识产权中青年专家	7	
		专利服务业中青年专家	11	
		知识产权行政管理与执法中青年专家	2	
	广西知识产权实用人才	高等院校及科研机构知识产权实用人才	34	106
		企业知识产权实用人才	37	
		专利服务业实用人才	19	
		知识产权行政管理与执法实用人才	16	
	合计			156
第二批 （2015年）	广西知识产权领军人才	高等院校及科研机构知识产权领军人才	2	8
		企业知识产权领军人才	2	
		专利服务业领军人才	2	
		知识产权行政管理与执法领军人才	2	
	广西知识产权中青年专家	高等院校及科研机构知识产权中青年专家	18	59
		企业知识产权中青年专家	13	
		专利服务业中青年专家	24	
		知识产权行政管理与执法中青年专家	4	
	广西知识产权实用人才	高等院校及科研机构知识产权实用人才	20	106
		企业知识产权实用人才	17	
		专利服务业实用人才	61	
		知识产权行政管理与执法实用人才	8	
	合计			173

续表

		人才类别	人数	合计
第三批 (2017年)	广西知识产权领军人才	高等院校及科研机构知识产权领军人才	5	16
		企业知识产权领军人才	4	
		专利服务业领军人才	5	
		知识产权行政管理与执法领军人才	2	
	广西知识产权中青年专家	高等院校及科研机构知识产权中青年专家	20	75
		企业知识产权中青年专家	15	
		专利服务业中青年专家	36	
		知识产权行政管理与执法中青年专家	4	
	广西知识产权实用人才	高等院校及科研机构知识产权实用人才	28	138
		企业知识产权实用人才	32	
		专利服务业实用人才	71	
		知识产权行政管理与执法实用人才	7	
	合计			229
第四批 (2018年)	广西知识产权领军人才	知识产权行政管理与执法领军人才	1	4
		高等院校及科研机构知识产权领军人才	2	
		企业知识产权领军人才	1	
	广西知识产权中青年专家	知识产权行政管理与执法中青年专家	3	29
		高等院校及科研机构知识产权中青年专家	12	
		企业知识产权中青年专家	9	
		专利服务业中青年专家	5	
	广西知识产权实用人才	知识产权行政管理与执法实用人才	5	120
		高等院校及科研机构知识产权实用人才	42	
		企业知识产权实用人才	20	
		专利服务业实用人才	53	
	合计			153

续表

		人才类别	人数	合计
第五批 (2019年)	广西知识产权领军人才	高等院校及科研机构知识产权领军人才	4	8
		企业知识产权领军人才	2	
		专利服务业领军人才	2	
	广西知识产权中青年专家	高等院校及科研机构知识产权中青年专家	22	33
		企业知识产权中青年专家	11	
	广西知识产权实用人才	知识产权行政管理与执法实用人才	1	35
		高等院校及科研机构知识产权实用人才	8	
		企业知识产权实用人才	24	
		专利服务业实用人才	2	
	合计			76

资料来源：广西科技厅网站。

表9—22　　2012—2019年广西获得专利代理人资格证书情况　　单位：人

类别	年份								合计
	2012	2013	2014	2015	2016	2017	2018	2019	
获全国专利代理人资格证书	21	39	64	58	38	44	47	30	341
获试点证专利代理人资格证书	23	27	42	22	21	24	11	—	170
合计	44	66	106	80	59	68	58	30	511

注："—"表示无数据。

资料来源：广西科技厅网站。

（四）宣传普及广度深度持续拓展

广西充分利用"426"世界知识产权日、中国专利周等活动契机，开展专利知识普及教育，着力提升全社会知识产权意识。自2012年起举办"广西发明创造成果展览交易会"（见表9—23），打造了专利技术展示推广的重要平台和转化交易的重要渠道，在本地集中推介了一大批专利技术和创新技术，有力地推动了专利和新技术的应用，为"广西制造"注入了更多的创造元素，进一步发挥了提高发明创造对经济社会发展的支撑和引领作用。

表9—23　2012—2018年历届广西发明创造成果展览交易会简况

年份	届次	展会主要概况
2012	1	本届展会在南宁市举行，展览面积超过12000平方米，参展项目涉及14个千亿元产业、10个战略性新兴产业以及传统手工业、旅游、文化等其他产业领域，包括高等院校、科研院所、中小学生发明创造成果；除了发明创造成果展览展示外，还举行发明创造成果（专利技术）推介和对接洽谈会、专利发展报告会、专利拍卖会、项目签约、总结表彰等活动；安排适合日常生活需要的产品参展、销售，中小学生发明创造成果展示交流等，提高公众参与度；在展览方式上，以实物、样品、模型，同时配以图文及有声资料，直观、形象地反映参展项目的技术特征和应用前景
2012	2	本届展会在柳州市举行，共展示发明创造成果1500多项；展区按照功能设置划分为序厅和区市、高等院校、科研院所、中小学生发明创造成果展和传统手工业发明创造成果等5个板块18个展区；参展项目涉及14个千亿元产业、10个战略性新兴产业；1.2万平方米展区的700个展位中，展示了14个设区市的发明创造成果，涉及食品、汽车、石化、电力、有色金属、冶金、新材料、新能源、生物农业等门类；其中专利项目约1200项、传统手工业创新项目约200项、中小学生发明创造项目约100项；展会期间，先后举办了大学生创新创意成果推介会、专利报告会、专利拍卖会、专利质押融资银企对接会、专利推介洽谈会、牛津大学专利成果推介会等活动，共有6.5万名观众参观，专利产品成交额达2600万元；专利推介洽谈会上，现场推介专利技术12项，展会共推介43项，项目涵盖化工、机械、运输、冶金、电子信息等领域；促进专利技术资本化的专利质押融资银企对接会备受企业关注，柳州市龙杰汽配有限责任公司及柳州延龙汽车有限公司，分别与招商银行柳州分行成功签订专利质押贷款意向协议，共获得3000万元贷款

续表

年份	届次	展会主要概况
2013	3	本届展会在桂林市举办，来自广西各设区市、高等院校、科研院所等的18个代表团参加，参展企事业单位500余家，展示交易发明创造成果近1500项，其中专利项目约1200项，传统手工创新项目约350项，中小学生发明创造项目约100项；展会举行了专利推介和对接洽谈会、专利拍卖会、专利质押融资银企对接会、知识产权知识竞赛、专利报告会、考评表彰等活动，为各方提供了一个互相认识、加强交流的平台；此次展会首次引进区外产权交易机构参加，北京联合产权交易所和中科院计算机所技术转移中心携带一批符合广西产业发展方向的优质专利到会推介
2014	4	本届展会在梧州市举行，展区总面积约5500平方米，相当于标准展位600个；参展项目约756项，涉及广西14个千亿元产业、10个战略性新兴产业以及传统手工业、旅游、文化等其他产业领域，涵盖企业、高等院校、科研院所、社会发明人和中小学生发明创造成果；按设区市发明创造成果、高等学校发明创造成果、科研院所发明创造成果、传统手工业发明创造成果和中小学生发明创造成果5个板块18个展区组展，并设序言区宣传广西专利成就和专利知识
2015	5	本届展会在玉林市举行，除了设区市、高等院校、科研院所、中小学生和传统手工业板块，还紧紧围绕"大众创业、万众创新"，增设了"创客空间展示"展区，举办了"创客论坛"；此外，发明创造成果突出了高水平，展示了"裸眼3D接屏技术""3D打印柴油机机体铸模""自动装配和码盘机器人工作系统"等；展区总面积约6000平方米，相当于670个标准展位，300多家企业、50多家高等院校和科研院所参展，参展专利项目1100多项，交易总额1.4亿元，其中签订项目合同及产品销售总额1249万元；签订合作意向总额1.28亿元；交通银行玉林分行、建设银行玉林分行与5家企业签订专利质押融资贷款意向协议；共8万人到展会洽谈、参观、购物

续表

年份	届次	展会主要概况
2016	6	本届展会在贵港市举行，展区面积近9000平方米，设有序厅和设区市、高等院校、科研院所、传统手工业、中小学生发明创造成果，以及广西青年创业创新成果展和贵港市工业特色产品展7个板块、20个展区，展示近年来发明创造成果1300多项，参观人数10余万人次，71项参展项目达成合作意向，签约金额1.04亿元；举办了知识产权投融资项目对接会、专利质押融资银企对接会和专利报告会；来自广西各地的176个推荐项目、25个重点项目和6个路演项目与6家区外知名投资机构、100余家区内投资机构和科技型企业在现场进行投融资对接，成功签约项目9个共计4477万元，意向签约项目3个共计3600万元；广西53家企业、8家金融机构进行了对接，1家科技创业服务中心、3家企业与4家金融机构达成专利质押贷款意向协议，授信总额1100多万元；此次展会还首次发布"广西企业专利技术创新100强"和《广西专利密集型产业统计监测报告》
2017	7	本届展会在玉林市举办，展区面积约8000平方米，打造10个板块23个互动体验式主题展区，组织广西402家企事业单位的1100项"高精尖"科技创新成果集中亮相，举办国际生物知识产权运营专场对接会、专利质押融资银企对接、科技创新创业大赛、青少年科技运动会、现代农业科技嘉年华、专利报告会等多项专题活动；发明展现场展销火热，其中，国际生物医药知识产权运营专场对接会对179个推荐项目和6个路演项目开展对接服务，并邀请美国、日本等国外专家助阵，做国际医药创新前沿专题演讲，现场促成16个单位8个项目签约或意向签约，项目涵盖生物医药、中医药、医疗器械等多个领域，签约金额共计1.33亿元；专利质押融资银企对接会，首次发布"政府+银行+评估机构"的"三位一体"广西知识产权质押融资政策战略框架
2018	8	本届展会在南宁市举办，通过组织8个展区展示以及举办中国·广西粤港澳大湾区专利技术投融资对接会、专利报告会、广西青少年机器人大赛等丰富多彩的专题活动，集中展示广西650多家企事业单位1200多项"高精尖"最新科技创新成果，涵盖企业、高等院校、科研院所、社会发明人和中小学生的最新发明创造成果；吸引了4.6万人次观展

续表

年份	届次	展会主要概况
2019	9	本届发明展在南宁举办，展会以"创新驱动发展，发明创造未来"为主题，分区域、分领域展示发明创造成果1200多项，并举办知识产权论坛、银企对接会、投融资对接会等活动；银企对接会上，来自广西的各大银行和企业代表共计150人参会，现场共有9家单位成功签约，签约金额达9400万元；本届发明展专门设置了综合成就馆，集中展示近年来中国专利奖、自治区主席质量奖以及高质量发明创造项目

资料来源：广西科技厅网站。

第二节　广西专利事业发展存在问题与不足

一　知识产权规模小、质量欠佳的状况未发生根本性转变

广西知识产权总体规模与发达地区相比仍然偏小，高价值专利数量不多。在缺乏政策刺激的情况下增长乏力。广西企业普遍未开展专利导航和预警分析，研发中缺少必要的规划，盲目性较大，既造成了资源的浪费，也给产品进入市场增加了风险。同时，企业对专利的作用缺乏准确认识，往往只是作为一种展示自身科技实力的荣誉象征，却未能发挥其在市场上开疆拓土的威力。在选择专利代理机构时，只关注是否能获得授权，极少考虑未来可能面临的诉讼问题，因此不太关注文本中是否存在可能导致诉讼失败的漏洞，对申请文本的质量缺乏要求和把关。很少有企业开展有意识的专利布局并依托该布局逐步构建自己在市场上的垄断地位，与供给侧结构性改革这一当前时代重大课题提出的要求相比，还存在很大差距。

二　知识产权制度对创新激励作用发挥不足

知识产权制度设立的初衷是为了激励创新。由于创新活动具有投入大、风险高的特点，需要给予足够的经济回报，才能实现可持

续发展。然而创新成果又往往具有很强的外部性，易于被复制和模仿，使创新者难以获得垄断性的超额利润。因此，要促进创新，必须进一步加大知识产权保护力度，使知识产权制度切实成为激励创新的基本保障，而这正是当前广西十分欠缺的薄弱环节。广西缺少知识产权高层次保护平台，全国已布局建设 31 家国家级知识产权保护中心，部分发达省市甚至拥有 2—3 家，但广西至今未能获得 1 家。广西知识产权保护意识薄弱，各地知识产权管理部门能力参差不齐，保护不及时、不到位的情况时有发生，在实践中存在维权取证难、赔偿低、效果差的问题。由于担心知识产权得不到有效保护，难以维持其市场优势地位和超额利润，许多外地高科技企业落户广西的意愿并不强烈，而本土企业也不愿意在创新上进行更大的投入。2018 年，广西研究与试验发展（R&D）经费投入强度为 0.71%，仅相当于全国平均水平的约 1/3，在全国排倒数第 5 位；广西高新技术企业为 1849 家，仅占全国高新技术企业总数的 1.07%，在全国排第 19 位。广西 5966 家规模以上工业企业中，只有 485 家开展研发活动，占比仅为 8.1%，而全国规模以上工业企业开展研发活动的超过 25%。截至 2018 年年底，广西 81% 的规模以上工业企业从未申请过发明专利，88% 的规模以上工业企业从未获得过发明专利授权。大部分企业处于产业链的低端位置，创新意识差、能力弱，在缺乏引导的情况下不知道如何开展研发活动，无力完成向中高端的迈进。

三 知识产权管理体制机制亟待进一步理顺

厅际联席会议作用发挥不足，在推动知识产权与经济社会发展相关领域融合方面成效不显著。各设区市政府基本未建立各部门间的知识产权联席会议、办公会议等统筹协调机制，没有形成足够的工作合力。新一轮机构改革之后，知识产权管理职能转隶至市场监管部门，但相应的体制机制尚未理顺。例如，广西并未明确挂牌设立知识产权局。在全国各省区市公布的机构改革方案中，仅有青海与广西情况相同。而广西的14个设区市当中，仅有柳州、北海和百色挂牌设立知识产权局。在多个设区市的市场监管局中，负责知识产权工作的科室只有1个，涵盖了专利、商标、地理标志等领域，兼管创造、运用、保护等环节，知识产权工作力量实际上比之前明显削弱，知识产权工作的重要性未能得到充分体现。知识产权部门转隶之后，市场监管部门的创新职能应当相应增强，并安排相关经费。但目前自治区本级以及大部分设区市除专利资助奖励经费外，并未安排推进其他工作所需的经费。而专利资助奖励经费使用范围过窄，无法覆盖知识产权运用、保护、服务等多个方面的业务。由于缺少资金支持，相关业务实际上处于停滞、萎缩的状态。

四 知识产权在促进区域国际创新治理及经贸合作方面的应有作用未能充分发挥

当前，新一轮科技革命与产业变革蓬勃兴起，世界各国纷纷加快创新步伐，强化知识产权布局，抢占产业发展制高点，知识产权已经成为国际贸易和国际竞争当中的核心要素。长期以来，以美国为代表的发达国家一直试图在国际贸易中推行高强度的知识产权保护标准，以维护其优势地位和垄断利润，对广大发展中国家形成了极大的挑战和侵害。与此同时，由我国提出的"一带一路"倡议得到世界上众多国家的响应支持，正处于加快推进建设的进程当中。广西拥有与东盟国家陆海相邻的独特优势，习近平总书记明确指出广西发展"三大定位"——构建面向东盟的国际大通道、打造西南中南地区开放发展新的战略支点、形成21世纪海上丝绸之路和丝绸之路经济带有机衔接的重要门户。随着国际形势变化，广西在整个国家发展大格局中的重要地位进一步凸显。一方面，我国在经历持续多年的高速增长之后，已成为世界第二大经济体，与周边大多数国家相比，累积了巨大的技术与产能优势，亟待向外输出。另一方面，受中美贸易摩擦影响，我国产业链安全正面临空前挑战，不得不寻求新的布局。在复杂多变的形势下，东盟已于2020年年初悄然成为我国第一大贸易伙伴，在中国对外经贸合作格局中的地位达到前所未有的高度。在未来，我国将有更多的专利技术等成果需经由广西向东盟国家转移转化，以拓展更广阔的产能与市场空间。这就要求广西提高站位，从促进区域国际创新治理及经贸合作的角度对知识产权事业发展进行谋篇布局。其中关键是要发挥与东盟国家陆海相邻的独特优势，在充分沟通了解东盟各国实情与需求的基础上，以确立符合各方利益诉求的知识产权保护标准为核心，谋划构思构建新形势下的自由贸易体系，促进东南亚地区国际经济秩序向平等公正、合作共赢方向发展。然而从现状来看，广西知识产权工作更多是从促进本地发展角度进行思考，在工作筹划和部署上还缺乏足够的高度和视野；尤其是在支撑国家重大开放战略方面缺乏主动的探索与融入，相关能力建设严重滞后，在本应发挥重要甚至是决定性作用的舞台上"缺位"。

五 知识产权融入经济发展的渠道不通畅

各级政府未从整体上重视知识产权工作并将其置于引领发展的战略地位，在策划推动重大投资项目和重大经济活动时，较少考虑知识产权方面的影响因素，也缺少有意识培育知识产权与产业共生发展生态环境的行动。相关工作推动仍然依靠知识产权主管部门单点发力，导致知识产权融入经济发展十分困难。专利与资本结合的方式与手段还比较单一，通往经济建设主战场路径不多、距离较远的不利局面还没有根本性改观。抓专利与金融结合只注重了专利质押融资。对专利股权投资的研究与支持不够。专利只在个别主体、局部领域产生了良好效应。金融资本局限于区内资源，对区外资源的引入严重不足。专利得到资本青睐并创造大量经济价值的情况还未成为普遍现象。与此同时，广西作为后发展欠发达地区，拥有非常重要的后发优势，应当充分利用发达地区的优质创新资源，大量引进相关专利产品和技术，通过借力发展的方式实现赶超跨越。但目前广西并没有利用好这一优势，大量企业自身既无研发能力，又不懂得与行业技术领先的企业进行合作，采用联合研发、成果转让或许可等方式获得先进技术成果，使得产品更新换代缓慢，生产工艺陈旧落后。2019年广西从区外转入的发明专利仅为550件，远远不能满足经济社会高质量发展的需求。

六 知识产权服务支撑行业发展的能力有待提升

当前广西知识产权服务仍以传统、简单的代理业务为主。能够开展高层次专利信息分析、维权、评估等服务类型的机构还不多，实际服务效果欠佳。大多数知识产权服务机构仍然要依靠政府相关项目支持才能够生存，知识产权服务促进创新的良好生态尚未形成。知识产权服务业发展的基础薄弱。尤其是知识产权人才队伍存在不足，主要表现为规模较小、结构单一、层次不高、经验技能欠缺。广西作为后发展欠发达地区，在发展环境、待遇条件等方面与发达地区差距很大，而且企业等创新主体普遍专利意识不强，现阶段市场规模有限，引进高层次知识产权人才十分困难。同时知识产权人才队伍建设的基础条件和教育体系尚未健全和完善，人才供给现状与经济社会高质量发展对人才的需求之间存在巨大缺口。

第三节 促进广西专利事业发展的政策建议

专利等知识产权促进经济高质量发展的关键在于帮助一批企业建立市场垄断地位并获得超额利润，企业因此拥有更强的经济实力，可以投入更多资金用于研发和申请知识产权，进一步巩固提升其市场地位。由此循环往复，形成良性发展机制。围绕建立这一机制，广西应着手开展以下工作。

一 大力推动知识产权治理体系和治理能力现代化

健全知识产权管理机构，理顺管理体制机制。针对新一轮机构改革后出现的新情况新问题，进一步完善和发挥厅际联席会议制度作用，加强知识产权工作顶层设计和统筹协调。加快建设高效能知识产权管理体系，在市场监管部门加挂知识产权局牌子，加强人员配备和经费供给。落实中办、国办《关于强化知识产权保护的意见》，将知识产权保护绩效纳入地方党委和政府绩效考核和营商环境评价体系，将相应考核指标与部门职能对应，形成市场监管部门抓统筹、抓保护，科技部门抓创新、促创造，工信、发改及其他产业部门抓应用的合力，进而形成知识产权大创造、大运用、大保护的格局。自治区本级财政设立专利专项资金，保障经费供给，科学确定经费使用范围，确保各项促进知识产权事业发展的工作顺利推进。

二 推动形成"严保护、大保护、快保护、同保护"新体系

推进地方立法。根据国家知识产权相关法律法规修订情况，适时修订《广西壮族自治区专利条例》等地方性法规。加快构建行政和司法优势互补、有机衔接的保护模式。建立重大事项和重大案件通报和会商制度，搭建知识产权信息共建共享平台，保障行政执法和刑事司法有效衔接。探索建立知识产权案件民事、行政和刑事审判"三审合一"机制，完善知识产权司法审理体系。加强对重点行业、重点领域侵犯知识产权刑事案件的审判工作，加大对侵权的打击力度，发挥司法保护知识产权的主导作用，形成权责一致、分工合理、决策科学、执行顺畅、监督有力的知识产权保护体系。探索建立行政执法与调解、仲裁的协作配合机制，协同促进专利纠纷快速调解仲裁，及早化解纠纷。加快传统优势产业知识产权快保护机构建设。推动和支持有条件的市围绕区内重点优势产业建设知识产

权保护中心，建立案件快速受理、快速审查、快速确权、快速维权"一站式"纠纷解决机制。推进知识产权保护试点创新。支持有条件的地区开展知识产权试点示范城市、县和园区建设，建立完善区域、园区、产业知识产权维权援助体系，建立完善知识产权维权援助、举报投诉平台建设。

三 着力提升专利质量

建立健全专利导航产业发展机制。聚焦广西战略性新兴产业、先进制造业等产业及部分重点企业，实施一批专利导航分析项目。依据分析结果，加强专利技术前瞻性布局。围绕产业链部署创新链，围绕创新链部署专利链，精准定位产业发展技术空白点，确立核心技术和关键技术研发策略和路径。在重点产业领域布局建设一批高价值专利培育示范中心。充分利用专利导航分析成果，明确示范中心专利布局和高价值专利培育方向，提升示范中心创造、运用和保护高价值专利的培育能力。集成企业、大专院校、科研院所等不同主体的创新资源，创立产学研合作平台和订单式研发、投放式创新模式，以用户需求为依据开展研发，培育具有广阔市场空间和巨大潜在经济价值的核心专利。围绕核心专利进行专利组合构建，力争形成一批充分体现产业需求导向的高价值专利（组合）。

四 促进知识产权深度融入经济发展

结合广西强首府战略实施，在南宁选址建设中国—东盟知识城，培育先进产业集群，打造"一城两群三中心"。在城中规划建设生物医药、装备制造、新材料等先进制造业集群以及知识产权、金融、软件与信息技术等现代服务业集群，在产业规划与发展中深度运用专利导航机制，形成先进制造业与现代服务业共生互动发展的良性生态系统；布局建设中国—东盟知识产权国际交流合作中心、广西（南宁）知识产权运营中心、广西知识产权保护中心，全面提升广西知识产权对外交流合作、运营和保护能力，促进全球优质创新资源在南宁汇聚并辐射东盟各国。发展知识产权质押融资。加快研究和制订自治区层面知识产权质押融资风险补偿、贷款贴息等方面的管理办法，同时推动各设区市出台相应的支持政策和配套措施。组织银企项目对接活动，提供指导和服务，切实推动一批企业获得质押贷款。加强贷后管理，有效化解各类风险。开展知识产权运营试点。进一步加强广西知识产权交易中心建设，完善平台服务功能，增强知识产权运营中结合产业发展、城市规划、体制机制改革等内容在内进行"一体化"统筹谋划的服务能力，探索形成符合广西实际情况的专利技术转移转化新模式。在重点产业领域加快从国内外引进一批重大知识产权到广西落地转化。引进和支持专业化知识产权运营机构开展知识产权收储、开发、组合、投资等业务。引导企事业单位、社会团体和个人通过转让、许可、质押等方式将知识产权推向市场。

五 构建知识产权支撑高水平对外开放新格局

高标准建设知识产权思想库，形成知识产权引领经济发展和支撑对外开放的整体思路和系统性方案并持续推进。加快构建区域内知识产权跨国多层级对话机制，促进相关国家就知识产权保护强度等议题达成共识。积极参与国家战略谋划与国际事务协调，在国际知识产权治理和国际经济秩序构建中发出更多"广西声音"，贡献更多"广西智慧"。以知识产权为核心要素，策划并推进中国—东盟自由贸易协定进一步优化升级以及中国与"一带一路"沿线国家自由贸易协定的签署，为开展更高水平的经贸合作创建更加优良的制度环境。加强海外维权援助服务。推进国家海外知识产权纠纷应对指导中心地方分中心建设，开展海外知识产权纠纷应对指导，提供维权援助。支持各类社会组织开展知识产权涉外风险预警分析，帮助企业防控风险。落实"一带一路"相关知识产权保护协议，推动企业利用专利等知识产权审查结果共享机制实现"走出去"。

六 充实知识产权事业发展人力资源

强化本地人才培养。针对人才总量不足的问题，苦练"内功"，狠抓本地人才培养。完善区市县三级知识产权人才培养机制，推动当地人才培养上规模、上层次。组织做好广西"十百千知识产权（专利）人才"选拔培养工作，建立广西知识产权人才库，实现全区人才资源共享。深化广西知识产权培训基地试点建设工作，支持若干高校成立知识产权学院。协调组织、教育、人社、科技等部门，共同拟定知识产权人才培养方案，有计划、有步骤地开展大规模知识产权培训，提高各级党政领导干部、企事业单位科技人员及管理干部、高校师资队伍、服务机构从业人员等的知识产权素质和业务能力。启动知识产权专业技术人才职称评审，调动知识产权专业人才从业积极性。重视外来人才引进。针对当前高层次人才匮缺的问题，依托"八桂学者""特聘专家"等人才工程项目，引进和培养一批在国内外具有较大影响力的知识产权领军人才。探索运用柔性方式和候鸟式机制引进高层次知识产权人才和团队。依托大专院校、科研院所和大中型企业，积极引进知识产权相关学科专业的博士、硕士，储备一批有潜力的青年专家，形成更加优化的梯队结构。完善高层次知识产权人才激励政策，建立灵活高效科学的用人机制，优化人才引进、使用和培养的环境，使人才拥有充分发挥自身能力干事创业的巨大空间。

参考文献

安树伟、张晋晋：《山西高质量发展战略研究》，《经济问题》2019年第5期。

本刊特约评论员：《强化国家战略科技力量是加快建设世界科技强国的关键》，《中国科学院院刊》2019年第5期。

曾繁华、吴阳芬：《科技创新供给侧高质量发展要处理好"十大关系"》，《云南财经大学学报》2020年第3期。

昌忠泽、陈昶君、张杰：《产业结构升级视角下创新驱动发展战略的适用性研究——基于中国四大板块经济区面板数据的实证分析》，《经济学家》2019年第8期。

陈健：《新时代全面开放新格局形成的现实逻辑与实践路径》，《江淮论坛》2020年第1期。

陈劲、曲冠楠、王璐瑶：《有意义的创新：源起、内涵辨析与启示》，《科学学研究》2019年第11期。

陈劲、张学文：《中国创新驱动发展与科技体制改革（2012—2017）》，《科学学研究》2018年第12期。

陈艳春，韩伯棠，周颖：《绿色技术创新驱动经济转型的策略研究》，《河北经贸大学学报》2019年第3期。

陈运平、黄小勇、成忠厚、孙红月：《基于系统基模的"互联网+"驱动传统农业创新发展路径研究》，《管理评论》2019年第6期。

陈再齐、李震、杨志云：《国际视角下经济高质量发展的实现路径及制度选择》，《学术研究》2019年第2期。

程俊杰：《高质量发展背景下破解"创新困境"的双重机制》，《现代经济探讨》2019年第3期。

邓丽姝：《科技创新中心引领北京现代化经济体系建设的战略路径》，《城市发展研究》2019年第26卷第2期。

丁文珺、伍玥：《湖北省加快新旧动能转换的路径研究》，《湖北社会科学》2018年第12期。

董志勇：《科技创新与现代化经济体系》，《经济科学》2018年第6期。

樊增强：《全球科技创新发展趋势与中国创新驱动的战略抉择》，《中州学刊》2018年第10期。

辜胜阻、吴华君、吴沁沁、余贤文：《创新驱动与核心技术突破是高质量发展的基石》，《中国软科学》2018年第10期。

郭新茹、陈天宇：《高质量发展背景下我国区域创新能力比较研究——基于省际面板数据的实证》，《江西社会科学》2019年第9期。

郭秀强、孙延明：《广东珠三角地区创新政策分析——基于科技型中小企业技术创新视角》，《科技管理研究》2019年第11期。

韩文艳，熊永兰：《科技大国创新驱动产业结构优化的比较研究》，《科技管理研究》2020年第11期。

郝寿义，曹清峰：《后工业化初级阶段与新时代中国经济转型》，《经济学动态》2019年第9期。

侯继虎：《江浙沪创新驱动发展的政策文本研究——基于政策工具与创新过程双重视角》，《科学管理研究》2019年第2期。

胡迟：《以创新驱动打造我国制造业高质量成长——基于70年制造业发展回顾与现状的考察》，《经济纵横》2019年第10期。

胡海鹏、袁永：《广东创新驱动发展能力监测评价研究》，《科技管理研究》2020年第9期。

华坚、胡金昕：《中国区域科技创新与经济高质量发展耦合关系评价》，《科技进步与对策》2019年第8期。

黄庆华、时培豪、刘晗：《区域经济高质量发展测度研究：重庆例证》，《重庆社会科学》2019年第9期。

蓝乐琴、黄让：《创新驱动经济高质量发展的机理与实现路径》，《科学管理研究》2019年第6期。

雷家骕：《创新引领发展：稳增长、提质量应有的逻辑》，《内蒙古社会科学》2020年第1期。

李光龙，范贤贤：《财政支出、科技创新与经济高质量发展——基于长江经济带108个城市的实证检验》，《上海经济研究》2019年第10期。

李静、楠玉：《人力资本错配下的决策：优先创新驱动还是优先产业升级？》，《经济研究》2019年第8期。

李兰冰、刘秉镰：《"十四五"时期中国区域经济发展的重大问题展望》，《管理世界》2020年第5期。

李玲艳：《创新驱动经济发展的动因及措施研究》，《首都经济贸易大学学报》2019年第6期。

李晓娣、张小燕、侯建：《高科技企业技术标准化驱动创新绩效机理：创新生态系统网络特性视角》，《管理评论》2020年第5期。

李旭辉：《"五位一体"总布局视角下经济社会发展绩效综合评价研究——以中国"十二五"期间实证为例》，《科技管理研究》2019年第6期。

李月、徐永慧：《结构性改革与经济发展方式转变》，《世界经济》2019年第4期。

廖直东、代法涛、荣幸：《高质量发展的创新驱动路径——基于工业创新产出变化及其驱动效应的LMDI分解》，《产经评论》2019年第3期。

林迎星、廖菊珠:《基于创新驱动的福建省高端装备制造业发展研究》,《福建论坛》(人文社会科学版) 2019 年第 7 期。

刘畅、李建华:《五重螺旋创新生态系统协同创新机制研究》,《经济纵横》2019 年第 3 期。

刘宏、乔晓:《创新模式"换角"驱动高质量经济发展》,《经济问题探索》2019 年第 6 期。

刘尚希、樊轶侠:《论高质量发展与税收制度的适应性改革》,《税务研究》2019 年第 5 期。

刘尚希、王志刚、程瑜、韩晓明、施文泼:《应对高成本发展阶段的新思路:从政策驱动转向创新驱动》,《财政研究》2019 年第 12 期。

刘思明、张世瑾、朱惠东:《国家创新驱动力测度及其经济高质量发展效应研究》,《数量经济技术经济研究》2019 年第 4 期。

吕君、张士强、王颖、杨梦洁:《基于扎根理论的新能源企业绿色创新意愿驱动因素研究》,《科技进步与对策》2019 年第 18 期。

马建堂:《伟大的实践　深邃的理论——学习习近平新时代中国特色社会主义经济思想的体会》,《管理世界》2019 年第 1 期。

马名杰、张鑫:《中国科技体制改革:历程、经验与展望》,《中国科技论坛》2019 年第 6 期。

马涛、常晓莹、黄印:《"十四五"时期东北实现创新驱动型发展研判及政策设计思路》,《经济纵横》2019 年第 9 期。

马微、惠宁:《创新驱动发展下的金融结构与产业结构升级——基于 30 个省份动态面板数据的实证分析》,《经济问题》2019 年第 4 期。

毛伟:《制度变革的经济绩效——兼论优化配置与创新驱动的作用》,《学术月刊》2020 年第 5 期。

逄锦聚、林岗、杨瑞龙、黄泰岩:《促进经济高质量发展笔谈》,《经济学动态》2019 年第 7 期。

彭五堂、余斌:《经济高质量发展问题的三级追问》,《理论探索》2019年第3期。

平新乔:《"互联网+"与制造业创新驱动发展》,《学术研究》2019年第3期。

邱冬阳、彭青青、赵盼:《创新驱动发展战略下的高投资率能否带来高增长率?——基于制造业投资强度的省级面板比较实证分析》,《投资研究》2019年第7期。

任志成:《习近平关于产业新旧动能转换科学论述的战略性与实践路径》,《南京社会科学》2020年第5期。

邵汉华、齐荣:《长江经济带城市创新驱动发展水平测度》,《城市问题》2019年第9期。

佘硕、王巧、张璐:《政府创新政策的创新驱动效应评估》,《城市问题》2019年第7期。

申萌、万海远、李凯杰:《从"投资拉动"到"创新驱动":经济增长方式转变的内生动力和转型冲击》,《统计研究》2019年第3期。

沈琼、王少朋:《技术创新、制度创新与中部地区产业转型升级效率分析》,《中国软科学》2019年第4期。

盛朝迅:《"十四五"时期推进新旧动能转换的思路与策略》,《改革》2020年第2期。

唐松、赖晓冰、黄锐:《金融科技创新如何影响全要素生产率:促进还是抑制?——理论分析框架与区域实践》,《中国软科学》2019年第7期。

陶长琪、彭永樟:《从要素驱动到创新驱动:制度质量视角下的经济增长动力转换与路径选择》,《数量经济技术经济研究》2018年第7期。

滕堂伟、孙蓉、胡森林:《长江经济带科技创新与绿色发展的耦合协调及其空间关联》,《长江流域资源与环境》2019年第11期。

田家林：《以知识产权战略支撑供给侧结构性改革》，《人民论坛》2019年第22期。

涂人猛：《构建产业高质量发展体系的基本思路——以湖北省为例》，《湖北社会科学》2019年第7期。

汪明月、李颖明、张浩、王辉：《市场导向驱动企业绿色技术创新模型构建与路径分析》，《科技进步与对策》2019年第20期。

王冰冰：《创新驱动视角下供给侧结构性改革的逻辑与政策选择》，《经济纵横》2019年第9期。

王定祥、黄莉：《我国创新驱动经济发展的机制构建与制度优化》，《改革》2019年第5期。

王慧艳、李新运、徐银良：《科技创新驱动我国经济高质量发展绩效评价及影响因素研究》，《经济学家》2019年第11期。

王君也：《自主创新道路的理论溯源及其比较研究》，《财经问题研究》2019年第8期。

王娜：《中国科技创新思想演变的内在逻辑及历史经验》，《云南社会科学》2019年第5期。

王文涛、曹丹丹：《互联网资本与民营经济高质量发展：基于企业创新驱动路径视角》，《统计研究》2020年第3期。

王小洁、刘鹏程、许清清：《构建创新生态系统推进新旧动能转换：动力机制与实现路径》，《经济体制改革》2019年第6期。

王贻芳、白云翔：《发展国家重大科技基础设施，引领国际科技创新》，《管理世界》2020年第5期。

王志刚：《坚持"三个面向"战略方向加快建设创新型国家和世界科技强国》，《行政管理改革》2019年第3期。

卫平、汤雅茜：《高新技术企业创新能力提升及其驱动因素——来自7城市企业微观调查数据的证据》，《改革》2020年第6期。

温珺、阎志军、程愚：《数字经济驱动创新效应研究——基于省际面板数据的回归》，《经济体制改革》2020年第3期。

吴画斌、许庆瑞、陈政融：《创新驱动下企业创新能力提升路径及机制——基于单案例的探索性研究》，《科技管理研究》2020年第10期。

吴建南、刘遥：《区域创新驱动发展战略如何实施？——关于"三力一效"模式的实证研究》，《科学学研究》2019年第1期。

辛本禄、王学娟：《新时代东北经济高质量发展的路径演化研究》，《经济纵横》2019年第8期。

徐国祥、陈燃萍：《创新驱动转型发展能力的影响因素分析——基于省级面板数据的实证研究》，《数理统计与管理》2019年第5期。

徐孝新：《创新驱动发展研究前沿——兼述中国技术经济2018年（西安）论坛》，《数量经济技术经济研究》2019年第3期。

杨蕙馨、邱晨、冯文娜、王军：《创新驱动及其动能转换的策略选择与政策设计——基于构建现代产业发展新体系的视角》，《山东社会科学》2019年第2期。

杨恺钧、闵崇智：《技术创新对经济增长质量的驱动作用研究——以粤港澳大湾区为例》，《当代经济管理》2019年第12期。

杨森、雷家骕：《基于熊彼特创新周期理论的科技创新驱动经济增长景气机理研究》，《经济学家》2019年第6期。

杨忠泰：《改革开放40年科技创新演进脉络和战略进路》，《中国科技论坛》2019年第4期。

叶蜀君、徐超、李展：《科技投入推动创新驱动发展的对策研究》，《中州学刊》2019年第6期。

叶堂林、李国梁：《京津冀创新扩散机制及扩散成效研究——基于京津冀、长三角两大城市群对比》，《经济社会体制比较》2019年第6期。

喻登科、严红玲：《技术创新与商业模式创新二元耦合组织成长路径：华为30年发展历程研究》，《科技进步与对策》2019年第

23 期。

袁航、茶洪旺、郑婷婷：《创新数量、创新质量与中国产业结构转型互动关系研究——基于 PVAR 模型的实证分析》，《经济与管理》2019 年第 2 期。

张冠华：《新时代两岸经济关系发展：从要素驱动到创新驱动》，《台湾研究》2018 年第 6 期。

张海娜、曾刚、朱贻文：《德国创新政策及其对区域发展的影响研究》，《世界地理研究》2019 年第 3 期。

张杰、郑文平：《创新追赶战略抑制了中国专利质量么?》，《经济研究》2018 年第 5 期。

张来武：《以改革开放引领和推动创新发展》，《中国软科学》2018 年第 10 期。

张同斌、陈婷玉：《中国制造业需求驱动研发模式及创新效应研究》，《系统工程理论与实践》2020 年第 6 期。

张伟、于良春：《创新驱动发展战略下的国有企业改革路径选择研究》，《经济研究》2019 年第 10 期。

张小筠：《基于增长视角的政府 R&D 投资选择——基础研究或是应用研究》，《科学学研究》2019 年第 9 期。

张旭、魏福丽、袁旭梅：《中国省域高质量绿色发展水平评价与演化》，《经济地理》2020 年第 2 期。

张媛媛：《科技创新第一动力论的整体性审视》，《经济问题》2020 年第 7 期。

张再生、张奕野、杨庆：《创新驱动发展战略实施效果评估及政策优化研究——以天津市为例》，《经济与管理研究》2019 年第 3 期。

张治河、郭星、易兰：《经济高质量发展的创新驱动机制》，《西安交通大学学报》（社会科学版）2019 年第 6 期。

赵文：《中国专利密集型产业 2030 增长预测及高质量发展思路》，

《北京工业大学学报》（社会科学版）2019 年第 2 期。

赵玉林、裴承晨：《技术创新、产业融合与制造业转型升级》，《科技进步与对策》2019 年第 11 期。

郑健雄：《罗默的内生增长理论与我国的创新驱动发展战略——兼论政府与市场的关系》，《福建论坛》（人文社会科学版）2019 年第 2 期。

郑江淮、郑玉：《新兴经济大国中间产品创新驱动全球价值链攀升——基于中国经验的解释》，《中国工业经济》2020 年第 5 期。

钟章奇、何凌云：《演化经济视角下技术创新扩散驱动的区域产业结构演化：一个新的理论分析框架》，《经济问题探索》2020 年第 4 期。

钟章奇：《创新扩散驱动下的全球产业结构进化——基于 Agent 的模拟》，《科研管理》2020 年第 2 期。

周锐波、刘叶子、杨卓文：《中国城市创新能力的时空演化及溢出效应》，《经济地理》2019 年第 4 期。

周泽炯、陆苗苗：《战略性新兴产业自主创新能力的驱动因素研究》，《吉首大学学报》（社会科学版）2019 年第 1 期。

资本市场改革课题组：《创新驱动高质量发展要深化资本市场改革——兼谈科创板赋能创新发展》，《经济学动态》2019 年第 10 期。

Berman E. M., "The economic impact of industry – funded university R&D", *Research Policy*, Vol. 19, No. 4, 1990.

Hansen M. T., Birkinshaw J., "The Innovation Value Chain", *Harvard Businessiew*, Vol. 85, No. 6, 2007.

Jaffe A. B., "Real Effects of Academic Research", *The American Economic Review*, Vol. 79, No. 5, 1989.

Mansfield E., "Academic Research Underlying Industrial Innovations", *Review of Economics & Statistics*, Vol. 77, No. 1, 1995.

Mlachila M., Tapsoba R., Tapsoba S. J. A., *A Quality of Growth Index for Developing Countries: A proposal*, IMF Working Paper, 2014.

Robert J., Barro. *Quantity and Quality of Economic Growth*, Working Papers from Central Bank of Chile, 2002.